Für meine Eltern

Für meine Kinder

rowohlt
BERLIN

EINS

AM LEHNINER PLATZ

Im Westen Berlins, dem Grunewald so nah und doch im Gewimmel der Stadt, gibt es einen Bau, der jünger aussieht, als er ist. Wie ein Schiff liegt er da, mit kühnem, rundem Schwung zur Straße hin. Dieses Schiff war ursprünglich mal ein Kino, es wurde im Krieg beschädigt, verfiel, und was weiß ich, was noch alles mit ihm passierte, bis es letztendlich wachgeküsst wurde von einigen eifrigen Theaterleuten. Und seitdem ankert es hier im Hafen des Lehniner Platzes am berühmten Kurfürstendamm, hat gute, mitunter sogar herausragende – ach, was rede ich, *legendäre!* –, aber auch schwierige Zeiten erlebt und nennt sich bis heute: Schaubühne.

Neben diesem Theater gab es mal ein Restaurant, einen Italiener mit Namen *Ciao*. Und da die Theaterleute das *Ciao* zu ihrer Kantine, nein, zu ihrem Wohnzimmer auserkoren hatten – sie also, traf man sie nicht im Theater an, mit Sicherheit dort zu finden waren –, hieß die Schaubühne bei vielen bald nur noch *Ciao*-Bühne.

Das wussten wir damals noch nicht.

Aber wir wussten, die Chancen standen nicht schlecht, die Chefin der *Ciao*-Bühne im *Ciao* anzutreffen.

Und so war es auch.

Wir standen vor den großen Scheiben des Italieners, lugten hinein, und es gab keinen Zweifel, das musste sie sein: Andrea Breth. Die berühmte Intendantin und Regisseurin des Hauses. Sie saß da mit einer älteren Dame und einem älteren Herrn.

Konnten wir jetzt einfach so rein? Einfach so stören?

Aber wir *wollten* stören, wir *mussten* es, mussten es unbedingt, denn schließlich war es unser letzter Abend in Berlin. Seit vier Tagen waren wir in der großen Stadt, hatten Volksbühne, Maxim Gorki und das Deutsche Theater abgegrast und versucht, dort die richtigen Leute zu finden – leider erfolglos –, doch das Haus am Lehniner Platz blieb für uns das verlockendste Objekt der Begierde. Jeden Abend waren wir um die Schaubühne und das *Ciao* herumscharwenzelt, in der Hoffnung, die Breth zu sehen, sie anquatschen zu können: «Frau Breth, wir sind zwei Schauspielschüler aus Stuttgart und wollen an die Schaubühne! Nehmen Sie uns! Sie werden es nicht bereuen! Wir sind die Besten!» So oder so ähnlich.

Wir hatten das Haus umschlichen und zugleich gehofft, niemanden anzutreffen. *War leider keiner da. An die Breth kein Rankommen. Dumm gelaufen.* So hätten wir es den Kommilitonen in Stuttgart verklickern können. Lieber das als eine Abfuhr. Als das Eingeständnis und die Schmach, dass es nicht gereicht hatte für die Schaubühne. Jeden Abend also auch die Erleichterung darüber, unverrichteter Dinge wieder von dannen zu ziehen und sich ohne das flaue Gefühl einer bevorstehenden Prüfung in die aufregende Millionenstadt stürzen zu dürfen, die ja vor allem deshalb so aufregend war, weil fast auf den Tag genau vier Jahre zuvor diese beschissene Mauer gefallen war.

Und jedes Mal die Gewissheit, am darauffolgenden Abend wieder hierherzukommen an den Lehniner Platz. Nicht hinzugehen, war undenkbar, das hätte man uns im fernen Stuttgart als Feigheit ausgelegt – und wir uns auch. Wir *wollten* an dieses große Haus, gleich an die Spitze, ganz nach oben, etwas anderes war nicht drin.

Heute Abend also unsere letzte Chance.

Andrea war da.

Es gab kein Zurück.

Noch einmal tief Luft holen und dann ab ins *Ciao*. Ich voran, Hüseyin hinter mir her, oder umgekehrt, weiß ich nicht mehr, wir also rein, durch den ganzen edlen Laden – unter zehn Mark gibt's hier bestimmt kein Glas Wein, dachte ich – und zack, bis zu Andrea.

Und dann standen wir da. Direkt vor ihr.

Andrea blickte auf. Sie war ja nicht unsensibel, die Theaterlegende, merkte also, da ist was im Busch, da wollen zwei Dahergelaufene was von ihr. Sie starrte uns an. Durchbohrender Blick.

«Entschuldigen Sie bitte», sagte ich. «Tut uns leid, dass wir Sie stören, aber ... sind Sie Frau Breth?»

Was für eine bescheuerte Frage, ich wusste doch, dass sie es war!

Sie musterte uns.

Meine Hände waren feucht.

«Jaaa», sagte sie gedehnt. «Und wer seid ihr?»

«Wir sind zwei Schauspielschüler aus Stuttgart, und wir wollten Sie fragen, ob wir Ihnen vorsprechen können.»

Andrea machte:

«Hm ...»

Wie aus dem Kellerloch.

Dann eine Pause.

Die weißhaarigen Unbekannten neben ihr betrachteten uns mit wohlwollendem Schweigen.

«Wie lange seid ihr denn noch hier?»

Ich wusste, das konnte jetzt schwierig werden – und zögerte. Hüseyin sprang für mich ein:

«Na ja», sagte er, «wir müssen morgen früh wieder zurück. Um sechs startet unsere Mitfahrgelegenheit.»

«Ihr seid ja witzig.»

Stille.

Horváthsche Totenstille.

Sie tastete uns ab mit ihrem Blick. Von oben bis unten.

«Jetzt passt mal auf», sagte Andrea ruhig und bestimmt. «Ich sitze hier mit meinen *Eltern.*»

Wie blöd kann man sein, dachte ich, wir Dorftrottel platzen direkt ins Brethsche Wohnzimmer.

«Die sehe ich *sehr selten.*»

Ich ahnte, was kommen würde: *Also verpisst euch!*

«Die gehen gleich in die Vorstellung. Seid um halb acht an der Pforte!»

Ich vergaß kurz zu atmen. Dann fiel es mir wieder ein.

«Danke! Vielen Dank!», stammelten wir und lächelten brav – auch in Richtung Mama und Papa, konnte ja nicht schaden.

Dann zogen wir ab und landeten draußen am Kudamm, panisch-hysterisch gackernd, immer wieder Luftsprünge machend: «Ach du Scheiße! ... Scheißeee!»

Zwanzig Minuten darauf, einiges vor der verabredeten Zeit, schlichen wir wieder über den Lehniner Platz. Bloß nicht zu spät kommen, war die Devise. Aber auch nicht zu früh, das würde so wirken, als hätten wir es nötig. Eine Punktlandung, das war das Ziel, wäre Ausdruck höchster Souveränität. Bis zur Punktlandung hatten wir noch einen Moment, also blickten wir mehrfach hinein in den Ort unserer Sehnsucht. Hinter den großen Scheiben im Halbrund des Hauses die Besucher, die ins langgezogene Foyer strömten, dann rechts in den Theatersaal. Draußen folgten wir der Bewegung der Masse, der elegante Bug des Theaterbaus jetzt hinter uns.

Waren ihre Eltern irgendwo zu sehen? Es wäre sicher hilfreich, ihnen noch mal zuzuwinken, dachte ich. Ihnen zuwinken und zulächeln als vorbeugende Maßnahme. Sollten wir bei der Tochter keine Glanzleistung abliefern, würden die beiden zweifellos ein gutes Wort für uns einlegen. Doch zu spät. Keine Eltern in Sicht.

Die letzten Zuschauer betraten den Theatersaal. Dann ein paar Nachzügler im Foyer, aufkommende Hektik, beruhigende Worte der Einlassdame, *hat noch nicht angefangen*, dann, schwupp, hinein und die Türen zu. Das Personal setzte sich auf die Bänke im langgestreckten Vorraum, bereit, die folgenden Stunden mit geflüstertem Geplauder zu füllen oder mit der noch ungelesenen Tageszeitung.

Gleich halb acht. Zeit, an die Pforte zu gehen!

Wir wollten gerade los, da bewegte sich etwas hinter der Scheibe. Im Foyer rechts öffnete sich eine Tür, und eine Frau trat heraus. Kam auf uns zu. Hielt uns gefangen mit ihrem Blick.

Die sieht ja aus wie die Breth, war mein erster Gedanke.

Mein zweiter war: Es *ist* die Breth.

Sie öffnete die Glastür und grinste uns an.

«Na, wollt ihr rein? Oder habt ihr's euch anders überlegt?»

Hüseyin schoss ein Lachen in die Luft:

«Jaja, klar, wollen wir! Unbedingt! Lustig, dass wir Sie hier treffen!»

«Wo sonst? An der Volksbühne?»

Diesmal lachten wir beide.

Die Breth blieb ernst.

«Na los!»

Die Meisterin ließ uns hinein, und wir betraten mit ihr die heilige Halle. Die Einlassdamen und -herren blickten auf. *Wen schleppt die Chefin denn da an?*

«Wir haben mal geguckt, ob wir Ihre Eltern noch sehen. Haben wir aber nicht.»

Die Breth marschierte das lange Foyer nach hinten, wir hinterher.

«Und *wenn* ihr sie gesehen hättet, was dann?»

Gute Frage.

«Ähm ... Gar nix.»

«Wir hamm nur geguckt.»

Am Ende des Foyers folgten wir ihr rechts durch eine Tür, nach wenigen Metern ab nach links, und schon standen wir vorm Pförtner.

«Haben Sie mal den Schlüssel für die Achilles-Straße?», fragte sie in die enge Pförtnerstube, die ein dicker Glatzkopf fast komplett ausfüllte. «Die beiden Herren hier meinen, sie müssten mir unbedingt vorsprechen.»

Das saß.

Während der Pförtner behäbig ans Schlüsselbrett griff,

sagte ich mir, das ist nur ein Trick: Andrea will prüfen, wie standhaft wir sind, ob schon eine Bemerkung wie diese uns umpustet, unsere Untauglichkeit für die ersehnte Bühne beweist. Sah ich nicht sogar ein leicht verschmitztes Lächeln in ihren Augen? Ein Aufleuchten? Eine geradezu mädchenhafte Leichtigkeit? Wir waren auf alles gefasst gewesen, aber darauf nicht. Schließlich hatte man viel über die große Breth erzählt, über ihre Unberechenbarkeit, ihre Launen, ihre urplötzlichen Stimmungswechsel, ihre absolute Gnadenlosigkeit, aber auch über ihr Charisma und ihre faszinierend-einschüchternde Intelligenz.

Die Breth nahm den Schlüssel entgegen und marschierte los. Richtung Albrecht-Achilles-Straße. Und wir hinterher.

Eine stattliche Erscheinung, dachte ich. Stiernacken. Zigarette im Mundwinkel. So groß wie wir, nur etwas breiter, sodass wir Schwierigkeiten hatten, uns zu sehen, Hüseyin jetzt links und ich rechts von ihr.

«Aber wenn ihr schlecht seid», sagte sie, «seid ihr nach fünf Minuten wieder draußen.»

Jetzt konnte ich einen Blick von Hüseyin erhaschen, der seinen Hals extra langmachte. Der Schalk im Blaugrau seiner Augen noch größer als sonst, die dunkelblonde Lockenmähne wie unter Strom, auf seinen Lippen der vergebliche Versuch, nicht zu grinsen. War das Galgenhumor oder jugendliche Hybris? Zwischen uns die Breth, die an ihrer Zigarette zog, als sei sie ein fest verwachsener Teil ihres Körpers.

Was dann folgte, im Proberaum der Achilles-Straße, war ein Wirklichkeit gewordener Jungschauspielertraum. Ganze drei Stunden arbeitete sie mit uns; tief entspannt vergaßen wir Zeit und Raum und wer uns da eigentlich gegenübersaß. Wir sahen uns schon angekommen im Olymp der großen Mimen, sahen uns den Staffelstab übernehmen von Bruno Ganz, Otto Sander und Co.

Als sie uns danach sogar noch mitnahm ins *Ciao*, Rotwein kredenzte, uns nicht mal davonjagte, als ihre Eltern nach der Theatervorstellung zu uns stießen, sichtbar erfüllt vom Erlebten, mit unverkennbarem Stolz auf die Tochter, da war unser Glück perfekt, und alle Zweifel waren wie weggewischt. Es war sonnenklar: Die Breth hatte einen Narren an uns gefressen. Wie sonst ließ sich erklären, dass sie uns so viel ihrer kostbaren Zeit widmete, zum gemeinsamen Weingenuss einlud und zu allem Überfluss Einlass in den engsten Zirkel der Familie gewährte? Die zwei Alten strahlten uns an, und die Breth war von einer Leichtigkeit, die jedes Reden über sie Lügen strafte. Das lag an uns, da gab es keinen Zweifel, wir waren *adoptiert*, der Vertrag über zwei Jahre Festengagement längst aufgesetzt, zur Unterschrift bereit. Hüseyin und ich im siebten Himmel. Aus uns strahlte eine Sonne, die nicht nur das *Ciao*, sondern den gesamten herbstlichen Kudamm erhellte, ja sogar das ganze zusammenwachsende Berlin aufleuchten ließ.

«Ich habe eine Hausaufgabe für euch!»

«Hausaufgabe?»

«Clavigo!»

«Clavigo?»

Das Wort hing mächtig in der Luft.

«Macht mal den Carlos und Clavigo», sagte sie. «Und dann kommt ihr wieder.»

Der Vertrag war noch nicht aufgesetzt. Die Prüfung sollte weitergehen.

«Kennt ihr die Inszenierung vom Kortner? Mit Holtzmann und Boysen?»

Kortner, schoss es mir durch den Kopf, das muss ein paar Jahre her sein, aber klar, Fritz Kortner, eine Legende, ist auch uns ein Begriff. Nur, wie meinte sie das – ob wir die Inszenierung *kennen*? Wie sollte das gehen? Waren wir da überhaupt schon auf der Welt?

Die Breth half uns auf die Sprünge, als könne sie Gedanken lesen:

«1969.»

Aha. In meinem Geburtsjahr also. Wahrscheinlich war meine Mutter direkt nach der Entbindung mit mir zur Premiere gedüst.

«Ja … also», sagte ich, «leider haben wir es damals nicht gesehen. Aber *viel* von gehört!»

«Muss *toll* gewesen sein!», pflichtete Hüseyin mir bei.

Und wieder dieser alles durchbohrende Blick. Ein flackerndes Grinsen in ihren Augen. Man konnte ihr nichts vormachen, sie entlarvte jeden falschen Ton und wusste, wir hatten nicht den blassesten Schimmer.

«Guckt euch das mal an», sagte sie, «und dann kommt ihr wieder. Macht mal die allererste Szene, den Beginn.» Sie deutete auf mich: «Du bist Clavigo.» Dann auf Hüseyin: «Und du machst den Carlos.»

Mir war nicht klar, ob ich darüber glücklich sein sollte, ich kannte ja nicht mal das Stück; aber eigentlich klang Clavigo super, war schließlich die Hauptfigur.

«Alles klar.»

«Spitze. Machen wir.»

Ein wohlwollender Blick der Meisterin; und in ihm die stumme Aufforderung, langsam abzudampfen.

Ein Glück, dass wir es schnallten. Ein letzter Blick in die Runde, dann verabschiedeten wir uns.

Auf dem nächtlichen, novemberkalten Kudamm stellte sich uns die Frage, wie um alles in der Welt wir an eine Aufzeichnung dieser uralten *Clavigo*-Inszenierung kommen sollten. Es ratterte in unseren Hirnen, dann hatte Hüseyin die entscheidende Idee: Seine ehemalige Freundin war als Studentin der Otto Falckenberg Schule auch an den Münchner Kammerspielen gewesen, wo Thomas Holtzmann und Rolf Boysen im Ensemble waren. Vielleicht konnte sie ja eine Videokassette auftreiben.

Zurück in Stuttgart, wurden wir empfangen wie heimkehrende Olympiasieger, wie Rückkehrer aus der siegreichen Schlacht. Es hatte schnell die Runde gemacht, was wir in Berlin erlebt hatten, und die meisten Mitstudenten sahen uns bereits an der Schaubühne. Unsere Lehrer waren naturgemäß skeptischer und weniger euphorisch. Der Direktor lächelte und tat alles, um uns auf den Boden der Tatsachen zurückzuholen. Aber Henry, unser Rollenlehrer, sah seine Mission darin, mit uns an den von der Breth erteilten Hausaufgaben zu arbeiten, uns durch seine Erfahrung, sein fachliches Urteil, Zugang zu den höchsten Bühnenkreisen zu ermöglichen. Er wollte teilhaben an Ruhm und Ehre und war geradezu übermotiviert.

Die Aufgaben der folgenden Wochen waren klar umrissen: Mit Henry wurde an einer Szene aus Botho Strauß' *Trilogie des Wiedersehens* gearbeitet; als Monolog schon länger in Hüseyins Repertoire, sollte sie in einen Dialog verwandelt werden. Und was die Szene aus *Clavigo* betraf, so waren Hüseyin und ich uns völlig einig, dass es, da Fritz Kortner nicht mehr unter den Lebenden weilte, nur zwei Menschen auf der Welt gab, die in der Lage wären, sie mit uns einzustudieren oder zumindest einen Blick auf das Einstudierte zu werfen, ein Urteil zu sprechen und uns dadurch auf die geforderten Höhen zu hieven. Es war geradezu zwingend. Es gab nur diese eine Möglichkeit.

Nachdem Hüseyins Verflossene tatsächlich eine Videoaufzeichnung des legendären *Clavigo* hatte auftreiben können – wie schwierig das war, kann man sich in Zeiten des Internets kaum mehr vorstellen – und wir das Band immer und immer wieder durchsahen, um hinter das Spielgeheimnis von Holtzmann und Boysen zu kommen, bereiteten Hüseyin und ich die nächste Reise vor.

Nach München.

Zu den berühmten Kammerspielen.

Zu Thomas Holtzmann und Rolf Boysen.

Sie mussten wir treffen.

Einer von ihnen, so der Plan, würde sich erweichen lassen und mit uns an dem klassischen Goethe-Drama feilen, so wie Fritz Kortner es mit ihnen gemacht hatte. Dann hätten wir den Jackpot. Mit diesem Trumpf im Ärmel würden wir zurück nach Berlin und der Breth den Atem nehmen. Mit dem Segen von Holtzmann und Boysen ausgestattet, wären wir unbezwingbar und unwiderstehlich. Die Breth hätte keine andere Wahl, sie würde alle Tore weit öffnen und uns einlassen in den Theaterolymp.

Und damit in die Stadt, die die optimale Bühne bot für den Eintritt in ein Künstlerleben. Und die vier Jahre nach dem Fall der Mauer der spannendste Ort auf diesem Planeten war.

ZWEI

ENDSTATION

Im April 2018 ging ich wieder diesen Berg hinauf, so wie häufiger in jüngster Zeit, immer weiter bis zu diesem letzten ernüchternden Bau ganz oben. Jedes Mal überkam mich ein Gefühl der Beklommenheit, weil ich nie wissen konnte, was mich dort erwartete, und weil es keine andere Wahl gab, als hierherzukommen, in diesen deprimierenden Vorraum zum Himmel. Die Anlage war erst zwei Jahre zuvor auf der Kuppe errichtet worden, mit weitem Blick ins Tal und tief ins bergige Land. Am Fuße des Berges waren die Türme der zwei Kirchen und des Rathauses zu sehen, die schwarzen Dächer der Altstadt, das vertraute Fachwerk und der dunkelgraue Schiefer, das Beigebraun des Ruhrsandsteins, zum Greifen nah die Stadt, in der die meisten, die jetzt hier oben wohnten, ihr halbes oder ganzes Leben verbracht hatten und die doch unerreichbar für sie geworden war. Das Einzige, was ihnen blieb, war der Blick zurück, hinunter auf den Ort. Vielleicht hatten viele vergessen, dass sie dort unten gelebt hatten. Vielleicht wussten sie es nicht mehr.

Mein Vater wusste es noch. Er wusste viel mehr, als er eigentlich wissen durfte. Ein Grund, warum ich die Diagnose manchmal in Frage stellte. Konnte das überhaupt sein, dass sich mein Vater noch an unsere Wohnung im fernen Berlin erinnerte, an seinen anderthalb Jahre alten Enkel, wenn bei seiner Krankheit – wie es in dem Haus da oben mal jemand auf einer Informationsveranstaltung allen Angehörigen erklärt hatte – der Verlust des Gedächtnisses so fortschritt, als würden nacheinander Bücher aus dem Regal fallen, zuerst die, in denen stand, was heute, gestern und letzte Woche geschehen war, dann die vom letzten Jahr, vom vorletzten, von vor drei, vier Jahren, und immer weiter zurück, bis schließlich das allerletzte Buch herausfiel, jenes, das mit der Geburt begann. Bei ihm schien der Verlauf der Krankheit nicht nach Lehrbuch voranzuschreiten. Er erinnerte sich an Dinge, die weit zurücklagen, und an solche, die erst vor kurzem stattgefunden hatten. Er konnte sich nur schlecht artikulieren. Sein Hirn, sein Gedächtnis funktionierten in großen Teilen noch immer, so mein Eindruck, aber er war nicht mehr in der Lage, die Erinnerungen in Sprache zu verwandeln. Doch manchmal gab es Lichtblicke. Und es öffnete sich urplötzlich eine Tür, durch die er wieder zu uns kam, und wir zu ihm, dann schien er ganz der Alte zu sein. Bis sich die Tür wieder schloss, überraschend und unerklärlich, unerbittlich auch. Er fragte nie nach seinem Zuhause, erkundigte sich nie nach der Wohnung, in der er bis vor zehn Monaten noch gelebt hatte, dort unten in der Stadt mit den drei Türmen, immerhin fast fünfzig Jahre lang, seit dem Jahr meiner Geburt. Darüber war meine Mutter froh. Wie hätte sie es ertragen sollen, wenn ihr Mann beim Abschied jedes Mal gefragt hätte, warum er nicht mit runtergehen darf in sein Zuhause, warum er hier oben in diesem trostlosen Zimmerchen ausharren muss. Diese Frage blieb meiner Mutter erspart.

Als mein Vater auf die Welt kam, war dieser Berg kaum bebaut, dachte ich und nahm den letzten steilen Weg. Die Sonne hing schwer und tief, drückte alles auf den Boden; der Asphalt ein einziger Flickenteppich, alles in die Jahre gekommen hier, vernachlässigt, unbeachtet, ausrangiert, wie die Bewohner auf dem höchsten Punkt. Im Jahr seiner Geburt hatte es einige wenige Häuser weiter unten gegeben, etwas über der Altstadt. Alles hier oben war einfach nur Feld gewesen, Wiese, ein großer, runder Schädel mit grünem kurzgeschorenem Haar, der über dem Städtchen thronte, in dem die Nazis herrschten. Erst nach dem Krieg beachtete man diesen Hausberg, erkannte sein Potential als Wohngebiet und pflasterte ihn bis zur halben Höhe mit satteldachgekrönten Eigenheimen, oben schließlich mit den typischen Kisten der Sechziger- und Siebzigerjahre. Seitdem ist diese hingewürfelte Oberstadt schon von weitem sichtbar, winkt bis tief ins Land und lenkt von der Altstadt unter ihr ab.

Der Frühling nahm dem Ort, auf den ich zusteuerte, etwas von seiner Trostlosigkeit. Nach dem Kälteeinbruch zu Ostern war mir die Sonne nur recht. Vor anderthalb Stunden war ich mit dem Zug aus Dortmund hergekommen, hatte mit meiner Mutter gefrühstückt – in der kleinen Wohnung, unten in der Altstadt, in der ich aufgewachsen war und nach der mein Vater nicht mehr fragte – und war jetzt allein auf dem Weg zu ihm. Meine Mutter würde ihn gegen dreizehn Uhr besuchen, so wie fast jeden Tag. Da ich zu dieser Zeit schon wieder fortmusste, kam eine Aufteilung sehr gelegen; mein Vater würde heute fast den ganzen Tag Gesellschaft haben.

Neun Tage drehten wir in Dortmund. Meist fiel die Anzahl der Drehtage dort viel geringer aus, da Dortmund, zwar Schauplatz unserer Geschichten, «Spesengebiet» war, für den Sender und die Produktionsfirmen also einiges teurer als der Drehort Köln, wo sie angesiedelt waren. Ich hatte mir immer mehr Zeit in Dortmund gewünscht, und diesmal sollte es so sein. Allerdings würden die Zuschauer trotzdem nicht viel von der Stadt zu sehen bekommen, anders als es sich der Oberbürgermeister und die Lokalpatrioten immer wünschten, denn ein Großteil der Dreharbeiten fand drinnen statt, in einem Krankenhaus. Die lange Drehzeit in Dortmund verdankten wir nur der Tatsache, dass diese Klinik die idealen Bedingungen für unsere Arbeit bot und sich als einzige dazu bereiterklärt hatte, bei laufendem Betrieb ein Filmteam zu beherbergen. Es war Zufall, mehr nicht. Doch der Zufall brachte mich länger als üblich in die alte Heimat. Und dadurch zu meinem Vater.

Oft hatte ich mir Vorwürfe gemacht, weil ich so selten bei ihm gewesen war. Die Familie im fernen Berlin, die beruflichen Verpflichtungen, all das hatte mich stets so in Beschlag genommen, dass für andere Dinge kaum mehr etwas übrigblieb. Selbst die Freunde vernachlässigte ich, pflegte Freundschaften nicht so, wie man es tun sollte. Jeder war zu sehr mit sich und seiner Arbeit beschäftigt. Der Alltag drohte alles zu ersticken, und der persönliche Kontakt litt zuerst. Aber schließlich war mein Vater ja mein Vater, und ich wusste nicht, wie viel Zeit uns noch blieb. Trotzdem gab es immer irgendeinen Grund, warum eine Reise zu den

Eltern schwer zu realisieren schien. Einmal forderte die Schaubühne ihren Tribut, die Krankheit eines Schauspielkollegen zwang mich, mir in kürzester Zeit dessen Rolle anzueignen und die Vorstellungen für ihn zu übernehmen, dann waren die Kinder krank, manchmal zur selben Zeit, meist aber im Wechsel, ich hatte Termine für alles Mögliche, für dies und das, Interviews, Anfragen, Mails, auf die ich reagieren musste (zumindest glaubte ich, dies tun zu müssen). Nie schien es einen Zeitraum zu geben, der eine Fahrt in die Heimat erlaubt hätte. Und falls doch, so hätte ich ein schlechtes Gewissen gehabt, Franka wieder mit den Kindern allein zu lassen, schließlich war ich oft genug von zu Hause fort. Mir zwei oder drei Tage freizuschaufeln, um meinen kranken Vater zu besuchen, so dachte ich, wäre einfach nicht möglich. Ich hätte es machen können, hätte Prioritäten setzen müssen – Franka hatte mich auch immer gedrängt, ich solle fahren, *meinetwegen kannst du fahren, fahr ruhig*, hatte sie gesagt –, aber irgendetwas in mir hatte es mir verboten, hatte ihr nie ganz glauben wollen; zudem war mein Hang zu gewissenhafter Pflichterfüllung zu mächtig und schob all meine Bedürfnisse beiseite.

Doch nun hatte ich Dreharbeiten in der Heimat, war etliche Tage in der Nähe meiner Eltern. Ein Trostpflaster auf die Wunde der verrinnenden Zeit.

Der Dreh bei laufendem Krankenhausbetrieb brachte es mit sich, dass das Arbeiten und Leiden und Hoffen in solch einer Riesenklinik für uns sehr präsent waren, und eines Tages sprach mich Richard an, unser Regisseur:

«Du, dahinten steht ein Patient», sagte er. «Der würde dir wahnsinnig gerne mal Hallo sagen, ist ein Riesenfan von Dortmund, sagt er, und der Faber sei überhaupt der

Beste. Also, wenn du mal eine Minute hast, diesem Menschen würdest du eine große Freude machen.»

«Klar, mach ich», sagte ich. «Wer isses denn?»

«Der da mit der grünen Jacke.»

«Sehe ich.»

«Wilfried heißt er.»

«Alles klar.»

Ich ging hinüber zu Wilfried, und er konnte es kaum glauben. Ich schätzte ihn auf Ende sechzig. Sein rechtes Auge fixierte mich, während das linke weit an mir vorbei ins Außen schielte. Eine lange Narbe prangte auf seinem kahlen Schädel, verlief vom verschwundenen Haaransatz mittig nach hinten, so als markiere sie, für alle sichtbar, die darunter verborgene Grenze zwischen linker und rechter Hirnhälfte. Ein Fünftagebart versuchte, mit mattem Grau dagegenzuhalten.

«Oh, hömma», sagte er mit geballter Faust und lächelnder Inbrunst und glich damit alles Verlorengegangene seiner Artikulation wieder aus, «das glaubt mir keiner auf Station, dass ich jetz den Faber kenne!»

Ich gab ihm die Hand.

«Freut mich sehr, dich kennenzulernen, Wilfried!»

«Das is nich der Burner – das is der *Ober*burner!»

Er lachte und seufzte in einem. Jede Pore seines Wesens erzählte offen und einsehbar vom schweren Schicksal, das er nicht erst seit seiner Krankheit zu tragen schien, aber sein Kern pulsierte unverdrossen und unerschütterlich gegen jede Form von Niedergeschlagenheit an. Man musste Wilfried einfach ins Herz schließen, also tat ich es. Er erzählte mir, warum er hier sei. Es bestätigte, was seine Narbe vermuten ließ.

«Ich sach dir ma was. Der Tumor hier drinnen», sagte er und führte den Zeigefinger an die Stirn, «der kann mich am Arsch lecken! Wir in Dortmund, wir lassen uns nich unterkriegen! So wie der Faber, der lässt sich au nich unterkriegen. Der is wie ich. Wir zwei verstehen uns.» Er fasste mit der Rechten meine Hand und mit der Linken meine Schulter: «Du und ich, wir sind *Kumpels*. Und das is hier bei uns im Ruhrpott viel mehr als Freunde.»

Ich war sein Kumpel. Und ich wusste, ich hatte Verantwortung. Durfte nicht leichtfertig mit diesem Freundschaftsangebot umgehen. Ich wollte es auch gar nicht, denn Wilfried war eine Ruhrgebietsnatur wie aus dem Bilderbuch. Ich versprach, ihn so bald wie möglich zu besuchen.

«Das werden die mir alle nich glauben auf Station, dass ich den Faber kennengelernt hab!», lachte er in diebischer Vorfreude. Dann ergriff er meine Hand: «Ich wünsch dir alles, alles Gute, mein Kumpel! Mach dir 'n schönen Tach! Glück auf!»

Seitdem war Wilfried ein treuer Begleiter der Dreharbeiten, unter den Schaulustigen immer der erste, der ihnen beiwohnte, mit seiner grünen Jacke ein unübersehbarer Farbtupfer. Mit ihr sollte es Wilfried sogar in den fertigen Film schaffen. Eines Tages kam Richard mit dem Vorschlag, ihn als Komparsen mitwirken zu lassen, was ich denn davon halten würde. Ich hielt sehr viel davon. Und war ihm dankbar für diese Idee. Wilfried sollte es die Kraft geben, noch einige Monate länger gegen das Gewucher in seinem Kopf zu bestehen.

Und da war es wieder. Dieses Gefühl. Mehr noch, diese nur kurz greifbare Erfahrung. Ganz plötzlich.

Die Gedanken an Wilfried und die Tatsache, nur noch

wenige Meter von der Endstation entfernt zu sein, mochten hervorgeholt haben, was ich sonst nur von wenigen Momenten des Aufwachens kannte, von manchem Dämmerzustand, im Bett liegend, wenn der Verstand noch nicht wach genug ist, diese sich der Sprache widersetzende Erkenntnis zu überdecken, diese Verbindung mit – dem Ganzen? Nur kurz da, doch so eindrücklich und körperlich, als könnte ich sie nie wieder verlieren, um sie dann doch nicht halten, nicht einmal in Worte fassen zu können. Für einen Augenblick sehe ich mein ganzes Leben, begreife die erschütternde Kürze der Existenz, den Wimpernschlag meiner Anwesenheit auf dieser Welt, nehme zeitgleich die schon gelebten und die noch kommenden Jahre wahr, empfinde mit erschreckender Intensität diese Minisekunde meines Daseins und das unmittelbar bevorstehende Ende, kaum dass alles begonnen hat. Als bündele sich alles in einem winzigen Kern, den ich umfassen kann. Ein Sandkorn im kosmischen Getriebe. Ein winziger, nicht sichtbarer Teil des Ganzen. Als Gedanke immer klar, als Wahrnehmung im ganzen Körper ein Schock. Tröstlich, dass der Moment nur kurz ist und nicht haltbar, sich das Gefühl niederschmetternder Bedeutungslosigkeit rasch wieder verflüchtigt.

Kaum ist es vergangen, versuche ich, mich zu trösten, rede mir ein, die Endlichkeit überlisten zu können, indem ich jeden Moment nur intensiv genug wahrnehme. Lächerlich. Ich weiß, ich bin zum Scheitern verurteilt. Ich sollte akzeptieren, dass alles entsteht und vergeht, mein Vater, meine Mutter, ich selbst, meine Kinder und Urenkel, alle Lebewesen auf dieser Welt, alle Häuser, alle Städte und Länder, auch dieser Planet wird eines Tages Geschichte sein, selbst dann, wenn nie jemand den roten Knopf drücken sollte; dem Universum wäre auch das egal, die Erde ist ein unbedeutendes Nichts in ihm. Es ist das ewige Spiel des Lebens, das ich annehmen sollte, aber ich will es einfach nicht wahrhaben. Ich verdränge diesen Scheiß. So wie die meisten.

Die Endstation ganz oben ist ein Schuhkarton in blasser Sandsteinfarbe, der dank der verordneten Wärmedämmung hohl und pappig klänge, würde man dagegenklopfen. Ein typisches Beispiel für den fehlenden Gestaltungswillen heutiger Architekten. Eine Pappschachtel als Dankeschön an die Alten. Ein hingerotzter Renditewürfel. Früher zeugte selbst ein Kuhstall von größerem Schöpfungsehrgeiz. In Momenten wie diesen konnte ich verzweifeln an der Zeit, in der ich lebte, an dieser Epoche, die alte Menschen in Billigkisten abschob, die den ganzen Planeten mit ähnlich deprimierenden Scheußlichkeiten zukleisterte; ein Zeitalter, in dem die Menschen diese Dürftigkeit gar nicht mehr wahrzunehmen schienen oder sie zumindest stillschweigend hinnahmen. Ich fragte mich, was die der menschlichen Gier ausgelieferten Tiere wohl empfinden, wenn sie unsere degenerierte, haltungsgeschädigte, mordhungrige Spezies betrachten. Ob der Neandertaler oder all die anderen Menschenarten die Erde auch so unterjocht und verunstaltet hätten?

Ach, hör auf zu meckern!

Als ob alles schlechter geworden wäre!

Wir können wählen, haben fließend Warmwasser, reisen ans Ende der Welt, müssen nicht verhungern oder an der Pest krepieren, werden stattdessen achtzig Jahre oder älter und dürfen dann hier oben auf die Demenz anstoßen und in Ruhe den Tinnitus genießen.

Mein Blick fiel hinab ins Tal.

Dort war ich aufgewachsen.

Die kleine Stadt da unten hatte meinen Vater mit Leben erfüllt – und er sie. Herdecke war sein Kosmos gewesen, er war nie von hier fortgegangen. Er war gerne gereist, nie auf den Mund gefallen und schnell im Gespräch mit Wildfremden – «Von wo kommt *ihr* denn wech?» –, doch wäre ihm nie der Gedanke gekommen, seiner Heimatstadt den Rücken zu kehren und woanders zu leben. Er kannte fast jeden im Ort, und fast jeder kannte ihn. Über die Jahrzehnte war ein Netz der helfenden Hände entstanden, welches an das anknüpfte, das bereits mein Großvater gesponnen hatte. Vielleicht war das der Grund dafür gewesen, dachte ich, warum ich als Kind nie die Angst gehabt hatte, auf wirklich harten Boden zu fallen. Egal welche Sprünge ich machte, ich würde aufgefangen werden, so mein Gefühl. Uns fehlte nie etwas, auch wenn andere mehr hatten. Ständig zauberte mein Vater jemanden aus dem Hut, der uns Dinge besorgen oder hier und dort aushelfen konnte, für einen Freundschaftspreis, versteht sich. Doch Geiz war meinem Vater verpönt, gerade *weil* das Geld nicht bedenkenlos zur Verfügung stand, und in seiner Stammkneipe war jeder mal dran, eine Runde zu schmeißen. Wer «einen Igel inner Tasche hatte», wie er zu sagen pflegte, also geizig war, saß an der Theke schnell einsam und von allen guten Geistern und Kumpels verlassen da. Auch wenn faule Eier unter den Leuten waren – «Der is falsch, das is ’ne linke Wehe, bei dem musse aufpassen!», hatte mir mein Vater gesagt, wenn ihn sein siebter Sinn zur Vorsicht mahnte –, Herdecke schmiegte sich an mich wie eine warme Decke.

Der Eingang der Endstation lag auf der Hofseite. Man hätte diesen Hof angemessen gestalten können, stattdessen kämpfte ein bemitleidenswerter, erst vor kurzem gesetzter Baum mutig gegen das ihn umgebende Grau von Asphalt und Betonsteinen an und diente dem kleinen Bürgerbus, der die meist hochbetagten Besucher einmal pro Stunde auf den Berg kutschierte und sie direkt vor dem Eingang ausspuckte, als Markierung, die er umkreiste, um postwendend wieder hinunterzufahren. Das Grau des Bodens erfüllte den gesamten Hof, und an das Haus gedrängt standen kühlglänzende Metallstühle, auf denen ein paar alte Menschen, ihrer Lethargie ausgeliefert, dahindämmerten. Warum können sie nicht im kleinen Garten auf der anderen Seite des Heims sitzen, fragte ich mich, schon seit Monaten war dort die Erde aufgerissen, ohne erkennbaren Grund. Das einzige Fleckchen Grün hier oben war seit gefühlten Ewigkeiten eine Baustelle, auf der nichts voranging; für die Bewohner nur zu empfehlen, wenn sie vorhatten, sich in ein tiefes Bauloch zu stürzen, um die Wartezeit auf den Tod drastisch zu verkürzen. Es blieb ihnen keine andere Wahl, als mit dem grauen Gefängnishof vorliebzunehmen, dem Wendekreis des Bürgerbusses. Als ich an den Dahindämmernden vorbeiging und den Eingang durchschritt, hoffte ich, dass ihnen der Graue oder Grüne Star den Blick auf die Tristesse verwehrte. Falls nicht, so konnten sie hier immerhin beobachten, wer alles ein und aus ging. Das letzte bisschen Teilnahme am öffentlichen Leben.

Ich betrat den Aufzug und sah mich im großen Spiegel. Müdigkeit blickte mir entgegen; die viele Arbeit der letzten Zeit, das Wissen darum, dass noch mehr folgen würde – und Respekt vor dem, was hier und jetzt auf mich wartete.

Wann war uns zum ersten Mal etwas komisch an ihm vorgekommen, fragte ich mich. Wann hatte die Demenz angefangen? Erste Wortfindungsstörungen waren uns nach seinem Herzinfarkt aufgefallen, sechseinhalb Jahre zuvor, aber wir hatten sie damals ignoriert, abgetan als gewöhnliche Begleiterscheinungen des Alterns. Sein Verfall hatte uns leicht und unmerklich an die Hand genommen; erst spät hatten wir begriffen, dass es eine Kralle war, die uns hielt. «Ich glaub, ich werd dement», hatte mein Vater eines Tages zu meiner Mutter gesagt, als er seine Lesebrille nicht finden konnte, wohl mehr aus Spaß, und sie hatte abgewinkt: «Ach, Blödsinn.» Doch als er angefangen hatte, sich um neunzehn Uhr auszuziehen und bettfertig zu machen, war der Spaß vorbei. Im Pyjama verließ er eines Abends die Wohnung, als sie auf dem Sofa eingenickt war, und irrte durch die Stadt. Nachbarn sahen ihn und klingelten meine Mutter aus dem Schlaf. Einmal setzte er sich auf den Badewannenrand, im Glauben, auf der Toilette zu sitzen, rutschte in die Wanne und kam nicht mehr heraus. Meine Mutter schaffte es nicht, ihn hochzuhieven, legte ihm Kissen unter und wartete auf die alarmierte Feuerwehr, die ihn befreite. «Kuck do' ma, da is dein Sohn!», sagte sie aufmunternd zu ihm, wenn ich im Fernsehen zu sehen war, aber er schaute gar nicht mehr hin. Irgendwann nistete sich die qualvolle Gewissheit ein, dass sie ihn nicht länger pflegen konnte. Auch eine ambulante Hilfe war keine Lösung. Als einziger Ausweg blieb die Endstation auf dem Berg.

Als sich die Aufzugstür öffnete, war es ein Schock. Der Schrei drang sofort zu mir. Ich erkannte seine Stimme gleich, aber solch einen Ton hatte ich noch nie von ihm gehört. Ein Klagelaut, der Schlimmstes befürchten ließ. War er gestürzt?

Wenige Tage zuvor hatte mir meine Mutter erzählt, wie sie in seinem Zimmer erschienen war, pünktlich um dreizehn Uhr, so wie jeden Tag, und ihn im Bett vorfand, hilflos in seinem vollurinierten Schlafanzug. Klitschnass lag er da und war bedenklich ausgekühlt, seit dem Morgen war niemand bei ihm gewesen. Wie zum Teufel konnte so was passieren? War es Personalmangel, Überforderung der Pflegekräfte? Desinteresse? Auf jeden Fall ein Schock für meine Mutter. Wäre sie nicht gekommen, hätte er womöglich noch ewig so dagelegen. Nach diesem Vorfall verkniff ich es mir, meiner Mutter nahezulegen, an einem Tag pro Woche auf einen Besuch zu verzichten; sie müsse sich schließlich mal erholen und abschalten, hatte ich ihr eigentlich sagen wollen, und dass er ja auch gut aufgehoben sei dort oben. Mein Rat wäre fahrlässig gewesen.

Während zwei direkt aufeinanderfolgende Automatiktüren sich summend und quälend langsam öffneten – die lästige Verkörperung strengster Brandschutzregeln –, bohrten sich seine Schreie immer tiefer in meine Ohren.

Die Tür zu seinem Zimmer stand offen. Ich eilte hinein. Zwei Pflegerinnen, meinem Vater links und rechts unter die Arme greifend, versuchten mit aller Kraft, ihn aus dem Bett zu hieven. Die drei wirkten wie festgefahren in der Position, es ging weder vor noch zurück. Der Hintern meines Vaters hing in der Luft, knapp oberhalb des Bettes, aber jeder Versuch, ihn in eine stehende Position zu bringen, schien mit größten Schmerzen verbunden zu sein, er schrie wie am Spieß. Ich wusste von keiner schwerwiegenden Verletzung am Rücken oder in den Gelenken, die einen solchen Schrei hätte erklären können. Es war eher, als hätten sich alle inneren Dämonen entladen, als wäre ihm die Ausweglosigkeit seiner Lage schlagartig und aufs Quälendste bewusst geworden, als wollten Schmerz, Trauer und Wut sich lauthals Gehör verschaffen. Die Situation war für alle drei so anstrengend, dass es nur noch eine Frage von Sekunden war, bis die Pflegerinnen aufgeben würden.

«Papa!», sagte ich, und mir fiel auf, dass ich ihn seit Ewigkeiten nicht mehr so genannt hatte. In einem gewissen Alter des Erwachsenwerdens war mir dieses Wort nur noch schwer über die Lippen gekommen. In meiner Vorstellung hatte es aus mir das Kind gemacht, das ich nicht mehr sein wollte, also hatte ich mir angewöhnt, ihn bei seinem Spitznamen zu nennen. Doch jetzt, das Ende unseres Miteinanders in Sichtweite, wollte ich keine Anrede mehr, die jeder nutzte. Ich wollte eine, die meiner Schwester und mir vorbehalten war. Mein Vater hatte mich noch nicht bemerkt, doch kaum schallte ihm das Wort *Papa* entgegen, blickte er auf, und sein Geschrei erstarb.

«Och!», sagte er. «Mein Junge!»

Seine Augen begannen zu leuchten, und wie von Geisterhand geführt, von den Pflegerinnen weiterhin gestützt, stand er, als sei es das Selbstverständlichste auf der Welt, mit einem Mal vor seinem Bett. Er lächelte, strahlte mich an wie ein kleines Kind; die erschöpften Pflegerinnen konnten kaum glauben, was passiert war.

«Sagensema, Sie Wirbelwind», rief die Korpulentere der beiden stimmgewaltig, «wat machen Sie für Sachen? Kaum kommt Ihr Sohn hier reingeschneit, springse auf wie 'n junges Reh!»

«Mein Junge!», sagte er.

«Ja, Ihr Junge!», sagte die andere. «Das is Ihr Junge!»

Und wandte sich zu mir:

«Sie glauben ga nich, wie lange wir schonn versucht haben, ihn ausm Bett zu kriegen. Er soll ja schließlich au ma 'n paar Schritte laufen.»

Und wieder an meinen Vater gerichtet:

«Nich wahr!? Wir wollen ja nich einrosten! Gerade Sie! Sie warn do' immer sonne Sportskanone!»

«Ja ... ja ... jaja», murmelte mein Vater.

«Handball, wonnich?», munterte die Korpulente ihn lautstark auf. «Ja klar, Sie warn 'n großer Handballer, weiß do' ganz Herdecke!»

Damit traf sie ins Tor, und in ihm gewannen Freude und Stolz die Oberhand.

«Ja ... jaja.»

«Komm, Papa, wir gehen mal ein paar Schritte», sagte ich und ging auf die Dreiergruppe zu.

«Jaja», sagte die Korpulente, «machense ma ruhich. Bei Ihnen läufta bestimmt wie geschmiert.»

Und sie drehte wieder am Lautstärkeregler, sich meinem Vater zuwendend:

«Wonnich, Sie junger Hüpfer!?»

Sie hätte gar nicht schreien müssen, schließlich hörte mein Vater noch gut. Aber vermutlich war eine laute Stimme unter den Pflegekräften im Altenheim zur Gewohnheit geworden, da wurden keine Unterschiede gemacht, ob die Betagten schwerhörig waren oder nicht. Oder sie war Ausdruck eines nicht eingestandenen Aberglaubens, einer letzten und vagen Hoffnung, mit ihr bis zum tief ins Meer gesunkenen Bewusstsein der Demenzkranken vordringen zu können. Ein unbewusster Versuch, dem durch die Demenz ausgelösten Gefühl der Ohnmacht etwas entgegenzusetzen.

Mein Vater strahlte mich an, während ich die Pflegerinnen ablöste und wir beide wundersam leichtfüßig auf die offene Tür zusteuerten. Wir hatten den Flur schon erreicht, da rief uns die Korpulente, wie ihre Kollegin erschöpft auf der Bettkante sitzend, hinterher:

«Vielleicht solltenwe uns ab jetz Masken aufsetzen! Mit Ihrm Gesicht drauf!»

Das Gelächter der beiden konnte ihre Verstimmtheit nicht verbergen.

Kurz darauf saßen wir im Gemeinschaftsraum, wo jeder Heimbewohner der Etage einen Stammplatz hatte. Mein Vater hockte wie immer mit dem Rücken zur kleinen Küchenzeile, mit Blick zu den Fenstern. Die Vorhänge dort verdeckten den einzigen Reiz des schlichten Raums, die Aussicht auf die Heimatstadt unten im Tal und die grüne Bergkette am Horizont. Auch der Balkon war keine Alternative, die Tür verrammelt und verriegelt, ein Austritt für die Alten nur unter Aufsicht möglich.

Seine Tischnachbarin war eine Frau, deren Unterkiefer bei geschlossenem und zahnlosem Mund unablässig auf und ab ging und die mir mit ungeniert direktem Blick jedes Mal das schuldvolle Gefühl vermittelte, ich müsste mit ihr eine Konversation beginnen. Die Sprache war längst in den Untiefen ihrer Unerreichbarkeit verlorengegangen, und doch hatte ich das Gefühl, sie suchte Kontakt und wäre enttäuscht gewesen, hätte ich es nicht genauso getan. Aber egal, was man ihr sagte, egal, was man tat, sie saß da mit dem immerzu malmenden Kiefer, dem immergleichen und nicht zu deutenden stieren Blick, und auch die Banane, die meine Mutter ihr täglich mitbrachte, ergriff und aß sie stumm, ohne etwas von ihren inneren Welten preiszugeben.

Sie hatte sich, so schien es, auf ewig in ihrem wachen Schlaf eingenistet.

Auch ich hätte geglaubt, dass sich daran nie etwas ändern würde, hätte ich nicht erlebt, wie sie schlagartig erwachen konnte. Im vorangegangenen Sommer – mit den Kleinen zu Besuch im Heim – kam Hannah, damals zweieinhalb, an den Tisch ihres Großvaters gerannt, als der malmende Kiefer gegenüber abrupt innehielt und die alte Frau wie aus einem hundertjährigen Schlaf erwachte. Sie zeigte auf unsere Tochter und lachte und lachte und lachte und konnte nicht mehr aufhören zu lachen, hatte zum ersten Mal nach Ewigkeiten in ihren verborgensten Kammern nach Worten gegriffen und sie der Kleinen entgegengelacht: «Och, da! Hahaha! Och Gott! Da! *Daaa!*» Ihr Glück war so überbordend, die Freude über dieses an ihren Tisch gekommene Menschlein so ansteckend, dass alle mitlachen mussten und die Freude über ihre Freude für einen kostbaren Moment alle im Raum Versammelten miteinander verband, sogar die Senilsten unter ihnen aufblicken ließ. Auch die Pflegerinnen waren verblüfft und erzählten später, bei anderen Besuchen nichts Vergleichbares erlebt zu haben.

Bei Lichte besehen war der unverrückbare Dauerplatz gegenüber einer dahinvegetierenden, kommunikationsunfähigen Person für meinen Vater der Anfang vom Ende. Im Gemeinschaftsraum mit niemandem reden zu können, der Einsamkeit seines Einzelzimmers ausgeliefert, ohne Aufgaben, die ihm Freude und Selbstwertgefühl hätten zurückgeben können – diese Abschottung ließ ihn zwangsläufig, eher schnell als langsam, verkümmern. Das Pflegeheim war auf die Bedürfnisse von Demenzkranken nicht ausgerichtet, die Pflegerinnen schon froh, ohne Kollateralschäden das

Notwendigste leisten zu können. Besonders wenn sie am Wochenende für die ganze Station allein zuständig waren, sich um alles kümmern mussten, um Essen und Trinken, um die Pflege von Körper und Seele, und das auch noch miserabel bezahlt. Ein Zustand, den ich wenige Tage zuvor selbst erlebt hatte: Ich hatte mit Hand angelegt, weil der alte Herr Zielinski, eine Verwirrtheit auf zittrigen Beinen, sonst zu Boden gestürzt wäre, schließlich wurde die Pflegerin von der laut klagenden Frau Krüger vereinnahmt und von den nach Butter, Wurst und Käse rufenden Brötchen, die den Gewichtsverlust der Alten wenigstens etwas mindern sollten.

«No 'n Käffken, Herr Hüpfer?»

Die Korpulente hatte mittlerweile die Küchenzeile besetzt und sprach, erholt von den Strapazen vorhin, in seinen Rücken.

«Ja ... ja», murmelte mein Vater.

Und schon stand sie mit der Kaffeekanne neben ihm und schenkte ein:

«Den hammse sich redlich verdient, Sie Stehaufmännchen!»

Dann zu mir:

«Wollnse au 'n Tässken?»

«Gerne», sagte ich. «Danke.»

Wir saßen da und tranken Kaffee. Mein Vater griff die Tasse langsam. Ebenso langsam nahm er einen Schluck. Und stellte die Tasse wie in Zeitlupe mit beiden Händen wieder ab.

Ich musste daran denken, wie er vor Jahren, als meine Eltern bei Marlene, Svenja und mir zu Besuch gewesen waren – wie so oft in all der Zeit, was hätten wir nur ohne ihre Hilfe gemacht –, am gedeckten Abendbrottisch dankbar die Speisen vor sich betrachtet und die Hände zum Gebet gefaltet hatte. Am Tisch wurde es still, und alle blickten zu ihm. Oh, mein Gott, hatte ich gedacht, er wird doch nicht ernsthaft ein Gebet sprechen wollen! Ist er auf seine alten Tage noch gläubig geworden? Aber dann setzte er einen heiligen Blick auf, so übertrieben, dass klar war, hier würde nur Blödsinn folgen. Unsere Tochter freute sich diebisch, wir alle schauten erwartungsvoll zu ihm, meine Mutter eher ängstlich – «Was kommt *jetzt* wieder?» –, als er sagte: «Lieber Gott! Gib uns nicht so viel ... wegen der Plauze!» Das Gelächter war groß – und mein Vater hochmotiviert. Er rollte mit den Augen, spähte hinauf zum Allmächtigen und bekreuzigte sich hektisch und mehrfach hintereinander wie im Zeitraffer, äußerst frei nach katholischer Sitte. Denn das hatte er oft betont, dass er katholisch sei, so wie seine Mutter es gewesen war, und dass die Katholiken die *wirklich* Gläubigen seien. Wer ihn nicht kannte, hätte glauben können, es wäre ihm ernst damit gewesen, und ein bisschen ernst war es ihm wohl auch, weil er immer mit viel Liebe und Rührseligkeit und einem Tränchen im Auge von seiner zu früh verstorbenen Mutter sprach. Aber schlussendlich war alles nur ein einziger Riesenquatsch. Wenig war meinem Vater heilig, auch nicht der liebe Gott. Nicht mal die Sprache seiner Eltern.

Als Kind waren mir seine albernen Anfälle oft peinlich gewesen. Ich hatte mich dafür geschämt, wenn es ihn in der Öffentlichkeit, unter wildfremden Menschen, überkam, wenn er im Omnibus auf der Fahrt zur Verwandtschaft plötzlich ganz vertraut mit einem Sturzbesoffenen sprach, ihn umarmte, mit ihm herumblödelte, als wäre er sein allerbester Kumpel. «Mit einem *Säufer*! Dass du dich nich *schämst!*», hatte meine Mutter später geschimpft. Jetzt, wo sein Narrenkostüm schon länger als leblose Hülle an der Wand hing, schämte ich mich für meine Scham. Ich hätte alles dafür gegeben, wenn er es noch einmal hätte anziehen und ein Tischgebet sprechen können.

Mein Vater blickte vor sich auf den Tisch. Die Hände regungslos neben dem Kaffee. Was sah er da? An was mochte er denken? Ich wusste es nicht. Ich suchte nach einer winzigen Tür, durch die ich in seine Verschlossenheit dringen könnte, fand sie aber nicht. Ich griff seine Hand und erzählte von den Dreharbeiten, so einfach wie möglich, schwer abzuschätzen, ob er verstand, was ich sagte, berichtete ihm von seinen Enkeln und zückte das Handy, um neue Fotos zu zeigen. Er strahlte beim Betrachten der Bilder, gab fröhliche Ahs und Ohs von sich und blickte mich immer wieder an, mit stolzen, freudig-wässrigen Augen. Oft hatte er in letzter Zeit geweint, wenn wir so dagesessen hatten, hatte mit inneren Ungeheuern und einer Last gerungen, die ich ihm nicht hatte nehmen können. Jetzt schien er von diesem Kampf befreit, schien ein Hauch von Akzeptanz in ihn geweht zu sein. Und doch lag auf ihm eine Wehmut, die ich selbst durch das Versprechen, ihn bald wieder mit den Kindern zu besuchen, nicht verscheuchen konnte. Sie legte sich auch auf mich. Jeden Selbstbetrug zum Teufel jagend, wusste ich, dass er seine Enkel nie mehr wiedersehen würde. Die Gewissheit schnürte mir den Hals zu. Unter dem Vorwand, die Toilette aufzusuchen, entzog ich mich der Situation und ging auf sein Zimmer. Ich musste kurz allein sein.

Ich stand da, und die tiefe Traurigkeit, die diesem Raum, in dem das Leben meines Vaters bald enden würde, innewohnte, ließ mich beim Betrachten seiner wenigen Habseligkeiten – der rotweiße Handballschal, die graue Lieblingsjacke und die Fotos seiner Mutter und seiner Enkelkinder auf dem tristen Sideboard – nicht mehr los. Ein violetter Sessel, knallig orangefarbene Fenstervorhänge und die mit Tulpenmotiven aufgepeppte Gardine bemühten sich, der Anonymität des Zimmers etwas Persönliches und Hoffnungsvolles zu verleihen. Sie scheiterten kläglich.

Wie ähnlich mein Vater seiner Mutter sieht, dachte ich, als ich das Schwarzweißfoto meiner Großmutter in die Hand nahm. Er hatte die braunen Augen, die Nase und den Mund von ihr und hatte sie wiederum an mich weitergegeben. Ich hatte meine Großmutter nie kennengelernt, ihr krankes Herz hatte sechs Jahre vor meiner Geburt aufgehört zu schlagen. Eine Schwäche, die sie neben Augen, Nase und Mund ebenso freigiebig weitergereicht hatte und mit der einige ihrer Nachkommen ringen mussten. Ein entscheidendes Merkmal allerdings hatte sie niemandem vererbt.

Ich stellte das Bild meiner Großmutter zurück und fragte mich, wie sie die Jahre des Naziterrors überlebt hatten. Mein Vater hatte mir erzählt, sie seien *bei Adolf auf der Liste* gewesen. Nur Glück hätte ihn und seine Brüder davor bewahrt, zwangssterilisiert zu werden. Nur Glück hätte womöglich noch Schlimmeres verhindert. Oder hatten die Braunen ein Einsehen gehabt? Hatten ein Auge zugedrückt, weil alle vier Jungs gesund gewesen waren, weil sie hören und sprechen konnten? Weil ihre Eltern, meine Großeltern, hatten arbeiten, Kinder großziehen und eine Familie ernähren können wie alle anderen auch? Oder war die Tatsache entscheidend gewesen, dass meine Großmutter im Gegensatz zu meinem

Großvater nicht von Geburt an gehörlos gewesen war, *taubstumm*, wie es damals hieß? Was auch immer der Grund gewesen sein mag, ich begriff, welches Glück ich hatte, auf der Welt zu sein. Und wie viele Fragen noch in mir waren. Fragen, die ich meinem Vater nie gestellt, die zu stellen ich zu lange versäumt hatte.

So ist es, wenn man neben dem Bahnhof wohnt. Man verpasst jedes Mal den Zug, weil man meint, endlos Zeit zu haben.

Auf dem Weg zurück zu meinem Vater wurde mir wieder einmal bewusst, dass ich in einer Epoche der gemachten Betten großgeworden war. Welch ein Glück, in *diesem* Teil der Welt geboren zu sein. Auf *dieser* Seite des Eisernen Vorhangs. Und in einer Zeit zu leben, in der in Deutschland keine allzu dunklen Wolken vorbeigezogen waren. Das gemachte Bett der Bundesrepublik erschuf andere Probleme, mit Sicherheit, aber die Sorgen, die die Menschen früher bedrückt hatten, gab es nicht.

«Da bin ich wieder, Papa», sagte ich und setzte mich.

Mein Vater drehte den Kopf zu mir und strahlte mich an: «Och!»

«Hab mir noch ein paar Bilder angeschaut.»

«Ja ... jaaa», sagte er lächelnd; und dann:

«Mein Junge ...»

Ich blickte auf.

Nicht, *dass* er diese zwei Worte sagte, sondern wie er sie aussprach, sie betonte, wie er hoch ansetzte und den Ton dann fallen ließ, voller Seligkeit, zufrieden ausatmend, ließ mich aufhorchen. Ich blickte in sein altes Gesicht, und es begann vor meinen Augen zu verschwimmen, sich aufzulösen, und zum Vorschein kam mein Vater, vierzig Jahre jünger. Im Altenheim war ein Moment wieder da, der Jahrzehnte zurücklag, in dem ich damals das Gefühl gehabt hatte, ihn irgendwann in einer weit entfernen Zukunft wieder zu erleben. Ich nahm seine Hände, die früher einen Handball umschlossen, Werkzeuge gegriffen, Zeitungsartikel über den Handball und meine Arbeit ausgeschnitten und in etliche Alben geklebt hatten, und streichelte sie, und ich sah die Venen auf den Handrücken, und mit einem Mal wurden die blauen Adern zu dem rotblauen Krampfadergewirr, das mir als Kind auf dem Fuß meines Vaters ins Auge gestochen war, während ich den Fuß gestreichelt hatte, so wie ich es jetzt wieder tat, so erschien es mir zumindest, ja, ich streichelte den Fuß meines Vaters, wie ich ihn als Kind gestreichelt hatte, um die Gicht meines Vaters erträglicher zu machen. Und auch der triste Gemeinschaftsraum löste sich auf und wurde zum Wohnzimmer meiner Kindheit, in dem mein Vater, auf der dunkelgrünen Couch sitzend, von Schmerzen geplagt, den geschwollenen Gichtfuß auf der Schieferplatte des Wohnzimmertischs abgelegt hatte, während über ihm an der orangebraun tapezierten Wand der geschnitzte Wurzelsepp aus Unterammergau vor sich hin grinste. In der Regel war mein Vater an die Decke gegangen, wenn man ihn am Gichtfuß berührte oder er ihn irgendwo gegenstieß, doch mein Streicheln hatte ihm Linderung gebracht. Dankbar hatte er mich jedes Mal angelächelt, wenn auch gequält, einmal aber war er von jeglichem Schmerz befreit, ganz gelöst, hatte sein unverhofftes Glück in drei Silben gelegt: «Mein Junge ...» Da hatte ich das Gefühl gehabt, es plastisch vor mir gesehen, dass ich ihn in vielen, vielen Jahren wieder streicheln würde, irgendwann, wenn er ein alter Mann wäre. Und nun war der Moment da. Und weit mehr als nur Erinnerung. Ich war in den emotionalen Zustand von damals versetzt, konnte das Gefühl wieder greifen, dass ich in jenem Augenblick als kleiner Junge gehabt hatte. Ich *war* wieder dieser kleine Junge.

Die Erkenntnis, dass alle Ebenen des Lebens zugleich existent sind, dass man nur wach genug sein muss, um nach ihnen greifen zu können, blitzte in mir auf wie eine nie bemerkte Leuchte. Ich hätte in diesem Moment glatt an Gott glauben können.

Als Kind konnte ich ihm helfen, dachte ich. Und war mir nicht sicher, ob ich mir damals meiner in der Zukunft liegenden Hilflosigkeit schon bewusst gewesen war.

An der Ursache seiner Gicht hatte ich nie einen Zweifel gehegt. Mein Vater war ein junger Kerl gewesen, als er irgendwann in die bierselige Handballrunde posaunt hatte, er könne die meisten Frikadellen von allen essen, und wer glaube, ihm auf diesem Gebiet das Wasser reichen zu können, der solle sich melden. Es gab genug Verrückte, die die Herausforderung annahmen, woraufhin der Wirt der Gaststube, in der sie saßen, seine Bereitschaft erklärte, jederzeit Unmengen Gehacktes in der Pfanne zu brutzeln, er brauche nur einen Tag Vorlauf, um alles vorzubereiten. Als der große Tag des Wettbewerbs gekommen war, verputzte mein Vater eine Frikadelle nach der anderen und wurde nach fünfundzwanzig Stück und viel unterdrücktem Brechreiz von der grölenden Handballmeute zum Sieger gekürt. Eine sensationelle Leistung, die keiner überbieten konnte. Mein Vater wurde zum *Frikadellenkönig*.

Nach diesem Jungmännerblödsinn kamen die Gichtanfälle regelmäßig, viele Jahre lang, und immer wenn die Gicht zupackte, war mein Vater zu nichts mehr in der Lage. Unter Schmerzen saß er auf der Couch, mit hochgelegtem Bein, und versuchte, die Zähne zusammenzubeißen, was ihm oft nicht gelang; dann verfiel er in ein erbärmliches Jammern, das meine Mutter zu der Überzeugung brachte, Männer seien Waschlappen und das eigentlich schwache Geschlecht. «Eine Geburt würdet ihr Kerle nie und nimmer überleben», sagte sie zu ihm, worauf er beleidigt entgegnete: «Ich wünsch *dir* ma die Gicht an ’n Hals, dann hättesse nich mehr sonne große Klappe, aaaah!» Er konnte nur auf Fetthaltiges und sein kleines Bierchen bei *Albert* verzichten und abwarten. Und hoffen, dass Schwellung und Schmerz mit jedem Tag leicht zurückgingen. Bis dahin half ihm einzig und allein mein Streicheln. Viele Jahre später bekam meine Mutter von einer Kegelschwester einen Kombucha-Pilz geschenkt. Dieser Pilz, der eigentlich gar keiner war, sondern ein wabbliges, wie eine Qualle aussehendes Gewächs, eine Ansammlung von Bakterien und Hefen und was auch immer, sollte Wunder bewirken. Geschützt vor Staub und Wärme, wuchs der Kombucha-Pilz in viel Flüssigkeit auf dem Schlafzimmerschrank vor sich hin, gedieh so sehr, dass meine Mutter regelmäßig etwas vom Wunderwesen abzweigen und an bedürftige Freunde und Bekannte Kombucha-Babys verteilen konnte. Die Flüssigkeit erwies sich als Rettung für meinen Vater. Er trank diesen Kombucha-Tee täglich, und siehe da, die Gicht verschwand und kehrte nie mehr zurück.

«So, Herr Springinsfeld!», tönte die Korpulente in meine Erinnerung. «Wir hamm do’ bestimmt ordentlich Appetitt nach so viel Rumgerenne!»

Ich hatte sie gar nicht kommen hören. Sie stand neben meinem Vater und begann, den Tisch für das Mittagessen zu decken.

«Heut gibbt's Würstchen mit Katoffelsalat!», sagte sie und klapperte mit Tellern und Besteck. «Is dat nix? Dat gibbt Kraft! Is wie Weihnachten bei uns, wonnich?»

Ich konnte nie verstehen, warum man den Insassen in Krankenhäusern und Heimen Speisen vorsetzte, die eher Gicht als Genesung bewirkten.

«Wollnse au 'n bissken?», fragte sie mich.

«Vielen Dank», sagte ich, «ich muss gleich los.»

«Nehmse ruhich, is genuch da. Die Damen und Herren hier ohm sind 'n bissken zurückhaltend, was dat Essen angeht, da bleibt immer wat übrich.»

Kein Wunder, dachte ich und sagte:

«Sehr nett von Ihnen, aber ich muss wirklich los.»

«Oh! ...», sagte mein Vater. «Oh!»

Ich hatte keinen blassen Schimmer, wie ich mich davonmachen sollte. Ich *musste* los, hatte am Nachmittag wieder Dreharbeiten, aber am liebsten hätte ich auf alles gepfiffen. Jetzt bei ihm zu bleiben, wäre doch das Wichtigste! Warum war es mir nicht möglich, ihn zurückzuholen? Ihn aus dieser Ödnis zu befreien?

«Ich komm bald wieder, Papa. Schon in wenigen Tagen bin ich wieder bei dir. Versprochen, ja?»

«Ja ... jaaa.»

«Mach's gut.»

Ich gab ihm einen Kuss auf die Wange.

«Bis ganz bald, ja?»

«Ja ... ja ... mein Junge.»

Ich riss mich los. Zwang mich dazu. Kaum war ich aufgestanden, blickte mein Vater schon wieder vor sich auf den Tisch. Hatte er überhaupt begriffen, wer da gegangen war?

Beim Verlassen des Raumes fiel mir erneut seine Kindheit in Nazideutschland ein. Die Gefahr für meine gehörlosen Großeltern. Wie hatten sie diese Zeit überstanden? Wie gern hätte ich meinen Vater dazu befragt. Doch es war zu spät. Die Antworten waren in ihm verschlossen und würden bald für immer mit ihm gehen. Alle Erinnerungen würden mit ihm sterben. Bis auf die, die er mir mitgegeben hatte. Und von denen ich nie wissen konnte, wie viel Wahres an ihnen war. Doch auch sie würden eines Tages im Nichts verschwinden. Überall auf der Welt gelebtes Leben. Milliardenfach. Seit ewigen Zeiten. Im Augenblick von einzigartiger, von größter Bedeutung. Doch irgendwann restlos verschwunden. Zum Verrücktwerden.

Bevor ich im Flur nach rechts abbog, dorthin, wo der Aufzug war, schaute ich noch einmal zurück und sah, wie die Pflegerin meinem Vater Kartoffelsalat auftat, dazu zwei Würstchen und Senf. Senf hatte er immer geliebt. Aber scharf musste er sein. Richtig scharf.

Mein Vater saß da. Blickte auf das Essen. Dann geschah es. Vor meinem inneren Auge kletterte er auf den Stuhl und von dort aus weiter auf den Tisch. Das Gemurmel der Alten erstarb, es wurde mucksmäuschenstill im Raum. Alle starrten auf meinen Vater, der mit Bühnenpräsenz jetzt mitten auf dem Tisch stand. Der malmende Kiefer unter ihm hörte auf zu malmen und sagte: «Och, da! *Daaa!*» – «Meine Damen und Herren!», sagte mein Vater in die Stille hinein und sagte es gleichzeitig in Gebärdensprache, wie so oft in seinem früheren Leben, betonte überdeutlich jede Silbe. Die Konsonanten knallten durch den Raum, und seine Zunge schoss ihm lang und albern und vor allem sinnlos aus dem Mund, denn kein Buchstabe erforderte das. Wieder nur Blödsinn, dachte ich. Er führte die Hände zur Brust: «Meine», formte mit ihnen einen üppigen Busen: «Damen», bildete mit den Zeigefingern ein Pluszeichen: «und», und als Höhepunkt formte seine Rechte vor dem Hosenstall einen Riesenständer: «Herren!» Unter den losprustenden Alten blickten einige verschämt weg, doch die meisten kannten seine Verballhornung der Gebärdensprache schon ewig, von etlichen Feiern aus ihrem früheren Leben, unten in der Stadt mit den drei Türmen. Dann faltete er die Hände zum Gebet und sagte laut und deutlich in die kichernde Menge: «Lieber Gott! ... Gib uns nicht so viel! ... Wegen der Plauze!» Der Gemeinschaftsraum der Endstation brach in Gelächter aus, und nun tänzelte mein Vater mit flatternden Armen auf dem Tisch herum, als verjage er einen lästigen Schwarm Fliegen, ließ die Zunge mit kindlicher Albernheit herausschnellen, schnappte sich alle Fliegen, die er kriegen konnte, streichelte genießerisch, den imaginären Imbiss verzehrend, den mühsam herausgestreckten Bauch, hüpfte wie ein junges Reh und mit sich und der Welt zufrieden vom Tisch herunter, schwang sich zirkusakrobatisch auf den Stuhl und kostete vergnügt vom Kartoffelsalat. Und alle taten es ihm nach.

Als er die Bockwurst in den scharfen Senf eintauchte und hineinbiss und ein gewinnendes Strahlen über sein Gesicht huschte, da dankte ich meiner Einbildungskraft und wusste, ich würde meinen Vater guten Gewissens zurücklassen können.

DREI

KAMMERSPIELE

Unser Zug erreichte München. Wir waren jung. Hochbegabt. Wer sollte uns aufhalten?

Doch auf dem Weg zu den Kammerspielen schwebte kurz eine dunkle Wolke über meinem sonnigen Gemüt. Was, wenn das Unternehmen Schaubühne scheitern sollte? Sehr unwahrscheinlich, aber auszuschließen war es ja nicht. Nun gut, mir blieb ein kleiner Trost: Ich konnte nach Meiningen. Eine Woche nach meinem Vorsprechen dort hatte ich gestern den entsprechenden Anruf bekommen. Vor acht Tagen war ich über die ehemalige deutsch-deutsche Grenze gefahren, war ins unbekannte Thüringen vorgedrungen wie Captain Kirk in fremde Galaxien und hatte am gefühlten Arsch der Welt den Schauspieldirektor zum Lachen gebracht. Und gestern dazu, meine Nummer zu wählen. Meiningen. Im nebligen Werratal. Tiefster Osten. Oder nein, tiefster *Rand* des Ostens. Aber egal, genau das reizte mich. Es wäre ein Riesenabenteuer, so dachte ich. Zumindest hatte ich etwas in der Hinterhand. Ein Eisen im Feuer. Es gab mir Sicherheit und Gelassenheit mit auf den Weg nach Berlin.

Hüseyin und ich verließen die S-Bahn am Marienplatz und bogen wenige Minuten später in die Hildegardstraße ein. Vor uns der Bühneneingang der Münchner Kammerspiele. Rechts daneben die Schauspielschule. Die Otto Falckenberg.

Hier hatten Hüseyin und ich uns kennengelernt. Hier hatten wir beide unbedingt hingewollt. Hier hatten wir es bis in die Endrunde geschafft. Noch immer hatte es etwas Elektrisierendes, sich diesem Ort zu nähern. Die Bilder von damals kamen wieder hoch. Die gleiche Aufregung wie vor über drei Jahren, im Frühjahr 1990.

Schon am Abend vor der ersten Prüfungsrunde war ich hergekommen. Ich war neugierig und betrat den Hof. Ich wollte für den darauffolgenden Tag gut gerüstet sein, mich ganz auf das Vorsprechen konzentrieren. Also lieber schon mal das Terrain erkunden, die Atmosphäre einfangen, nachschauen, wo genau der Eingang liegt, und so weiter und so fort. Wie katastrophal wäre es, wenn ich am großen Tag mit der Suche nach dem richtigen Ort beschäftigt wäre und die Nervosität dadurch nur wüchse, wo ich doch all meine Kräfte bündeln musste, in der ersten Runde glänzen wollte, mit einer schauspielerischen Punktlandung. Nichts dem Zufall überlassen. Perfekt vorbereitet sein. Also ab an die Otto Falckenberg. Noch am Abend zuvor.

Der Erste, den ich im Hof der Schule antraf, war ein Schüler des zweiten Jahrgangs. Die Studenten des zweiten Jahrgangs waren verantwortlich für die Betreuung der vorsprechenden Glückssucher. Ihre eigene Prüfung lag nicht lange zurück, also schienen sie besonders geeignet zu sein für die verantwortungsvolle Aufgabe, waren sensibel für die

Nöte und Ängste, für den ungeheuren Optimismus und die ansteckende Neugier des potentiellen Nachwuchses. Ihm war sofort klar, warum ich hier herumgeisterte.

«Biste hier zum Vorsprechen?»

«Ja, genau», sagte ich. «Morgen hab ich die erste Runde.»

Er sah mich an und grinste.

«Weißt du, wie du aussiehst?»

«Nein.»

«Das haben dir bestimmt schon viele gesagt.»

«Keine Ahnung. Wie sehe ich denn aus?»

«Wie Ulrich Matthes.»

Ich schaute etwas ratlos.

«Kennste nicht?», fragte er verdutzt. «Super Schauspieler. Ist hier an den Kammerspielen.»

«Aha.»

«Der ist der Star hier. Spielt alles rauf und runter.»

«Echt?»

Er beobachtete mich wohlwollend.

«Sag mal was.»

Ich verstand nicht ganz.

«Wie bitte?»

«Du sollst mal was sagen.»

«Was soll ich denn sagen?»

«Verrückt!»

Er strahlte nun noch mehr, und ich hatte den Faden verloren.

«Verrückt?»

«Du hast auch so ’ne Stimme wie er!»

«Wirklich?»

Ich fühlte mich gebauchpinselt, weil er mich mit einem so bedeutenden Schauspieler verglich, auch wenn mir der

Name Ulrich Matthes kein Begriff war, aber bedeutend *musste* er ja sein, dieser Herr Matthes, wenn er hier an den legendären Kammerspielen alles rauf- und runterspielte. Meine mir von der Natur mitgegebene Grundausrüstung scheint bühnenkompatibel zu sein, dachte ich erleichtert. Doch sofort machten sich Ernüchterung und Enttäuschung breit. Mit einem Doppelgänger, der hier bereits engagiert war und glänzte, sank meine Chance, bei der Falckenberg und den angrenzenden Kammerspielen zum Zuge zu kommen, massiv.

«Ich bin André», sagte er und hielt mir die rechte Hand hin.

Mir fiel auf, dass ihm zwei Fingerkuppen fehlten.

Ein gutes Zeichen, dass ich hier so empfangen werde, dachte ich plötzlich, und alle Zweifel wegen Herrn Matthes waren wie weggewischt. Ich hatte noch gar nicht vorgesprochen, aber die Begegnung mit André gab mir die Gewissheit, hier war der Ort, an dem ich meine Schauspielausbildung beginnen würde. Ich hatte es schon immer gespürt, dass München auf mich wartete, und morgen früh würden das auch alle Dozenten der Falckenberg Schule begreifen. Mit meiner Lieblingsrolle würde ich sie überzeugen. Aus dem *Tagebuch eines Wahnsinnigen* von Gogol.

War es mein Zweckpessimismus, der mich am folgenden Tag so zweifeln ließ?

Ich hatte meine Rolle des Wahnsinnigen vorgesprochen und fand meine Leistung nicht allzu schlecht, doch was auch immer ich erwartet hatte, es war etwas anderes als dieses Loch, das sich jetzt brutal und ohne Vorwarnung in mir auftat; eine innere Stimme wollte mir einreden, dass es mit der Otto Falckenberg nichts wird, dass ich meinen großen Traum von München begraben sollte. Frustriert floh ich aus den heiligen Hallen der Schule und irrte durch die Stadt, gab mich leidenschaftlich meiner schlechten Laune hin. Ich saß im Hofgarten und wollte nur eines: weg von dieser Schule. Keinem Schüler mehr begegnen, keinen Leidensgenossen mehr sehen. Ich wollte allein sein, baden in meinem Selbstmitleid und den dahinsterbenden Träumen. *Lasst mich alle in Ruhe! Bleibt mir von der Pelle! Leckt mich am Arsch!* Als ich in der Ferne plötzlich André sah, scheinbar ziellos umherstreifend, da wollte ich nur noch mehr flüchten. Niemand durfte mich stören in dem Selbstmitleid, das sich so herrlich intensiv und warm in mir ausbreitete – immerhin ein starkes Gefühl und jeder Gleichgültigkeit vorzuziehen –, auch wenn nichts vorgefallen war, was es rechtfertigte, zumindest nichts Offensichtliches. Wie sehr hatte ich auf diesen einen Moment hingearbeitet, wie viel Arbeit, Fleiß und Hoffnung reingesteckt – nur durch die Flucht in die Hoffnungslosigkeit konnte ich mich schützen, nur so war ich gegen eine mögliche Enttäuschung gewappnet. Bloß weg von hier, dachte ich, wo der an der Falckenberg glücklich studierende André allein durch seine Präsenz in meine Wunde stach. Weg von hier, falls er mich suchte, um mir die Hiobsbotschaft zu überbringen. Weg von hier, am besten ganz raus aus München, *jetzt gleich*, und zurück nach Westfalen. Und so machte ich es auch. Ich bestieg den erstbesten Zug und fuhr nach Herdecke.

Wenige Tage später klingelte bei uns zu Hause das knallorangefarbene Wählscheibentelefon aus den Siebzigern.

«Für dich», sagte meine Mutter und reichte mir den Hörknochen.

Sofort war ich unter Strom, als ich begriff, wer dran war.

«Du warst so schnell weg», sagte die Sekretärin der Falckenberg Schule.

«Na ja …»

«André ist sogar noch hinter dir her. Hat dich gesucht, weil irgendjemand meinte, du wolltest in den Hofgarten.»

«Ach so. Ja, ähm … da war ich auch.»

«Er sollte dir nämlich sagen, dass du weiter bist.»

Mir blieb das Herz stehen.

«*Weiter?*»

André hatte mich gesucht, weil er mir sagen wollte, ich sei weiter? War durch die halbe Stadt gerannt, um mir das mitzuteilen? Was hätte ich mir alles ersparen können, wäre ich nicht vor ihm davongelaufen!

«Glückwunsch!», sagte die Sekretärin. «Und bis demnächst!»

«Ähm, ja … äh … danke!»

Ich knallte den Hörer aufs Telefon, stieß einen Schrei aus und lief danach wie Gogols Wahnsinniger durch Herdecke, ballte immer wieder die Faust und redete, mich selbst befeuernd, endlos vor mich hin.

«Ja! Ja! Ja!»

Eine Runde weiter. Der Traum fand eine Fortsetzung. Ich war der glücklichste Mensch auf Erden. Mit einem Mal schienen alle Grenzen der heimatlichen Kleinstadt gesprengt, die große weite Welt mit ihren Verlockungen konnte sich ungehindert in mir ausbreiten. Ich hatte in diesem Moment bereits mein kleines Herdecke verlassen und den Schritt hinausgetan, hatte mit Bedauern all die Menschen betrachtet, die mir entgegenkamen. Wie leid sie mir taten. Sie mussten *hierbleiben*. Mein Gefühl war so stark und die weite Welt in mir so lebendig, meine Zukunft so greifbar, konkret und vielversprechend, dass es einfach jeder sehen musste. Jeder der mir Entgegenkommenden musste es spüren, dass ich mich von ihnen verabschiedete, musste wahrnehmen, in welch anderen Sphären ich mich bereits bewegte. Meine Innenwelt überstrahlte alles, es war selbstverständlich, dass sie, mächtig, wie sie war, aus mir herausleuchtete, in jeden der mir Begegnenden eindrang und dort alles Eigene überlagerte. Jeder in Herdecke wusste jetzt von mir und meiner übermenschlichen Leistung, die zweite Runde der Schauspielschule im fernen München erreicht zu haben. Ich war der Nabel der Welt, die großartigste Persönlichkeit, die diese schöne, aber unbedeutende Stadt zwischen den Ruhrseen je hervorbringen würde. Natürlich wusste ich nicht, was das Schicksal genau mit mir vorhatte, ich ahnte nur, es musste etwas Besonderes sein. Nichts mehr war vorherbestimmt. Alles war möglich. Ganz plötzlich.

Ein Gefühl wie wenige Monate zuvor, als die Mauer gefallen war. Noch war das Kommende im Nebel, aber es würde tausendmal aufregender und erfüllender sein als alles bisher Dagewesene, das stand fest. Was für die Ewigkeit zementiert schien, brach auf, und etwas völlig Neues, Unverhofftes kam daraus hervor. Wohin sollte es gehen? Nach dem Fall der Mauer wussten wir es alle nicht, und genau das war eine Wohltat, zumindest für mich. Ich hatte nie den geringsten Zweifel daran gehabt, in die Welt des Kalten Krieges hineingeboren zu sein und in ihr auch zu sterben. Nichts ließ vermuten, dass sich etwas ändern würde an diesem sicher und behütet und träge und langweilig dahintreibenden, bundesrepublikanischen Stück Mitteleuropa. Dennoch, oder gerade deshalb, hatte ich mir in meiner kindlichen Phantasie und Hybris immer ausgemalt, wie ich die Welt retten, sie vor dem ökologischen Kollaps bewahren würde (der mit zwölf selbst angelegte Froschteich bei uns im Garten sollte nur der bescheidene Anfang sein), indem ich als Biologe, der ich werden wollte, eine Methode erfände, mit der man die durch Erosion verwüsteten Gebiete der Erde wieder fruchtbar machen könnte, um daraufhin, sozusagen in einem Abwasch, auch noch die Einheit Deutschlands herbeizuführen und eine entsprechende Hauptstadt aus dem Boden zu stampfen, die weitaus mehr für das Auge zu bieten hätte als das peinliche Bonn und für die ich bereits erste Entwürfe gezeichnet hatte, und danach sollte, als Krönung des Ganzen, Europa durch mein Tun zu einem friedlichen Staatsgebilde zusammenwachsen. Mir war sonnenklar, dass all das genau so kommen würde.

Natürlich hielt diese Art von Größenwahn nicht allzu lange, sie verlief sich irgendwann im Wirrwarr der Pubertät. Was aber am Ende des Pubertätstunnels übrigbleiben sollte, war mein Neid auf alle Italiener, Franzosen oder Engländer, die stolz auf ihre Geschichte sein durften, auf ihre melodische Sprache, auf ihre schönen Städte. Bei uns dagegen klang alles dumpf und unmelodisch, jeglichen Singsang hatten wir uns austreiben müssen, er war verdächtig, nur Sachlichkeit im Reden konnte uns davor bewahren, in falsches Pathos zurückzufallen. Unsere Geschichte war kontaminiert, und ich selbst zutiefst geschockt von ihr, spätestens seit ich als Zehnjähriger mit meinen Eltern die Serie *Holocaust* gesehen hatte. Doch auch schon vorher hatte mein Vater stets über die Nazis geschimpft, mir erklärt, dass sie seine Eltern umgebracht hätten, wenn das beschissene Tausendjährige Reich statt zwölf dreizehn oder vierzehn Jahre überdauert hätte. Ich hoffte immer, auf andere Seiten unserer Historie zu stoßen, aber sie waren schwer zu finden. Vor allem im Ausland. Es frustrierte mich, dass sich der Blick auf alles Deutsche darauf zu beschränken schien, unseren Drang nach Mord und Totschlag zu beleuchten. Mich traf keine Schuld, aber ich schämte mich trotzdem. Ich fühlte mich minderwertig. Durchstöberte ich die Buchhandlungen in fremden Ländern, fiel mir auf, dass die Anzahl der Reiseführer über Deutschland verschwindend gering war. Mein Gott, was hatten die Franzosen, die Italiener alles aufzubieten im Gegensatz zu uns! Niemand wollte unser Land besuchen, im Gegenteil, alle wollten hier weg; alles hier schien verdächtiger, langweiliger, unfreundlicher, belangloser, hässlicher als überall sonst auf dem Planeten.

Ich sah die alten Städte der anderen Länder, ihre unversehrten Stadtbilder, und wünschte mir, blind zu sein, wenn ich durch unsere Großstädte ging, durch die möblierten Fußgängerzonen der Sechziger- und Siebzigerjahre. Ich schämte mich dafür, als wir unseren Schüleraustausch mit einer Schule in England hatten. Auf der britischen Insel wanderten wir nicht nur über beeindruckende Hochebenen, an spektakulären Küsten entlang, wir spazierten auch durch Städte, in denen jedes Haus Zeugnis ablegte von einer langen und großen Vergangenheit, auch wenn sie auf den zweiten Blick oft deprimierend und blutrünstig gewesen war. Als unsere Freunde aus England bei uns zu Gast waren, fuhren wir mit ihnen nach Köln, und ich hoffte nur, sie würden so lange wie möglich im Dom verweilen und dann mit verbundenen Augen den Bus besteigen, damit sie nichts vom Rest der Stadt zu sehen bekämen. Wahrscheinlich war es ihnen vollkommen egal, welche Bausünden den Dom von allen Seiten bedrängten, wie sehr Abriss und Wiederaufbau die Stadt entstellt und alles gesichts- und geschichtslos hinterlassen hatten. Wieso interessierte mich das überhaupt? Ich war damals vierzehn oder fünfzehn, warum in aller Welt beschäftigten mich solche Gedanken? Warum machte ich mir dieses nationale Trauma so zu eigen, dass es zu einem persönlichen Komplex wurde? Niemand wird die Trostlosigkeit bemerkt haben, kein Engländer und wahrscheinlich auch kein anderer, denn niemand in meinem Alter achtete auf hässliche Hausfassaden, erst recht nicht, wenn auf Augenhöhe knallbunte Schaufenster um Aufmerksamkeit buhlten. Selbst ihren Besuch in Dortmund werden die Engländer verkraftet haben, obwohl dort keine Riesenkathedrale von der Tristesse des Wiederaufbaus ablenkt.

Alles, was in Nazideutschland passiert war, widerte mich an, und gleichzeitig war in mir eine kindlich naive, leicht perverse Sehnsucht lebendig, in einer aufregenden Zeit leben zu wollen. So unsinnig das war, ich beneidete die Menschen der Zwanziger- und Dreißigerjahre darum. Lieber eine existenzielle Bedrohung, dachte ich, als diese dumpfe, für die Ewigkeit betonierte, westdeutsche Langeweile. Der Gedanke war nur möglich, weil ich mich in Sicherheit wähnen konnte. Weil ich noch immer im gemachten Bett der Bundesrepublik liegen durfte, in dem ich aufgewachsen war.

Und nun also der Fall der Mauer. Eine friedliche Revolution auf deutschem Boden. Tanzende, singende Menschen auf der Betongrenze. Eindrückliche Szenen, die dem Bild von den komplexbeladenen, grüblerischen, bösen Deutschen überraschende Farben hinzufügen würden. So hoffte ich. Und drei Tage später, selbst im fern der Mauer liegenden Heimatnest, die ersten Trabbis, denen wir zujubelten. Eine Woche danach die Fahrt nach Berlin. Und dort alles bedeutungslos, was gestern noch unverrückbar schien. Und ich mit meiner Super-8-Kamera mittendrin. Das vibrierende Gefühl, Weltgeschichte einzufangen. Sie aufzunehmen für spätere Generationen. Für meine Kinder. Meine Enkel. Für mein Selbstwertgefühl. Für wen oder was auch immer. Die Mauerspechte. Journalisten aus aller Welt am Brandenburger Tor. Das pralle Leben auf dem Todesstreifen. Elektrizität in der Luft. Die Transparente am Palast der Republik, Überbleibsel der Riesendemo auf dem Alex wenige Tage zuvor. Plötzlich tat sich ein Land auf, das mir fremder vorgekommen war als das ferne China. Keine Verwandtschaft im Osten. Kein Thema im Schulunterricht. Nordrhein-Westfalen grenzte nicht an die DDR, sie war grau und Lichtjahre entfernt, warum also Schulstoff? Wieso hätte mich der Osten interessieren sollen? Doch von jetzt auf gleich war er da, war vor meiner Haustür gelandet wie ein Riesenufo. Lag vor mir wie ein Familienalbum in Schwarzweiß, von dem ich bislang nicht gewusst hatte, dass es zu mir gehörte. Mit einem Mal öffnete es sich und zog mich hinein. Eine Reise in die Vergangenheit. Ohne den sterilen Überzug, der mir so vertraut war. Hier lag ein Schleier aus Braunkohlestaub. Hier bröckelte es. Gerade deshalb schien alles authentischer. Verfallen und grau. Abgerockt. Doch für mich als Kind des Westens umso reizvoller. Und in allem dieses ungeheure Potential. All die Möglichkeiten. Nichts war ausgeschöpft. Die Phantasie zum Bersten. Die Menschen ohne Fassade. Fragend. Verhalten. Selbstbewusst. Ohne Kabinettstückchen. Keine Schau des Konsums. Kein Wettbewerb. Nachbars Garten ein Kosmos. Ich hatte ihn bisher nie wahrgenommen, aber nun stand die Pforte weit auf. Nichts wie hin. Ich, ein Entdecker. Ein Forschungsreisender. Aufbruch.

All das war in mir – das berauschende Gefühl, Zeitzeuge von Bedeutendem zu sein –, als mich der Anruf aus München erreichte. Er fügte dem großen Abenteuerroman ein persönliches Kapitel hinzu. Zurück von meinem Gang durch Herdecke, schwebte ich in der elterlichen Wohnung auf einer Wolke, die noch lange nicht abregnen sollte.

Auf der Falckenberg sprach sich im Laufe der nächsten Runden meine Ähnlichkeit mit Ulrich Matthes immer mehr herum, und eines Tages stand der umjubelte Theatermann im Treppenhaus der Schule leibhaftig vor mir.

«Bist du der, der mir so ähnlich sehen soll?»

Ich saß auf den Stufen und schaute zu ihm auf. So sieht also ein richtiger Protagonist der Münchner Kammerspiele aus, dachte ich. Ein klar geschnittenes Gesicht, schlank von Statur, die Stimme wie geschaffen für die großen Werke der dramatischen Literatur. Was sollte ich jetzt erwidern? Sahen wir uns überhaupt ähnlich? Ein bisschen vielleicht. Man kann das selber so schlecht beurteilen, aber ja, dochdoch, ich glaube schon. Nur, was würde er denken, wenn ich ihm das sagte? Würde er es als Anmaßung betrachten, weil es den Eindruck erwecken könnte, ich versuchte, mich mit ihm auf eine Ebene zu stellen? Ich saß auf den Treppenstufen, und er stand vor mir. Ich musste zu ihm aufblicken. Ein angemessener Ausdruck dessen, was uns trennte, so schien es mir. Sicher wäre es besser, eine Ähnlichkeit zu leugnen. Doch machte ich mich damit nicht zu klein? Ich versuchte ein Mittelding zwischen Hochmut und Selbstverleugnung, auch wenn es mir nicht bewusst war, denn meine Antwort kam prompt:

«Ja, das soll ich sein. Aber ich kann das jetzt nicht unbedingt bestätigen.»

Seine Entgegnung kam ebenso schnell:

«Nein, ich auch nicht.»

Vielleicht etwas *zu* schnell, hatte ich den Eindruck, denn so ganz war der Vergleich ja nicht von der Hand zu weisen – das war nicht nur im wahrsten Sinne des Wortes offensichtlich, sondern eben auch schon von vielen gesagt worden –, und in mir kam der Verdacht auf, er müsse seine Einmaligkeit verteidigen, schließlich ist das Gefühl, einmalig zu sein, für einen Schauspieler eine Überlebensnotwendigkeit, verdankt er diesem Gefühl doch die Anmaßung zu glauben, es sei für die Menschen zwingend, Geld auszugeben, um ihn auf der Bühne zu erleben.

So plötzlich wie er vor mir gestanden hatte, war er auch schon wieder weg. Nach so vielen Meinungen, so viel Gerede über eine Ähnlichkeit zwischen ihm und mir, nach so viel Prolog, war der Hauptteil der Geschichte überraschend kurz ausgefallen. Und das Ende kam schnell und ernüchternd.

Auch für Hüseyin und mich. Es sollte nichts werden mit uns und München. Wir schafften es beide bis in die vierte und letzte Runde, doch dann war Schluss. Die Vorsprechreise ging weiter, unsere Wege trennten sich. Ich brauchte eine Weile, um die Ablehnung zu verwinden, zu sehr hatte sich die Falckenberg als Sehnsuchtsort in mir festgehakt, aber einige Wochen später traf ich Hüseyin überraschend in Stuttgart wieder – die Freude war groß. Erneut erreichten wir die Endrunde. Und diesmal bestanden wir. Ein kleiner Trost.

Für mich eigentlich ein großer, verband mich mit Stuttgart doch auch der größte Triumph meiner sportlichen Laufbahn. Lange war ich den Hoffnungen hinterhergelaufen, die mein Vater in mich gesetzt hatte. Doch mehr noch lastete der Erwartungsdruck der anderen auf mir, der sich nicht vermeiden lässt mit einem Papa als stadtbekannter Sportskanone, schließlich war er eine lokale Handballlegende, als junger Kerl ein Fußballer mit auffallend viel Balltalent, sodass man ihn irgendwann gefragt hatte, ob er in der Handballmannschaft aushelfen wolle, was er auch getan und gleich im ersten Spiel neun Tore erzielt hatte.

Ich war sieben oder acht, als ich allen beweisen wollte, dass ich der Sohn meines Papas war und weit mehr als ein zeichnender Stubenhocker. In Herdecke stand die Maiwoche an. Und mit ihr meine große Chance. Ein entscheidender Teil dieser jährlich stattfindenden Festwoche war der Sackträgerlauf. Der Sackträger – vertrauenswürdiger Kornsackträger der Vergangenheit und Wahrzeichen der Stadt – lebte jedes Mal wieder auf, wenn die Kinder der Stadt mit Jutesäcken um die Wette liefen. Nichts leichter als das, dachte ich. Hier musste ich keinen harten Ball dribbeln, ihn fangen oder in ein verfluchtes Tor werfen, nein, hier ging es nur um etwas Lauferei. Lächerlich. Sieger würde ich natürlich nicht werden, das war allen klar, mir auch, und auch nie mein Plan, aber blamieren würde ich mich genauso wenig. Meine Eltern standen an der Laufstrecke, halb Herdecke war anwesend, Freunde, Bekannte, Nachbarn, alle dabei, Jubel, Trubel, Heiterkeit, es konnte also losgehen.

Der Mann mit der großen Klappe (wir nannten ihn so, weil er die Starterklappe hielt) tat seine Pflicht – und klappte. Nach wenigen Metern war klar, ich hätte zu Hause bleiben sollen. Die meisten Kinder waren schon an mir vorbei, nur die Unsportlichsten liefen noch hinter mir, als meine Hose anfing zu rutschen. Ich zog sie hoch, doch sie hielt nicht. Ich zog sie wieder hoch und *wieder* hoch, aber sie rutschte und rutschte. Wieso verdammt nochmal rutschte jetzt meine Hose? Hatte meine Mutter sie nicht überprüft? War es ihr denn völlig egal, dass es heute um mein Leben ging? Das hier war der *Sackträgerlauf! Die Olympischen Spiele Westfalens! Und ihr Sohn machte mit! WAR DABEI UND RANNTE MIT!* Wobei das Wort *rannte* für meine Art der Fortbewegung nicht mehr zutreffend war. Um einen halbwegs respektablen Platz zu ergattern, hätte ich all meine Kraft in Beine und Arme stecken müssen, in die Arme aber konnte ich gar nichts stecken, schließlich hielten sie ja die Hose fest. Wollte ich nicht vor den Augen aller mit heruntergelassener Hose ins Ziel laufen, hatte ich gar keine andere Wahl, ich *musste* sie festhalten. Ich hielt also die beschissene Hose fest, und der verfluchte Jutesack in meiner Hand baumelte wie verrückt, schlackerte umher, schlug mir gegen die Beine und sonst wohin, störte so massiv beim Laufen, machte das Laufen gar unmöglich, dass ich mit jedem mühseligen Schritt mehr und mehr zurückfiel, bis auch die Stubenhocker und Wabbelbäuche an mir vorbeizogen, mich mit hämischem Grinsen auf die Hölle vorbereiteten, die mir bevorstand. Als ich im nächsten Moment als Letzter ins Ziel ging – und die Betonung liegt auf *ging*, immerhin mit hochgezogener Hose –, versuchte ich, allen Blicken auszuweichen. Irgendwo dahinten – standen da nicht alle meine Leute, alle Nachbarn? – blickte mein Vater enttäuscht zur Seite und seufzte schwer – oder bildete ich mir das ein? Es war Gelächter zu hören, und irgendwer neben mir sagte: «Eins is klar, auf seinen Alten kommt der Junge nich raus.» – «Aber er soll ja ganz gut *zeichnen* können», sagte ein anderer. In diesem Augenblick wusste ich, die rutschende Hose würde mich noch ewig verfolgen.

Jahrelang vermied ich jeden Sport. In den Handballverein einzutreten, wie mein Vater immer gehofft hatte: *undenkbar.* Keine Chance. Keine Diskussion. Doch eines Tages probierte ich es trotzdem. Zwei oder drei Jahre waren seit dem Ohnehosenträgerlauf vergangen, als ich todesmutig zum Handballtraining ging. Wir standen in der Sporthalle und sollten uns Bälle zuwerfen. Mir gegenüber ein furchtbar sportlicher Junge gleichen Alters, ziemlicher Wumms, gesunde Gesichtsfarbe, durchtrainiert. Und ich wie immer blass wie Kreide, mein Körper ein Fragezeichen. Die Sportskanone wollte demonstrieren, was sie draufhatte, ihr Revier markieren, und warf mir den Ball zu, als ginge es um Leben und Tod. Ich dachte noch, *warum wirft der denn so dolle?*, da krachte mir das harte Leder schon mitten ins Gesicht. Mein Schädel dröhnte. Die Nase blutete. Ich wollte *weg*. Ich war ein Weichei, eindeutig. Dieser Sport war nichts für mich. Weg von hier, dachte ich, zurück in mein Zimmer und den halben Tag zeichnen, *zeichnen, zeichnen, zeichnen.*

Zwei Jahre später stürmte die erste Mannschaft der TSG Herdecke von Sieg zu Sieg und feierte in der Sporthalle, in der mein Vater Hausmeister geworden war, einen Triumph nach dem anderen und schließlich den Aufstieg. Ein Freund von mir war treuer Fan, schleppte mich eines Tages mit, die Herdecker spielten wie im Rausch, errangen den

Sieg, die Halle stand Kopf – und ich fing Feuer, war restlos begeistert. Zunächst nur als Zuschauer, aber nach einer Weile ging ich erneut zum Training. Und blieb. Wurde nie die große Leuchte, war immer nur zweite Wahl, aber besser als nix, dachte ich. Und dann kam Stuttgart. Mein Vater hatte immer wieder Reisen mit den Jugendmannschaften organisiert, um Freundschaftsspiele zu absolvieren, die Völkerverständigung voranzutreiben (sogar bis Spanien und Ungarn sollte es gehen), doch diesmal fuhren wir ins Schwäbische. Ich war damals fünfzehn und in der B-Jugend. In der B *zwei*. Auf Deutsch: bei den *weniger* Guten.

Es war Sonntagfrüh, wir schliefen in den nach Sportlerschweiß und Alkohol müffelnden Kabinen der Sporthalle, waren noch im Halbkoma, als jemand reinrannte und sagte, ich müsse in der A-Jugend aushelfen. In der A *eins*. Bei den besten Spielern unter den Siebzehn- bis Achtzehnjährigen. «*A eins*? *Ich?* Wieso *ich?*», fragte ich entsetzt, denn hier konnte nur ein Irrtum vorliegen. Doch warum auch immer die Wahl auf mich gefallen war (weil ich von allen den kleinsten Kater hatte oder der Sohn des Vaters war), es war kein Irrtum, auch keine Bitte, sondern eine Ansage. Ich *musste* aushelfen, war doch die A-Jugendmannschaft aufgrund promillebedingter Ausfälle so sehr geschrumpft, dass sie ohne Hilfe in Unterzahl gespielt hätte. Also wurde *ich* geholt. Die Wunderwaffe. Das Ass im Ärmel. Der Trumpf. Die *Fackel*. So mein Spitzname damals. Fackel bedeutete bei uns: ein extrem harter Wurf. Eine Granate. Ein Geschoss. Ein Wahnsinnswumms. Leider war der Name ironisch gemeint, und ich ohne Frühstück, aber für Protest blieb keine Zeit, also raus aus den Federn und ab ins Trikot, in dreißig Minuten würde Anpfiff sein.

Mein Vater stand am Spielfeldrand, alle waren da, die ihren Kater besiegt hatten, der Alkoholvergiftung knapp entgangen waren, und die Gegner sahen verdammt grimmig aus, waren furchterregende Handballkrieger, alle gefühlt zwei Köpfe größer als ich und doppelt so breit. Doch was hatte ich zu verlieren? Ich war jünger, war tausendmal schlechter als alle anderen, war todmüde, und vor allem hatte ich einen leeren Magen – wem sollte ich hier etwas beweisen? Niemand erwartete etwas von mir, ich also auch nicht; es ging nur darum, die nächsten sechzig Minuten zu *überleben*. Doch dessen war ich mir nicht bewusst, mein Kopf war ausgeschaltet, ich war entspannt wie nie, wollte *nichts*, war einfach nur *da*, und wie von Sinnen und von allen sportlichen Traumata befreit, traf ich fünfmal ins Tor, durfte wegen meines Höhenfluges sogar einen Siebenmeter ausführen und verwandelte ihn filmreif, vom rechten Innenpfosten an den linken und dann zack: ins Netz. Sieg! Mein Vater konnte es nicht fassen, war stolz wie Oskar, grinste wie ein Honigkuchenpferd. Ich ebenso. Auf welcher Welle des Glücks ich auch immer geritten war, sie war zwei Wochen später noch nicht gebrochen. Mein Sackträgertrauma war besiegt. Nichts und niemand konnte mir von nun an etwas anhaben.

Nun also wieder München. Hätten wir es damals geschafft an der Otto Falckenberg, so hätten wir das *Clavigo*-Video wohl selber besorgen können, ging es mir durch den Kopf. Vielleicht hätten wir während unseres Studiums sogar schon einmal Kontakt mit den Herren Boysen und Holtzmann gehabt, hätten sie bei einem gemeinsamen Projekt der Kammerspiele mit der Falckenberg Schule kennengelernt, und es wäre ein Leichtes, sie nun von einer Szenenarbeit für das Vorsprechen bei der Breth zu überzeugen. Andererseits: Wären wir jemals nach Berlin gegangen und hätten wir jemals durch die Fensterscheibe des *Ciao* gelugt, wenn wir *nicht* in Stuttgart studiert hätten? Wir sind ja gerade deshalb hinausgezogen in die Theaterwelt und haben die Leute angequatscht, *weil* wir in Stuttgart studiert haben. Zu uns in den Südwesten waren nie irgendwelche Regisseure, Theaterintendanten oder Filmmenschen gekommen, um uns zu begutachten. Der Weg war ihnen wohl zu weit, oder sie wurden von unserem Direktor nicht wirklich willkommen geheißen, vielleicht beides. Was auch immer der Grund gewesen sein mag, wir beneideten die Schauspielschüler in München, Berlin und Hamburg darum, dass man zu ihnen pilgerte, sie im Blick hatte und einige schon vor Ende des Studiums engagierte. Zu uns pilgerte niemand. Also mussten wir zu ihnen pilgern.

All diese Eventualitäten gedanklich durchzukauen, hilft ja auch nicht, sagte ich mir und versuchte, das Kopfkino auszuschalten. Unser Weg ist so und nicht anders. Myriaden kleiner Entscheidungen sind die Voraussetzung dafür. Hätten wir auch nur eine Kleinigkeit nicht oder früher oder später getan, wäre unser Weg wohl ein anderer geworden. Oder gibt es doch so etwas wie Vorherbestimmung? Steht schon fest, ob wir an der Schaubühne landen werden oder nicht, egal was wir tun? Ist unser Agieren völlig belanglos, da das Schicksal die Pläne für uns bereits vorgezeichnet hat? Ich vergaloppierte mich. Wo kämen wir denn da hin, wenn wir nichts mehr beeinflussen könnten? Wir sollten willenlose, fremdbestimmte Wesen sein, dem Determinismus ganz und gar ausgeliefert? Quatsch mit Soße! Wir waren jetzt hier, um zu *handeln*! So, wie wir es in Berlin getan hatten. Unser Aktionismus hatte uns hierhergebracht und würde uns auch noch weiterbringen. Und wenn ich so entspannt an die Sache rangehe wie beim Handballspiel in Stuttgart, sagte ich mir, *kann* gar nichts schiefgehen. *Bloß nicht verkrampfen. Locker bleiben.* War es vielleicht ein Fehler gewesen zu frühstücken?, fragte ich mich plötzlich. Wäre es besser, mit leerem Magen die Spielfläche zu betreten, so wie damals in der A eins? *Mach dich nicht verrückt. Alles wird gut.*

Wir schilderten dem Pförtner der Kammerspiele unser Anliegen. Freundlich gab er uns den Hinweis, Herr Holtzmann sei gerade im Haus, bei der Probe, müsse aber bald damit fertig sein, denn schließlich sei er ja Teil der Gruppe, die um eins zu einem Gastspiel nach Hamburg aufbrechen werde.

«Um eins?»

«Um oans.»

«Na, das ist ja schon bald.»

«Stimmt.»

«Und wenn der Herr Holtzmann fertig ist mit der Probe, kommt er dann hier vorbei?»

«Meistns.»

«Es gibt also nicht wirklich eine andere Möglichkeit?»

«Na, möglich is vui.»

«Aha.»

«Er kannt a vorn raus, auf d' Maximilianstraß.»

«Könnte er?»

«Ja. Aber warum soi er?»

«Keine Ahnung.»

«Der Bus nach Hamburk, der foht von da Hildegardstraß wek.»

«Na ja, dann … stehen wir hier also ganz gut?»

«Ja scho, außer er hätt an Grund, zur Maximilian nauszugehn.»

«Und welcher könnte das sein?»

«Da gibt's vui», sagte er, «aber wos woaß denn i. Kann ja immer wos bassier'n. Vielleicht muss er no in d' Abbodekn. Will amoi aussi an d' frische Luft oda so. Oda er härt friha auf zum Prob'n und trifft sey Frau auf 'n Kaffä. Oda wen a immer. Des steht do net in meim Plan da, was der Herr Holtzmann so alles macht, ob er mit seyna Frau noch a Kaffä tringt oda ned. Hier stät ja nur, wos fiar Stück do probt wird, von wann bis wann, aber wos der Herr Holtzmann sonst noch so duat, des woiß i a net, is ja a freia Mensch, der Herr Holtzmann, kunn ja macha, wos er wui, macht vielleicht sogar Sach'n, von den er seyber goa ned g'wusst hätt, dass er sie glei macha dat, geschweige denn, dass i's wiss'n dadat. Koi Ahnung. Ois is möglich.»

Ich fühlte mich an meine Vorherbestimmungsgedanken erinnert und sah in dem in der Pförtnerstube hockenden Mann den führenden Philosophen Bayerns. Er hatte recht: Alles ist möglich.

Hüseyin und ich beschlossen, einen Brief zu schreiben und ihn an der Pforte zu hinterlegen. Sollten wir niemanden persönlich antreffen, erführen die Herren Holtzmann und Boysen wenigstens so von unserem Anliegen.

«Brauchts ihr an Umschlag?»

Sehr aufmerksam, unser Philosoph. Dankend nahmen wir einen Umschlag und sogar Briefpapier entgegen.

«Und der Herr Boysen, ist der auch im Haus?»

Der Pförtner überflog kurz den aktuellen Probenplan.

«Naa. Den hob i heit a no net g'säng.»

«Danke.»

«Ihr kannts n a oruafa, der is a ganz a Netta, der Herr Boysen», sagte er und deutete auf die Wand hinter uns. Wir drehten uns um und sahen einen öffentlichen Fernsprecher. «Steht a im Delefonbuach, der Herr Boysen.» Sein Finger zeigte auf das Buch direkt daneben.

«Danke!»

Während Hüseyin schon mal nach den richtigen Worten für den Anruf suchte, suchte ich Rolf Boysens Nummer. Tatsächlich. Der berühmte Schauspieler stand ganz normal im Telefonbuch. Verrückt. Hüseyin warf eine Münze in den Fernsprecher und wählte. Der Ruf ging ab. Mein Blick hing an ihm und dem Telefon.

«Boysen.»

Meine Augen weiteten sich. Ich brachte mein Ohr so nah wie möglich an die Hörmuschel.

«Ja, Guten Tag!», sagte Hüseyin und kam ins Schleudern. «Ähm, Grüß Gott, meine ich. Entschuldigen Sie bitte die Störung, aber ist der Herr Boysen vielleicht zu sprechen?»

«Mit wem spreche ich denn?»

«Cirpici, mein Name. Michael Cirpici.»

Nur seinen zweiten Vornamen zu nennen, hatte sich für Hüseyin schon oft bewährt. Sein türkischer Rufname klang manchen Leuten zu fremdländisch und löste bei ihnen eine schwer zu leugnende Voreingenommenheit aus.

«Ich bin hier mit einem Freund», sagte er. «Wir sind zwei Schauspielschüler aus Stuttgart, und wir wollten dem Herrn Boysen wahnsinnig gerne nur mal ’ne ganz kurze Frage stellen.»

«Ich bin seine Frau. Um was geht’s denn?»

Mit aufmunternden Blicken und Gesten feuerte ich Hüseyin an. Die rheinisch-niederländisch-türkische Frohnatur legte möglichst viel Samt in ihre sonore Stimme und tat alles dafür, Frau Boysen am anderen Ende der Leitung auf unsere Seite zu ziehen. Doch es reichte nicht. Die Ehefrau des berühmten Schauspielers funkte dazwischen, sehr freundlich, aber nicht weniger bestimmt.

«Tut mir sehr leid. Wissen Sie, mein Mann, der kann einfach nicht Nein sagen, also muss ich es für ihn tun. Viel Glück weiterhin.»

Hüseyin wollte noch etwas einwenden, doch Frau Boysen hatte bereits aufgelegt.

«Und?»

Der Pförtner drohte vor Neugier zu platzen.

«Seine Frau war dran.»

«Ah, gäh!»

Uns blieb nichts anderes übrig, als den Brief fertig zu schreiben. Nach einigen Minuten waren wir zufrieden, tüteten ihn ein und reichten ihn in die Pförtnerstube.

«Wenn Sie den bitte für Herrn Boysen und Herrn Holtzmann hinterlegen könnten?»

«I leg n beim Herrn Holtzmann eyne.»

Der Pförtner schob unser wertvolles Schriftstück in das entsprechende Postfach. Kurz hingen noch unsere Blicke daran – und wir unseren Gedanken nach. Werden sie den Brief jemals lesen? Und wenn ja, wann? Wie werden sie reagieren? Werden sie überhaupt reagieren? Fragen über Fragen.

Wir bedankten uns beim Philosophenpförtner, ein Lächeln huschte über sein Gesicht, doch sein Blick ging knapp an uns vorbei.

Wir drehten uns um.

Und da sahen wir ihn.

Höchstpersönlich.

Am anderen Ende des Hofes.

Aus den Untiefen des Theaters kommend, betrat Thomas Holtzmann die Außenwelt. Was für eine Erscheinung. Ein Riese. Ein Gesicht wie ein Gebirge. All die Täler und Klippen dort. Jetzt noch hervorgehoben durch ein erschöpftes Ausatmen. Anstrengend muss die Theaterprobe gewesen sein, dachte ich, so wie der Bühnenhüne ausschnaubt. Und immer wieder: *Was für ein Gesicht!* Mit solch einem Gesicht muss man auf der Bühne nicht viel machen. Da schaut jeder auch so schon gebannt zu. Allein ein erschöpftes Ausschnauben wird zum Ereignis. Darin liegen ganze Welten, dachte ich, und sogleich standen all meine Defizite unübersehbar vor mir. Mit einem Mal zweifelte ich daran, dass ich es je weit bringen würde auf Deutschlands Bühnen. Was hatte ich diesem Gesicht entgegenzusetzen? Welche Verrenkungen müsste ich ausführen, wie viel gelebtes Leben musste ich noch ansammeln, um annähernd das auszustrahlen, was er mit einem einzigen Ausatmer zu leisten vermochte?

Mit den Beinen einer Giraffe durchschritt er den Hof. Kam jetzt in unsere Richtung. Immer näher. Direkt auf uns zu.

Auf uns?

Herrje, was tun? Was sollten wir sagen? Wie ihn ansprechen nach diesem Ausatmer? In seinem intimsten Moment künstlerisch-körperlicher Erschöpfung. Direkt nach der fordernden Probe. Noch ganz wund von der schonungslosen Offenlegung seiner Künstlerseele. Nach diesem Ausbruch der Kreativität. Dieser Tauchfahrt in psychologische Tiefen. Wahrscheinlich hatte er soeben Unglaubliches auf der Bühne geleistet, und wir wollten ihn bedrängen, ihn behelligen mit unseren banalsten, studentischen Wünschen!

«Tschuldigung! Können Sie mit uns am *Clavigo* arbeiten? Wir wollen das nämlich der Breth vorspielen!»

«Wie bitte? Wer seid ihr? Was wollt ihr? Habt ihr ’n *Vogel!?*»

So würde es ausgehen. So oder so ähnlich. Völlig unmöglich das Ganze.

Andererseits, wegen ihm waren wir ja hier. Sollte alles umsonst gewesen sein? Die ganze weite Fahrt hierher?

Gleich würde er bei uns sein.

Vielleicht doch lieber den Brief sprechen lassen? Denn das war ja der Sinn des Ganzen: dass er eine Entscheidung fällen kann, in aller Ruhe. Und nicht nach einem Überfall an der Pforte, schnellschnell und zackzack.

So imposant und mächtig seine Erscheinung war, so fragil wirkte er auch. Ist ja nicht mehr der Allerjüngste, dachte ich, während er immer näher kam. Ihn jetzt anzuquatschen, wo er doch offensichtlich seine Ruhe brauchte, wäre nicht nur unverschämt und unsensibel, es würde uns auch jegliche Chance verbauen, dass er unseren Wunsch erfüllte. Aber was sollten wir tun? Dass er jetzt leibhaftig auf uns zusteuerte, war ein Wink des Himmels. Warum sollte das Schicksal uns zusammenführen, wenn es nicht wollte, dass wir die Gelegenheit beim Schopfe packten?

Wir waren jung.

Uns gelang alles.

Aufbruchszeit.

Hier und jetzt!

Nur noch wenige Meter trennten uns.

Sein Mantel flatterte im Dezemberwind.

Flatterte auf uns zu.

Nein!

Auf den *Pförtner*, wie wir jetzt begriffen.

Uns sah er gar nicht.

Uns hatte er *nie* gesehen.

«Falls meine Frau anruft, wir sind schon los.»

Jesses! Als wäre seine äußere Erscheinung nicht schon einschüchternd genug, nun auch noch diese Stimme. Nasal zwar, aber dazu fähig, selbst das leiseste Wort von der Bühne bis hinaus auf den Theatervorplatz zu senden.

«Werds ihr ausrichtn», sagte der Philosoph hinter Pförtnerglas.

Holtzmann wandte sich schon ab, wollte schnaubend weiterstürmen, als der Pförtner in sein Postfach griff und ihm mit unserem Brief hinterherwinkte:

«Do is no a Briaf für Sie, Herr Holtzmann!»

Holtzmann verharrte.

Und wir verharrten mit.

Direkt daneben. Mittendrin. Unsere Augen an ihm dran.

In Gedanken beschwor ich ihn, meinen inneren Zauberstab auf ihn richtend:

Da ist noch Post für Sie, Herr Holtzmann. Post.

Herr Holtzmann.

Ein Brief.

Für Sie.

Einen Moment schien er zu überlegen.

Herr Holtzmann …

Atmete wieder aus.

Post …

Seine Bühnengesichtslandschaft wie unter Lupenglas. Vor meiner Nase. Oder vielmehr einen halben Meter darüber, bei seiner Größe. King Lear, dachte ich. Wallenstein. Prospero. Der Pate. Darth Vader. Alles zusammen.

Ein Brief …

Holtzmann wandte sich wieder leicht dem Pförtner zu.

Jetzt.

Jetzt!

«Pfuuh!», schnaufte er in die gute Pförtnerstube. «Uuunwichtig alles! Hat Zeit. Wenn wir zurück sind.»

Und schon war er drauf und dran abzudampfen.

Hüseyin und ich blickten uns an. Gleich würde er weg sein. An uns vorbei. Für immer verschwunden. *Jetzt oder nie!*

Hüseyin nahm Anlauf:

«Entschuldigung! Herr Holtzmann!?»

Der Bühnenhüne kam knarzend zum Halten. Seine Backen plusterten sich auf.

«Pfffjaaa?»

Hüseyin schnappte dem zwinkernden Pförtner das Kuvert aus der Hand.

«Wir haben Ihnen gerade einen Brief geschrieben!»

Jetzt sah er uns. Blickte uns direkt an.

«Aha.»

Wieder die Backen. Und zwischen den Brauen eine Falte. Der *Grand Canyon*. Darüber ein Fragezeichen.

Hüseyin setzte sein charmantestes Lächeln auf. Und seine Reibeisenstimme:

«Einen Brief, genau», sagte er und hielt zur Unterstreichung des Ganzen das wertvolle Schriftstück hoch. «Und darin haben wir alles formuliert. Aber jetzt, wo wir Sie hier sehen, da dachten wir …»

«Aha.»

«… da können wir's Ihnen ja auch gleich direkt …»

«Aaah …»

«Aaalso …»

Eine von Hüseyin dramaturgisch perfekt gesetzte Pause. Nicht zu lang, um Ungeduld im erschöpften Mimen hervorzurufen. Kurz genug, um Spannung aufzubauen. Holtzmanns Interesse schien geweckt.

«Jaaa?»

«Wir haben demnächst ’n Vorsprechen an der Schaubühne in Berlin und, ähm … also, wir waren da schon mal, also, hamm da schomma vorgesprochen, bei der Breth, und die, ähm … die hat mit uns gearbeitet und so, und das war auch alles richtig gut und lang und intensiv und so, aber wir sollen halt nochmal wiederkommen, hat sie gesacht, und hat uns fürs nächste Mal ’ne Aufgabe mit auf den Weg gegeben …»

«Pfff …»

«*Clavigo*.»

«Pfuuuh!»

«Und die Breth meinte, wir sollten uns doch mal unbedingt die Inszenierung vom Kortner angucken. Mit Ihnen und dem Herrn Boysen.»

«Ach Gott.»

«Ja. Und da dachten wir, also, ähm, das wär doch toll … wir fragen Sie jetzt einfach, ob Sie vielleicht mal, na ja, vielleicht ma ’n Blick drauf werfen könnten, auf unser Spiel?»

«Aha.»

Stille.

«Wenn das ginge, das wäre natürlich supertoll. Es kann auch nur ’n ganz kurzer Blick sein, das würde uns schon reichen.»

Zu allem Überfluss meldete ich mich jetzt auch noch zu Wort:

«Wirklich nur kurz. Wir spielen, Sie sagen was dazu, und *zack* …» Mir fiel nichts Kluges mehr ein, also suchte ich händeringend nach einem Punkt: «Sie haben bestimmt viel zu tun, das wissen wir ja, und deshalb wollen wir Sie auch gar nicht lange belästigen. Übrigens, ganz toll, Ihre Arbeit, Sie und der Herr Boysen, ganz toll, und der Kortner auch, da kann man nur von lernen, hat uns richtig gut gefallen, wirklich.»

Spitzenleistung dieses Hauses, hätte mein Vater noch hinzugefügt.

«Wenn Sie einfach mal draufschauen könnten auf die Szene», sagte Hüseyin, «und danach vielleicht den einen oder andern Tipp für uns hätten, also das wär sooo klasse, das würde uns riesig helfen bei der Breth. Ja, und wenn Sie wollen, können Sie das hier drinnen auch alles nochmal *nachlesen*.»

Damit drückte er dem großen Mimen unseren Brief in die Hand, und Holtzmann blieb gar keine andere Wahl, als ihn anzunehmen.

Eigentlich wollte ich ja die Klappe halten, gab aber noch einmal meinen Senf dazu:

«Die Breth ist übrigens auch richtig begeistert von Ihrem Clavigo. Ein echter Fan.»

«Aha», machte Holtzmann und betrachtete dabei den Briefumschlag von allen Seiten, als suche er darauf nach einem tieferen Sinn oder einer Möglichkeit, sich dem ganzen Wahnsinn zu entziehen.

«Absolut», sagte ich. «Ist ja bestimmt ganz schön, wenn man so was, ähm … wenn man das mal hört. Man weiß ja oft gar nicht, wie viele Fans man hat.»

Punkt. Wir hatten alles gegeben. Der Worte waren genug gewechselt. Wir wollten endlich Taten sehen.

Thomas Holtzmann blickte uns an.

Holte tief Luft.

Und ließ sie wieder ausströmen.

Literweise, mindestens.

«Pfffff ...»

Ich ahnte Schlimmes.

«Wir hamm ’n Gastspiel», sagte er. «In Hamburg ... pffffhh ... am Thalia Theater ... müssen jetzt los ... Ich hab da gar nicht die Zeit dazu, pfuuh ... Aber fragt doch mal den *Rolffffhh* ... Ruft *den* mal an. Der macht das *bestimmt.*»

Die beiden letzten Sätze schon im Weggehen, unseren Brief in der Rechten, schritt der Hüne von dannen. Sein Mantel flatterte im Zugwind, als er den Durchgang zur Hildegardstraße nahm. Richtung Bus. In dem der Rest der Truppe bereits wartete. Bei laufendem Motor. Und dann ab Richtung Hansestadt.

Und wir standen da.

Aber fragt doch mal den Rolf, hatte er gesagt.

Den Rolffffhh.

Ruft den mal an. Der macht das bestimmt.

Pfuuh.

Werden wir. Ganz sicher. Aber nur, wenn seine Frau nicht zu Hause ist.

Hüseyin und ich stellten uns vor, wie Holtzmann all seinen Kollegen im Bus jetzt von der Begegnung mit uns Deppen erzählte und ihnen unseren Brief vorlas. Vor unserem inneren Auge prusteten alle los und machten sich lustig über so viel jugendliche Naivität.

VIER

KALTER KAFFEE

Ich setzte mich in die Maisonne. Auch wenn sie stach wie tausend heiße Nadeln, egal, diesen Moment hatte ich mir verdient. Ein Kaffee mit Blick auf die Saône und die rote Fußgängerbrücke, auf die andere Flussseite mit der Altstadt und der darüber thronenden Basilika, auf das bunte Treiben direkt vor meiner Nase, auf das Gewusel dieser Großstadt vor typisch französischer Kulisse. Wie ein kleines Paris, dachte ich, so als habe Lyon nicht hinterherhinken und der großen Hauptstadt nacheifern wollen, als habe Monsieur Haussmann ganz Frankreich stilbildend umgekrempelt.

Vier Tage zuvor war ich in Lyon gelandet. Mein Koffer war zunächst nicht mitgekommen, ich hatte es befürchtet, schließlich war nach einem Air-France-Flug schon einmal mein Gepäck verschwunden – vor Ewigkeiten, als wir mit *Hedda Gabler* im apokalyptischen Caracas gewesen waren; *krass, krasser, carakrass* hatte unsere Steigerungsform nach jenem Gastspiel der Schaubühne gelautet –, doch diesmal sollte er mich noch erreichen, kurz vor Mitternacht landete er wohlbehalten im Hotel.

Über drei Wochen war es jetzt her, dass mein Vater mit meiner Hilfe einige Schritte gegangen war. Danach hatte ich ihn noch zweimal besuchen können. Beim ersten Mal hatte er bereits sehr abgebaut, anfangs war ich mir nicht sicher, ob er mich erkannte. Bei meinem letzten Besuch hatte er nur noch dagelegen, abgemagert, gefangen im Verfall, doch hatte ich weiterhin das Gefühl gehabt, dass er alles verstand und sich nur nicht artikulieren konnte. Ich hielt seine Hand, streichelte seine Stirn, erzählte ihm von seinen Enkelkindern und dem unablässig blauen Himmel, und er schaute mich die ganze Zeit an und sagte: «Ja ... ja ... ja», und immer und immer wieder: «Ja ... ja ... ja», wie ein endloses Mantra, und ich hoffte, es sei Ausdruck einer inneren Akzeptanz, so als wolle er mir mitteilen, wie gut sein Leben gewesen sei und dass er nichts bereue. Er hätte auch ein ewig fortlaufendes Nein vor sich hinmurmeln können, aber das tat er nicht, das machte mir Hoffnung. Ich war dankbar, ihm in jener Zeit so nahe zu sein, und hatte den Eindruck, er war nach den Ausbrüchen von Wut und Trauer in den letzten Monaten nun bereit, mit Wohlwollen seinem Schicksal gegenüber zu gehen. Ich dankte ihm für alles, was er für mich getan hatte. Ich sagte ihm, dass ich ihn liebte. Und konnte mich nicht daran erinnern, wann ich es ihm zuletzt gesagt hatte. Ob ich es ihm überhaupt jemals so deutlich gesagt hatte. Ich wollte unbedingt bei ihm sein, wenn es so weit wäre.

Jetzt saß ich vor diesem Lyoner Café, auf dem Trottoir, über dem die Hitze lag, als hätte man eine Armee von Wärmepilzen eingeschaltet, und hoffte weiterhin, rechtzeitig bei ihm zu sein, obwohl ich wusste, dass er seit zwei, drei Tagen nur noch schlief, meine Mutter hatte es mir am Telefon erzählt. Er wachte kaum mehr auf, so als habe er sich entschlossen, sanft hinüberzugleiten. In meiner Trauer und Verzweiflung hatte ich nach dem Gespräch mit meiner Mutter versucht, Franka zu erreichen. Ich wählte ihre Nummer, wollte mir alles von der Seele reden, meine Angst, dass es bald zu Ende gehen könnte, dass ich es vielleicht nicht rechtzeitig zu ihm schaffen würde, dass ich nicht wusste, was ich machen sollte, schließlich konnte ich nicht einfach von hier abhauen, das Gastspiel der Schaubühne war verpflichtend, und zu allem Überfluss musste ich direkt im Anschluss noch zu Dreharbeiten nach Prag. All das wollte ich ihr sagen.

«Was gibt's? Was Wichtiges?», sagte sie am anderen Ende der Leitung. Ich war überrumpelt und fand nicht schnell genug die richtigen Worte. «Du, tut mir leid, hab grad keine Zeit. Muss mich um die Kinder kümmern.» Dann legte sie auf.

In jenem Moment hasste ich mal wieder meinen Beruf; ich hasste das Theater, das mich gefangen hielt, mit seinen Zwängen tief in mein Leben und das der Familie eingriff. Schon in den Jahren mit Marlene, in der Zeit mit ihr und Svenja. Und mir kam jene Ärztin in den Sinn, wie sie damals im Krankenhaus in Berlin-Westend zu uns in den Raum geplatzt war, und mit ihr dieser teuflische Satz: «Ich habe gehört, das Kind *verfällt*», sonst kein Wort, kein Blick, nichts, nur dieser eine Satz: «Ich habe gehört, das Kind *verfällt*», und dann hatte sie auf Svenja gestarrt, auf Svenja in meinen Armen, erst einen Tag alt und nur reglos und still nach Stunden voller Schmerz und Geschrei, und während Marlene und mich die Panik packte, war sie schon abgedampft, hatte uns zurückgelassen mit ihrem Satz: *«Ich habe gehört, das Kind verfällt.»* Unser Kind *VERFÄLLT*? Danach dem Rettungswagen hinterher, mit Svenja drin, so schnell es ging ins Virchow. Und während ich am Abend auf der Bühne stand, retteten die Ärzte ihr Leben. Das Theater begriff nichts von dem Drama, machte nur Vorwürfe, schimpfte, weil ich zwei Tage darauf zu spät zur Probe kam, fünfzehn Minuten zu spät, nach schlaflosen Nächten, in Sorge und Angst um das Kind – *fünfzehn beschissene Minuten!*

Wieso hatte ich damals mitgemacht und nicht auf alles gepfiffen? Hätte ich mich weigern können? Hätte ich die Vorstellung absagen müssen? Wie oft hatte ich mich das gefragt.

Ich war ein Theatersoldat, dachte ich, der immer funktioniert hat. Und jetzt wieder funktioniert. Hier in Lyon, unter diesem riesigen Wärmepilz. Wie bescheuert kann man sein. Weil es um die Kunst geht, deshalb! Weil man sie liebt. Zu allem bereit ist für sie und ohne sie nicht kann.

Ach Quatsch. Weil man zu feige ist! Zu *feige*! Und trotzdem, ich liebe diesen Beruf. Und verfluche ihn zugleich.

Verfluchte ihn, wenn Franka sagte, sie müsse sich um die Kinder kümmern, und einfach auflegte; ich den Vorwurf darin hörte, hören *wollte*, dass ich nicht da war, mal *wieder* nicht da war, weil ich meiner Berufung nachging, meiner *Selbstverwirklichung*. Und unser Zuhause fern der Heimat brachte es mit sich, dass keine Eltern vor Ort waren, die uns helfen konnten. Wie oft hatte ich mir gewünscht, meine Eltern wären noch jünger, noch so fit wie damals bei Svenja, meiner großen Tochter. Wie viele Male hatten Franka und ich versucht, passende Babysitter zu finden. Doch niemand schien mehr zuverlässig, verbindlich. Mehr und mehr griff die Erschöpfung nach uns. Oft sahen wir kaum, was wir hatten. Sahen nur die Probleme, alles war stressig, angespannt, laut. Ein dunkler Riss tat sich auf, in den ich zu stürzen drohte. Und mit mir all meine Kraft.

Ach, hör auf zu jammern. Geht doch allen so.

«Et voilà, Monsieur.»

Der Kellner brachte den Kaffee. Ich schloss die Augen und versuchte, all die Gedanken an unerledigte Baustellen, alle Trauer beiseitezuschieben. Erst vor wenigen Augenblicken hatte ich das Hotelzimmer verlassen, war über den kleinen Platz neben dem Hotel gegangen – ein von hohen Häusern eng ummanteltes, schattiges Dreieck – und dann linker Hand in die Gasse, die nach einigen Metern zu dem Eckcafé führte, vor dem ich nun saß. Abschalten. Andere nehmen Drogen und saufen wie bekloppt, mir reicht Kaffee. Auch eine Droge, nur harmloser. Die Sonne wütete weiter, ich hatte nichts dagegen. Etwas Farbe, dachte ich, würde mir guttun. Vielleicht sähe man mir Kummer und Sorgen dann weniger an.

Als Kind hatte ich mir unzählige Male anhören müssen, wie blass ich sei. Selbst Wildfremde maßten sich an zu fragen, ob ich nicht genug raus an die Sonne ginge, ich sähe so schlecht aus, so bleich. Nachdem eines Tages sogar Gleichaltrige ins selbe Horn und damit in die Wunde meiner besorgniserregenden Blässe stießen, wurde mir klar, dass ich handeln musste. Heimlich schnappte ich mir die Bräunungscreme meiner Mutter, trug im Gesicht reichlich davon auf und bereute es sehr schnell, nicht über ausreichend Selbstliebe verfügt und die Kommentare der anderen ignoriert zu haben. Wohl mehr aufgrund einer allergischen Reaktion auf die zweifelhaften Inhaltsstoffe als aufgrund der vom Hersteller versprochenen Wirkung leuchtete mein Gesicht schon kurze Zeit später in einem beängstigenden

Orangerot, das womöglich als Sonnenbrand hätte durchgehen können und niemandem aufgefallen wäre, hätten meine Augenbrauen im satten Komplementärkontrast nicht senfgrün dagegengeleuchtet. Der darauf folgende Spott und die richtigen Schlüsse, die ein braungebranntes Mädchen aus meiner schmerzlich anzusehenden Gesichtspalette zog – sie musste ihre eigenen Erfahrungen mit Bräunungscremes gemacht haben, anders konnte ich mir ihren Scharfsinn nicht erklären –, waren derart einprägsam und quälend für mich, dass ich von da an jeden weiteren Versuch, einen gesünder wirkenden Teint zu bekommen, unterließ.

Am Tisch links von mir hockten krumm zwei Männer und waren tief in ihre Handys versunken, in diesen mit ihren Fragezeichenkörpern verwachsenen Fluchtversuch aus der Wirklichkeit. Der geringe Abstand zwischen den beiden ließ vermuten, dass sie Freunde waren, zumindest Vertraute. Buckelig und wie abgetötet glotzten sie in die virtuelle Droge, unentwegt, doch ein Restbedürfnis nach menschlicher Gesellschaft schien sie gemeinsam an diesen Cafétisch geführt zu haben. So traurig die beiden auch wirkten, das Leben schien ihnen nichts anhaben zu können. Ich war fast ein wenig neidisch.

Wie hatten es meine Eltern gemacht? Meine Mutter war in meiner Kindheit und Jugend immer zu Hause gewesen und hatte ihr Leben nicht in Frage gestellt, doch die Feierlaune hatten sich meine Eltern nie nehmen lassen. Um welchen Preis, sinnierte ich, bleiben Paare mit Kindern heute so viel zu Hause? Mir kam ein Abend bei meinem Patenonkel und dessen Frau in den Sinn, vier oder fünf Jahre war das her. Bei Kartoffelsalat und Würstchen hatte ich mit meinen Eltern bei ihnen auf dem Balkon gesessen, in der umhüllenden Nachglut eines langen Sommertages – mein Vater zu jener Zeit noch zur Geselligkeit fähig, auch wenn er sich schon zurückgezogen hatte, nur sporadisch auftauchte aus seinem inneren Meer, in das uns der Blick versperrt war –, und wir kamen darauf zu sprechen, dass die Männer früher wenig zu Hause waren, sondern nach der Arbeit viel beim Sport und danach noch am Tresen ihrer Stammkneipe, bei *Albert*.

«Der Sport war nich so schlimm», sagte Inge, gleicher Jahrgang wie meine Mutter, «aber hinterher ... das Saufen. Günther war jeden Tach unterwechs, immer nach der Arbeit sofort inne Kneipe, sofort ab zu *Albert*. Die Frauen heute würden das nich mehr mitmachen.»

«Waren andere Zeiten», sagte Günther und nahm etwas Kartoffelsalat.

Für einen Moment dominierten das Schmatzen und das Klappern von Messern und Gabeln auf den guten alten Tellern von der guten alten Omma, die Grillen zirpten, und ein Bus quälte sich dieselschwanger den Berg hinauf, und dann sagte meine Mutter:

«Nä. Das gibbt's heut nich mehr.»

Der Bus kam voran und nahm sein lautes Knattern mit sich.

«Und ihr wart brav zu Hause und habt euch um die Kinder gekümmert?», fragte ich die Damen.

«Ja, nun, das war numma so», sagte meine Mutter.

«Da muss mehr Pfeffer dran», sagte Günther, den Mund voller Kartoffelsalat.

«Nä, also das war schonn echt heftich», sagte Inge. Und dann in Richtung Günther, ohne ihn dabei anzublicken: «Ich mach da immer *Maggi* dran.»

Sie sagte es nicht vorwurfsvoll, eher als verkündete sie

unter Vertrauten das Geheimnis ihrer Kochkunst, als wollte sie erklären, dass der Salat so bezwingend anders sei, weil sie ihn seit Urzeiten mit Maggi statt mit Pfeffer würzte, aber sie sagte es ohne Einbildung, ohne Stolz und Arroganz, eher trocken und sachlich, ein Fakt eben.

Doch Günther sagte:

«Habt ihr nichts Besseres drauf, als so 'n Blödsinn zu erzählen?»

Wieder das Schmatzen und Geklapper.

Und Günther biss in die Bockwurst.

«Sehr lecker, Inge, dein Kartoffelsalat», sagte meine Mutter.

«Aber wie gesacht», sagte Inge zu Günther, «du hass ja recht. Is Schnee von gestern.»

«War numma beim Sport so», grummelte Günther und nahm ordentlich Senf. «Wenn euch einer so quasseln hört, der könnt meinen, wir hingen alle anner Flasche.»

«Ach Quatsch.»

«War doch normal so.»

«Jaja ...»

«Hamm alle gemacht früher!»

«Und ich war ja *auch* immer wech», sagte Inge. «Heute, wenn ich so überleech, ich würd doch meine Kinder nich mehr alleine lassen. Ich hab die *so oft alleine* gelassen.»

Pause.

«Du ja auch», sagte sie zu meiner Mutter, die jetzt leicht überrumpelt war.

«Na ja ...»

«Komm, sei ehrlich.»

«Manchmal ... Aber würd ich heute au nich mehr machen.»

«Siehsse.»

«Du, da mach ich mir auch richtig Vorwürfe heute», sagte meine Mutter.

«War halt so», sagte Inge.

«Nee, wirklich. Das verurteil ich heute. Die Kinder alleine lassen, wenn die so klein sind. Überleech ma!»

«Hamm *alle* gemacht», sagte Günther.

«Aber ich hab immer nach dir gekuckt», sagte mein Vater urplötzlich zu mir, aufgetaucht aus seinem Meer und dem Paradies aus Kartoffelsalat und Bockwurst. «Ich bin immer regelmäßig von *Albert* nach Hause und hab gekuckt, ob alles in Ordnung is.»

«*Du* hast das gemacht?», fragte ich baff.

«Ja, klar. Meinze, ich konnte das nich? Das hab *ich* gemacht. Regelmäßig.»

«Ja, das hadda wirklich», sagte meine Mutter zu mir. «Muss man schonn sagen. *Das* hat immer dein Vatter gemacht.»

Ich fragte mich, ob die Betonung auf *das* so gemeint war, wie ich glaubte, dass sie gemeint war, und versuchte, eine Antwort auf dem Gesicht meiner Mutter zu finden, fand aber keine.

«Aber ich musste ga nix weiter machen», sagte mein Vater zu mir. «Du hass immer tief geschlafen.»

Doch an einem Abend war es anders gewesen. Ich war fünf oder sechs, vielleicht auch sieben, als mich ein Brechreiz aus dem Schlaf riss. Bis ich wach genug war, um zu begreifen, was passierte, hatte ich mich vollgekotzt. Den feuchten und immer kühler werdenden Mageninhalt auf mir spürend, hatte ich keine Idee, was ich tun sollte, hatte keine Kraft aufzustehen und mich sauber zu machen, ich lag einfach nur da, war regungslos, wie gelähmt, dachte, jede Bewegung würde alles nur verschlimmern, würde das Ausgekotzte auf den sauberen Bettbezug fließen lassen, also lieber mucksmäuschenstill abwarten und nicht rühren, bis Mama und Papa nach Hause kommen. Irgendwann kamen sie dann, und meine Mutter war untröstlich, wog ihr schlechtes Gewissen mit viel Liebe auf:

«Och Gott, nee, du Ärmster! Dat tut mir so leid! Na, komma wacker, is do' alles gut. Wir machen das jetz wech, und dann is alles wieder in Ordnung. Och Götteken, mein Junge, tut mir so leid.»

Warum hatte ich mich damals nicht regen können und nur abgewartet? Existierte etwas nur, wenn man darauf reagierte? Es war wie später im ersten Schuljahr, in dem ich mich schüchtern zurückzog, auf dem Pausenhof alleine blieb und von zwei Mitschülern geärgert wurde, tagtäglich, bis einer der beiden mir als Gipfel der Demütigung zwischen die Beine trat. Zuvor hatte ich keinen vergleichbaren Schmerz verspürt, aber ich erduldete alles, still und schweigsam, bis die zwei irgendwann aufhörten, urplötzlich, wahrscheinlich weil zum richtigen Spaß auch Widerstand gehört. Warum hatte ich alles hingenommen? Hätte ich es größer gemacht, wenn ich es angesprochen hätte? *Ich habe keine Probleme. Bin perfekt. Glänzend und makellos.* Vielleicht war ich einfach nur Bewohner einer Kleinstadt gewesen, redete ich mir ein, in der man nicht auffallen, kein Grund für Gerede sein will, nur für das bewundernde.

Nein, dachte ich. Ich war auf dem Schulhof einfach zu *feige*. So wie Jahre später. Nach Svenjas Geburt.

Und mir fiel mein Baby-Tagebuch ein. Ein kleines Büchlein mit Ratschlägen für die frischgebackene Mutter (die Väter spielten in dieser Hinsicht keine Rolle), mit Beschreibung der Kindesentwicklung im ersten Lebensjahr und reichlich Platz für persönliche Notizen. Auf der ersten Seite, wo meine Mutter Datum und Uhrzeit meiner Geburt eingetragen hatte, stand, von den Fachleuten der Sechzigerjahre verfasst, eine Aussage, die den Eindruck erweckte, meine Geburt liege schon ganze Epochen zurück.

«*Sie haben ein Kind geboren, auf das Sie sich seit so langer Zeit gefreut haben. Sie haben zum ersten Mal Ihr Baby in den Arm genommen. Aber jetzt in der Klinik sehen Sie Ihr Baby viel zu selten. In Ihren Augen. Nicht in den Augen der Ärzte. Glauben Sie: Dieses kleine Wesen ist noch so zart, so zerbrechlich. Niemand kann jetzt besser mit ihm umgehen als Schwestern und Ärzte. Aber an eines müssen Sie immer denken: Ihr Baby ist das süßeste der Welt. Und bald gehört es Ihnen ganz allein ... und natürlich auch Ihrem Mann.*»

«Da muss ich an die kleine Röttger denken», warf meine Mutter in die Runde und riss mich aus meinen Gedanken. «Die kennt ihr doch auch. Die war vielleicht so zwei oder drei, höchstens, als ihre Eltern abends bei *Albert* waren, und dann isse plötzlich aufgewacht, is ganz alleine durch die Wohnung gestratzt, hat Mama und Papa gesucht und is aus'm offenen Küchenfenster gesprungen.»

«Och Gott, ja.»

«Is aber nix passiert.»

«Gott sei Dank.»

«Schutzengel!»

«Aus'm ersten Stock! Überleech ma!»

«Aber die Büsche unten waren ja recht üppig, woll?», sagte mein Vater.

«Hortensien waren das», erwiderte meine Mutter.

«Hass *du* die nich gepflanzt?», fragte er sie.

«Ja, wer denn sonst?»

«Hömma, da hätten sich die Röttgers aber au ma bei dir *bedanken* können.»

Die Runde gackerte.

«Tjaja», sagte meine Mutter. «Die olle Beckhoff hat sie dann gefunden. Von *Blumen Beckhoff*, die kennt ihr doch auch.»

«Ja, klar», sagte Günther.

«Ganz munter Richtung Hauptstraße isse abmarschiert, die Kleine, so als wär nix. Und die Windel voll bis oben hin.»

«Och Gott, die Beckhoff», sagte mein Vater. «Au schonn lange tot.»

«So 'n Glück, woll?», sagte meine Mutter in die Runde. «Wenn man sich das ma überleecht. Willze ga nich drüber nachdenken.»

«Und die Hortensien», sagte mein Vater. «Au schonn lange tot.»

«Also, *das* hab ich nie gemacht», sagte Inge jetzt sehr bestimmt, und die Grillen verstummten, als hätte Inge ihr Revier betreten. «Die Fenster hab ich nie offen gelassen. Ich hab die Kinder immer *eingeschlossen*.»

Jetzt fingen die Grillen wieder an.

«Eine Sache muss ich mal klarstellen», sagte ich in die Runde. «Dass ihr manchmal weg wart, hat mich nicht weiter gestört.»

«Is trotzdem was aus dir geworden, mein Junge!», sagte Günther und lachte.

«Ich konnte immer den Fernseher anmachen und alte Filme gucken, das war super!»

«Dass wir bei *Albert* waren ...», sagte Günther und machte eine dramaturgisch kluge Minipause, bevor er weitersprach, «war *beruflich von Nutzen* für dich!»

Allgemeines Gegacker.

«Also wirklich», sagte meine Mutter, «wenn wir da jetz so drüber reden ... die Leute könnten ja meinen, wir wären Rabeneltern gewesen.»

«Ach Quatsch. Weiß ja wohl jeder, dass ihr das Gegenteil wart», sagte ich zu ihr.

«Hamm alle gemacht früher!», sagte Günther.

«Und wie gesacht, die Filme waren klasse. Mit Außerirdischen. Gigantischen Ameisen. Riesenspinnen.»

«Waren halt andere Zeiten», sagte Inge. «Man hat da einfach nich drüber nachgedacht. Und heute, vielleicht liecht's auch an den Preisen, das is sehr, sehr teuer, wenn man rausgeht, für alle, und heute treffen sich die Jugendlichen, die Freunde oder die jungen Paare meistens zu Hause, weniger in den Kneipen.»

Von denen nicht mehr viele übrig sind, ging es mir durch den Kopf. Günther hatte mir mal erzählt, es habe in den Fünfzigern fast sechzig Kneipen in Herdeckes Altstadt gegeben, wo heute nur noch sieben waren. Womöglich ein Beweis für den weitverbreiteten Alkoholismus früher, hatte ich damals gedacht; und sah jetzt die Geselligkeit darin und fragte mich, wann wir damit begonnen hatten, uns derart zurückzuziehen.

«Na, der Kleine von, ähm ... na ... von ... jetz sach domma!», sagte Günther plötzlich mit ziemlicher Dringlichkeit.

«Was meinst 'n getz?», fragte Inge.

«Na, der, der *auch* aus'm Fenster raus is.»

«*Wer* is auch aus'm Fenster raus? Weiß *ich* doch nich.»

«Natürlich weißt du das.»

«Wer is denn *noch* aus'm Fenster raus?»

«Na, der von – die den Laden hatten.»

«Welchen Laden denn? Gibbt doch viele.»

«Na, da unten.»

«Wo unten?»

«Inner Oberstadt.»

«Oberstadt?»

«Mein Gott, den kennze doch. Die wohn ohm au'm Herrentisch.»

«Ach, du meinst Reding!»

«Sach ich doch!»

«Ja, der is auch aus'm Fenster raus, dat stimmt.»

«Na ja, der is ja au'n bissken au'm Kopp gefallen, würd ich ma sagen, wenn man ma ehrlich is, woll?», sagte Günther und konnte sich das Lachen nicht verkneifen.

«Bissken ulkich is der schonn, dat stimmt», sagte mein Vater.

«Jetz wissenwe auch warum», sagte meine Mutter, und die Runde brach in Gelächter aus.

Die Erinnerung brachte mich in Lyon zum Lachen; nicht laut genug, um die Handy-Freunde aus ihrer Versenkung zu reißen. Ich nippte am Kaffee, und beim Absetzen der Tasse fiel ein Schweißtropfen hinein. Lange darf ich hier nicht mehr sitzen bleiben, sagte ich mir. Ohne Sonnenschutz werde ich noch jämmerlich verbrutzeln.

Auf dem Quai des Célestins brauste der Verkehr und sorgte für eine bleischwere Wolke. Mir kam in den Sinn, wie ich früher auf dem Weg zur Schule immer möglichst lange die Luft angehalten hatte, in der Hoffnung, so den Autoabgasen zu entkommen. Damals hatte ich die Vision gehabt, ich müsse dies als Erwachsener nicht mehr tun, schließlich würden in der Zukunft nur noch saubere Elektroautos über die Straßen summen. Der Schuljunge von damals wäre tief enttäuscht gewesen, hätte er sein älteres Ich hier sitzen sehen können.

Von irgendwoher der Duft von frischem Obst. Französische Sprachfetzen. Stöckelschuhe auf Asphalt. Eine Wolke aus Parfum. Die Abgase vergessen. Die Augen geschlossen. Und hinter den Lidern die Sonne. Die Welt in Orange. Auf der Netzhaut wandernde Flecken. Ein Tanz geometrischer Körper. Und ich mittendrin. Und ganz weit weg.

Fast wäre ich weggedämmert, und hätte es auch am liebsten getan, als ein Knall die Stille zerriss. Wie ein Stromschlag fuhr er in mich hinein und brachte alles zum Platzen, was mich gerade noch umhüllt hatte. Ich riss die Augen auf. War sofort hellwach. Ich schaute in die Richtung, aus der der Knall gekommen war, von irgendwoher aus der Gasse, vom Platz am Hotel, und ich versuchte, den Ton einzuordnen, versuchte zu begreifen, was passiert war. Der Knall war laut gewesen, sehr laut. Nicht so laut wie eine Explosion, aber lauter als ein Pistolenschuss. Mir wurde schwindlig bei dem Gedanken, nur wenige Meter entfernt könnte jemand mit einem Gewehr geschossen haben, womöglich in eine Menschenmenge. Du sitzt in Frankreich, fuhr es mir durch den Kopf, hier gab es in letzter Zeit etliche Terroranschläge. «Ausgerechnet Frankreich, pass schön auf dich auf», hatte meine Mutter am Telefon gesagt. Ich hatte nur müde gelächelt, doch durch die Medienpräsenz des Terrors war ihre Sorge erklärlich. Paris und Nizza, Bataclan und der Laster – alles gefühlt gerade erst passiert – hatten sich tief im kollektiven Bewusstsein eingenistet und waren nur schwer wieder zu vertreiben. Hinter jeder Ecke der Tod, das war es, was die Flut der Bilder suggerierte, nur wollte ich nichts davon wissen. Meine Mutter mit ihren unnötigen Befürchtungen. Alles nur Panikmache und kein Abbild der Wirklichkeit. Doch der entsetzliche Knall sprach eine andere Sprache und warf in Sekundenbruchteilen zwei Erklärungen auf meine innere Leinwand. Die eine war harmlos und gleich schon vergessen, die andere bedeutete mein nahes Ende, sollte ich nicht schleunigst meinen Hintern in Bewegung setzen und abhauen. Mein siebter Sinn riet mir dringend, genau das zu tun, trotzdem blieb ich sitzen. Wie peinlich wäre ein hysterisches Aufspringen und Davonlaufen, würde sich der Knall als harmlose Fehlzündung entpuppen! *Alles ist gut. Ja. Ja. Ja.* Angespannt schielte ich zu den Handy-Freaks und konnte keinerlei Regung bei ihnen feststellen, sie starrten ungetrübt ins Virtuelle. Auch die anderen Passanten schienen kaum Notiz von dem Knall genommen zu haben. Das Leben in Lyon ging weiter, so als wäre nichts passiert. Offenbar war ich der Einzige, dem der Schrecken in den Gliedern saß; der angstbesetzte Deutsche, der sich in die Hosen machte, weil ein Luftballon geplatzt war!

All die Gedanken jagten mir in Sekundenschnelle durch den Kopf, und ich war schon dabei, sie als Ausdruck meines schwarzseherischen Charakters abzutun, als ich panische Schreie hörte, und einen Wimpernschlag später, als wäre ein Damm gebrochen, schoss hinter den zwei Onlinefreunden, nur fünf Meter links von mir, ein kreischender Menschenstrom aus der Gasse, wurde hinausgespült auf die Straße und stürmte in unterschiedliche Richtungen schreiend weiter. Ohne nachzudenken, sprang ich auf und warf mich hinein in die fliehende Flut, wurde mitgerissen, ab nach rechts auf die Brücke, so schnell es geht zur Brücke, war das Einzige, was ich denken konnte, möglichst weit weg von hier, auf die andere Seite des Flusses, weg von hier, so weit es nur geht, bloß schnell zur Brücke, *schnell*, bevor der Amokläufer aus der Gasse tritt und mir rücklings den Todesschuss verpasst. Ich rannte und rannte und rannte, und keuchend hatte ich in der Mitte der Brücke zum ersten Mal den Mut, mich umzudrehen, noch weiterlaufend zwar, aber nicht mehr ganz so schnell, und schaute zurück in Richtung Café, schweißgebadet, in der Erwartung, dort den Attentäter zu sehen, der mit seiner Waffe auf Menschen zielte, sie eiskalt abknallte, hinrichtete, ihnen das Hirn wegpustete. Doch der Attentäter war nicht da.

Viele Passanten waren mit mir auf die Brücke gerannt, waren davongelaufen, Menschen, die bereits aus der Gasse geflohen waren, und welche, die gerade noch auf der Straße gestanden, ein Schwätzchen gehalten, im Café gesessen hatten oder mit Einkaufstüten bepackt dort entlanggeschlendert waren, alle herausgerissen aus ihrem normaltrüben, beruhigenden Ablauf der Dinge. Nun drosselten sie ihr Tempo, kamen neben mir und mit mir langsam zum Stehen und wollten genau wie ich begreifen, was da geschehen war.

Vor dem Café herrschte Ruhe. Nicht alle waren geflohen, einige waren noch in der Nähe, wirkten völlig unbedarft. Auch die zwei Handy-Junkies hockten da, als wäre nichts passiert. Die beiden werden als Erste erschossen, wenn der Islamist um die Ecke kommt, dachte ich. Aber der Islamist kam nicht. Noch traute ich der Ruhe nicht, denn sie ergab keinen Sinn, schließlich waren soeben Dutzende in Panik aus der Gasse gestürmt. Ich versuchte, in den Gesichtern der Menschen, die mit mir auf die Brücke geflohen waren, zu lesen, was sie über die Situation dachten, wie sie die Lage einschätzten, doch einige starrten nur stur in Richtung Café, die meisten aber waren in ihre Handys vertieft, als wäre dort eine Antwort zu finden – *Viel zu früh!*, wollte ich ihnen zurufen, *so schnell ist selbst das Internet nicht!* –, und so gelang es mir nicht, ihre Blicke zu erhaschen, ihre Gedanken zu erahnen, und ich schaute auf mich zurückgeworfen wieder zum Café.

Meine Tasse stand noch dort. Ich konnte sie sehen. Selbst aus einhundert Metern Entfernung. Und plötzlich ärgerte es mich maßlos, dass ich meinen Kaffee nicht trinken konnte. Ich hatte mich so darauf gefreut, dort in Ruhe zu sitzen und abzuschalten. Die Tatsache, dass mein Kaffee dastand und kalt wurde, überstrahlte mit einem Mal alles andere, ließ mich jede Vorsicht über Bord werfen. Ich wollte zurück, wollte wieder an meinen Platz, um diesen verdammten Kaffee zu trinken. Es war mein gutes Recht, es war *mein* Kaffee! Wenn ich jetzt klein beigebe und meinen wohlverdienten Kaffee dort stehen lasse, dachte ich, beuge ich mich dem Terror, dann tue ich genau das, was diese Arschlöcher wollen. Ich musste zurück. Hier fing der Kampf für die Freiheit an. Die Sicherheit wurde nicht am Hindukusch verteidigt, wie ein Verteidigungsminister vor Jahren mal behauptet hatte, um einen Militäreinsatz zu rechtfertigen, sondern hier, an diesem verfluchten Cafétisch in Lyon!

Schnell löste sich mein kindischer Trotz in Luft auf, denn kein Kaffee der Welt war es wert, sein Leben für ihn zu riskieren.

Wie viel Zeit war vergangen?

Während ich bewegungslos dastand und abwartend hinüberstarrte, dachte ich an die Theatervorstellung vor anderthalb Jahren. Zwei Tage nach der Premiere von Schnitzlers *Professor Bernhardi* hatten wir an der Schaubühne die dritte Aufführung gehabt, als aus dem Zuschauerraum immer mehr Klingeltöne eingehender Nachrichten zu uns auf die Bühne drangen. Etliche Handys wurden in den Reihen gezückt, und ihr Displaylicht beleuchtete versteinerte Gesichter. Die sollen ihre Scheißhandys ausmachen, war mein erster Gedanke. Haben die keinen Respekt mehr vor der Kunst? Ich war schon drauf und dran, mein Spiel zu unterbrechen und ins Publikum zu schimpfen, doch für einen Szenenwechsel musste ich hinter die Bühne. Dort hockten meine Kollegen und starrten genauso paralysiert auf ihre Smartphones, tuschelten miteinander, wirkten alarmiert. Ein Anschlag. Ein Terrorakt. Nur zwei Kilometer von uns entfernt war auf dem Weihnachtsmarkt an der Gedächtniskirche ein Lastwagen in eine Menschenmenge gerast. Noch war unklar, wie viele Tote es gab. Nun erklärten sich die vielen aufleuchtenden Handys: besorgte Familienangehörige, Freunde, die vielleicht wussten, dass ihre Liebsten in die Schaubühne wollten, und nun befürchteten, sie seien womöglich noch auf den Weihnachtsmarkt gegangen. An jenem Dezemberabend war der islamistische Terror in Deutschland angekommen; so empfand ich es. Dieser Anschlag war auch der Grund, warum unser *Tatort*, den wir sieben Monate davor gedreht hatten und in dem am Schluss eine Bombe hochgeht, die im fiktiven Dortmund ein Trümmerfeld hinterlässt, nicht wie geplant am Neujahrsabend gesendet wurde, sondern erst dreieinhalb Monate später. Sechs Tage vor dem neuen Ausstrahlungstermin gab es wieder einen Anschlag, diesmal im realen Dortmund, auf den Mannschaftsbus der Borussia, und ich befürchtete schon, unser Krimi sei ein schlechtes Omen.

Jetzt also Lyon. Nachdem ich eine Weile hinübergestiert hatte und vor dem Café weiter Ruhe herrschte, erschien mir ein Terroranschlag immer unwahrscheinlicher. Vermutlich nur Fehlalarm. Eine Fehlzündung. Was auch immer. Und doch, das Gefühl, einer realen Gefahr für mein Leben entgangen zu sein, genügte, um alle kleinen und größer wirkenden Probleme in Alltag und Beziehung nichtig erscheinen zu lassen, mir das eigene Getriebensein bewusster zu machen. Es würde mir dabei helfen, die Dinge gelassener zu betrachten, und vor allem war es ein Anlass, Franka und mir selbst klarzumachen, wie schnell alles vorbei sein kann. Und damit überkam mich die Sehnsucht, sie anzurufen, ihr zu erzählen, was ich erlebt hatte – *Fast wäre ich erschossen worden!* –, und ihr zu sagen, wie sehr ich sie liebte.

Doch der Anflug von Sentimentalität war rasch vorbei. Noch war die Gefahr nicht gebannt. Noch stand nicht fest, ob der Knall nur ein harmloser gewesen war.

Die ersten geflohenen Passanten auf der Brücke bewegten sich zögernd wieder dahin, wo sie hergekommen waren. Einige telefonierten, redeten wahrscheinlich mit Freunden oder Angehörigen, die sie in der Panik aus dem Blick verloren hatten, erfuhren, dass bei ihnen alles zum Besten stand. Keine Gefahr. Alles super. Fehlalarm. Ein kurzer Schrecken, mehr nicht.

Langsam setzte auch ich mich in Bewegung, ging zurück in Richtung Café, und die Suppe floss mir nur so runter. Die Tasse ließ ich auf dem verwaisten Tisch stehen. Mich dort wieder hinzuhocken, erschien mir zu früh. Falls doch noch ein Irrer mit Knarre aus der Gasse rennen sollte, wäre ich der Erste, der dran glauben müsste; ich und die Handy-Freunde. Ich wollte auch noch nicht zurück zum Hotel, nicht auf Umwegen und erst recht nicht über den Platz, das schien mir zu riskant. Da ich eh noch Gemüse kaufen wollte (in meinem Hotelzimmer war eine kleine Kochecke), ging ich kurzerhand zu dem kleinen Bioladen, unweit der Brücke.

Als ich davorstand, blickte ich wieder zum Café. Alles ruhig, immer noch. *Alles gut. Ja. Ja. Ja.* Ich zückte das Handy und war schon im Begriff, dort nach Gewissheit und Beruhigung zu suchen, als mir klarwurde, dass ich keinen Deut besser war als die Leute auf der Brücke. Ich steckte das verfluchte Ding weg und betrat den Laden.

Mit meinem mittelmäßigen Französisch fragte ich die Verkäuferin, ob sie den Knall gehört habe, ob sie mitbekommen habe, was da los gewesen sei. Ja, den Knall habe sie gehört, sie wisse aber auch nichts. Sie machte einen solch tief entspannten und meditativen Eindruck, dass ich das Gefühl hatte, ihr Laden sei der sicherste Ort auf Erden. Hier würde sich selbst der Attentäter im Schneidersitz auf den Boden hocken und versuchen, seinem Gedankenstrudel an die zweiundsiebzig Jungfrauen zu entkommen.

Ich ging nach hinten durch bis zum Gemüseregal. *Alles gut.* Dann sprach ich einen kurzen Segen, heimlich und leise für mich, so wie ich es jedes Mal tat, wenn ich in ein Flugzeug stieg. *Ja. Ja. Ja.* Und beim Start den Piloten segnete. Die Maschine. Die Passagiere. Den ganzen Flug. *Ja. Ja. Ja.* Und mir vorstellte, wie ich wohlbehütet wieder landen, meine Kinder in die Arme schließen würde. *Ja. Ja. Ja.* Von der Wirkung dieses Segens überzeugt – immerhin war ich noch niemals abgestürzt –, hatte ich mir angewöhnt, vor jeder Vorstellung auch die Bühne zu segnen. *Ja. Ja. Ja.* Die Zuschauer. Die Kollegen. Und mich selbst. *Ja! Ja! Ja!* Bis dato waren die großen Katastrophen ausgeblieben, waren alle Vorstellungen gut gelaufen, also *musste* es ja wirken! *Ja! Ja! Ja!* Ich stand vor dem Regal. *Zucchini? Aubergine? Broccoli?* Ich konnte mich nicht entscheiden und legte alles in den Korb. Und in dem Moment sah ich ihn. Ganz vorne. An der offenen Ladentür.

Wenn ich jetzt nichts falsch mache, dachte ich, wird er unverrichteter Dinge wieder abhauen. *Nicht rühren. Einfach nicht rühren.* Ich schloss die Augen und öffnete sie gleich wieder, so als wäre alles nur Einbildung, als könnte sich das, was ich sah, durch ein kurzes Schließen der Augen in Luft auflösen. *Ja! Ja! Ja!* Doch der Mann stand immer noch da. Wandte mir den Rücken zu, wirkte angespannt. Schien genau zu erfassen, was da draußen an der Uferstraße vor sich ging. Er war von breiter Statur. Athletisch. Sein kurzes Haar war schwarz. Pechschwarz. Er trug keinen Bart, so wie ich es von einem Gotteskrieger erwartet hätte, doch das Maschinengewehr, das an einem Tragegurt über die Schulter hing und das er fest in beiden Händen hielt, bewies eindeutig, dass er nicht die Absicht hatte, Bioprodukte einzukaufen. *Er sieht mich nicht. Und wird gleich wieder gehen. Ja. Ja. Ja.* Millimeterweise bewegte ich mich zurück, hinter das Gemüseregal, ohne den Kerl aus den Augen zu verlieren. Nun würde mich das Schicksal vielleicht doch noch ereilen – noch vor meinem Vater. Meine Mutter hat wohl recht gehabt mit ihrer Angst. Sie weiß schließlich, wie schnell es vorbei sein kann. Dass es sinnvoll sein kann, Angst zu haben; dass die

Angst einen schützen kann; dass die Angst nichts Schlimmes ist. Ich war zu naiv gewesen. Wie so oft. War wie immer davon ausgegangen, dass alles ewig so weitergehen würde. Aber nun stand der Attentäter an der Ladentür, und es war nur noch eine Frage der Zeit, bis er reinkommen würde, um all seinen Hass auf die westliche Dekadenz mithilfe einer ohrenbetäubenden Salve zu entladen und mich aus dem gemachten Bett meines satten Lebens zu ballern. Warum nur hatte ich Franka nicht angerufen? Ihr nicht wenigstens eine SMS geschickt? Sollte ich gleich sterben, wäre der letzte Kontakt, den ich mit ihr hatte, dieses kurze, enttäuschende Telefonat gewesen. Keine Chance mehr, sich noch irgendetwas zu sagen.

Auf einen Schlag kam die Wut hoch. Die Wut auf diesen Mistkerl da vorne. Was fiel diesem Arschloch eigentlich ein, alle in Panik zu versetzen! Mich dazu zu bringen, hinter einem Gemüseregal zu kauern. Mich kleinzumachen. Ich hatte die Phantasie, mir ein Messer zu schnappen. Dort drüben hingen welche! Ich sah mich schon, wie ich nach einem griff … mich nach vorne schlich … bis zu diesem Kerl … und – *zack*! Warum nicht mal was bewirken? Vielleicht könnte ich ja durch mutiges Handeln weitere Opfer verhindern! *Schön ruhig bleiben. Bloß nicht durchdrehen.* Plötzlich bewegt sich der Mann. Dreht sich abrupt um und starrt in den Laden. Blickt mir direkt in die Augen. Und in mir wird alles weich. Ich nehme noch wahr, wie der Kerl den Laden betritt und auf mich zukommt, wie alles zur Seite kippt, wie der Steinboden auf mich zurast, wie mein Bewusstsein mit letzter Kraftanstrengung die Kollision abfedern will. Doch den Aufprall spüre ich nicht mehr.

Die Welt um mich zittert, flackert. Mit Schlieren. Sie sucht. Sucht den vertrauten Rahmen. Und findet ihn. Kommt langsam zurück. Und mit ihr der Ton. Wortfetzen. Dann Worte, die zu mir dringen … *va, monsieur? … ous allez bien?* Die Verkäuferin? – – Wie lange war ich … – – Ich lebe noch, denke ich. – Und dann sehe ich ihn. Sehe den Kerl. Direkt über mir. Ich will mich hochstemmen, höre *j'appelle un médecin?* Einen Arzt? «Non, non, merci», sage ich. Alles gut. *Ja. Ja. Ja.* Bin nur zusammengeklappt. Die Hitze, der Kreislauf, zu wenig getrunken, nix weiter. (Der Mann mit der Wumme grinst.) Raus hier, denke ich. (Grinst die Verkäuferin an.) Noch bin ich nicht ganz – – Wie peinlich, ich bin – – *zusammengeklappt!* – – Das darf nie jemand – – *niemals*, denke ich, und: *was für Zähne der Kerl hat!*, und ich will aufstehen, *ganz perfekte!*, und schaffe es, und raus hier, denke ich, *sind doch superteuer solche Dinger!*, die Chance nutzen, denke ich, bevor der Kerl – – und die Verkäuferin? Steckt sie mit ihm – war sie deshalb so entspannt? «Tout va bien», sage ich und gehe zur Ladentür, gehe, so schnell ich kann. «Vos légumes!», ruft die Komplizin mir nach – *die Falsche!* Und schon bin ich draußen. Die Hitze eine Wand. Ein Aufguss in der Sauna. Und dann rast was auf mich zu, ein Wagen, dunkelblau, und bremst ab, direkt neben mir. Der Kerl mit der Wumme kommt raus, springt ins Auto, drinnen zwei ähnlich durchtrainierte Kerle, schwerbewaffnet, und sie rasen davon. Weiter vorne noch so einer – zack, ins Auto. Zwei Ecken weiter wieder einer.

Und dann sind alle weg. Und mir wird alles klar. Der Mann war *Polizist*. Teil einer Sondereinheit zur Terrorbekämpfung oder Ähnliches. Ich habe das Gefühl, nackt dazustehen. Vor der ganzen Welt entblößt, am Pranger der Peinlichkeit.

Als ich wenig später das Hotel betrat, waren einige Kollegen unten in der Lobby. Sie wirkten ganz aufgekratzt; badeten in dem belebenden Gefühl, am Tod vorbeigeschrammt zu sein.

Ein junger Kollege kam auf mich zu, mit leuchtenden Augen:

«Hast du mitgekriegt, was hier Krasses passiert ist?»

«Nein. Was denn?»

Wie ein Wasserfall erzählte er mir vom Riesenknall. Und von der Ursache, die sich im Hotel herumgesprochen hatte. Ein besoffener Tourist aus Irland hatte einen selbstgebastelten Sprengkörper hochgehen lassen, in einer Bar am Platz, neben dem Hotel. Keine weitreichenden Schäden, aber immerhin ein Ding mit einer solchen Wucht, dass eine Person schwer verletzt worden war.

«Wie krass», sagte ich und betrat den Aufzug.

Ich bin zusammengeklappt, ging es mir durch den Kopf. *Zusammengeklappt.* Die Hitze, ganz sicher. Zu wenig Wasser. Trauer. Stress. Eindeutig.

«Wenn die Kinder auf den Baum klettern», hatte Franka oft zu mir gesagt, «dann sei nicht immer so ängstlich. Du musst ihnen vertrauen. Wenn du so ein Schisser bist, fallen sie garantiert runter.»

Seit wann sah ich mehr die Gefahren als die Chancen? War meine Angst aus Erfahrungen gespeist, die meine Eltern gemacht hatten? Meine Großeltern? Oder war sie erst mit jener Ärztin aufgetaucht, die gesagt hatte, mein Kind *verfällt*?

Nein, dachte ich, als ich im Hotelbett lag und an die Decke starrte, die Angst war schon immer da, aus welchen Gründen auch immer, und das Erlebnis von heute wird nur eines von vielen sein in dem persönlichen Korb, in dem es wimmelt vor Eigenem, Ererbtem, Dingen aus grauer Vorzeit, und was es bewirken wird, kann ich noch nicht absehen.

FÜNF

DAS METTBRÖTCHEN

Einen Tag nach unserer Begegnung mit Thomas Holtzmann rief ich den Schauspieldirektor in Meiningen an und bekundete mein generelles Interesse. Da Hüseyin und ich aber immer noch auf den Termin für das zweite Vorsprechen an der Schaubühne warteten, bat ich ihn, mir bis zur endgültigen Entscheidung Zeit zu geben. Ich wollte mir Meiningen warmhalten, hoffte aber auf sein Verständnis, würde ich im Falle einer Zusage die große Hauptstadtbühne seinem Haus im nebligen Werratal vorziehen. Falls er verstimmt gewesen sein sollte, konnte er es am Telefon gut verbergen. Entspannt und ruhig klang er, ohne ein Anzeichen von Kränkung, und erklärte sich mit der erbetenen Frist einverstanden, wünschte aber, gleich benachrichtigt zu werden, sollte der Termin feststehen.

Zu allem Überfluss hatte ich einige Tage später noch ein Vorsprechen nahe der Heimat, in Wuppertal, und als Starthilfe in das Jahr 1994 kam zwei Tage nach Neujahr die Zusage aus der Stadt der Schwebebahn. Meiningen oder Wuppertal? Ich war überfordert, denn natürlich schlug mein Herz für die Metropole und das Theater am Lehniner Platz.

Also probten Hüseyin und ich, was das Zeug hielt, feilten allein am *Clavigo* und mit Henry an der Szene aus der *Trilogie des Wiedersehens* von Botho Strauß. Richard, der Drucker, so der Name von Hüseyins Figur, musste von nun an nicht mehr in den luftleeren Raum sprechen, sondern hatte, wie vom Autor vorgesehen, ein echtes, in unserer Version allerdings stummes Gegenüber. Ich stand in meiner Funktion als Partner ohne Text an einem Büfett und konnte mich nur schwer zwischen den Köstlichkeiten entscheiden – so hatten wir es uns leicht abweichend vom Original ausgedacht –, während Hüseyin als Richard, der Drucker, auf mich zutrat, fest entschlossen, mir von seiner Lektüre zu berichten.

Henry saß unten und wusste genau, was die Breth wollte.

Hüseyin begann seinen Text:

«Oh», sagte er, «darf ich Ihnen jetzt erzählen, wie es in dem Roman zuging, den ich heute Nacht gelesen habe?»

Ich stand am Büfett und schnappte mir ein Brötchen.

«Halt!», rief Henry und sprang auf die Bühne. «Neinnein, so geht das nicht! So wird das nix!»

Er stürmte zu mir und nahm mir das Brötchen aus der Hand, legte es zurück zum imaginären Büfett und spielte es mir vor:

«Du musst das Brötchen *aufnehmen*!», sagte er. «Mit allen Sinnen! Doch *vorher* …»

Er ließ seinen Blick über das üppige Büfett gleiten, das bei uns aus Gründen studentischer Armut aus drei trockenen, hellen Brötchen bestand, in unserer Vorstellung aber das Schlaraffenland war, mit belegten Wurst- und Käseschnitten, obendrauf die obligatorische Scheibe Essiggurke oder ein Streifen Paprika, mit Käse- und Mettigeln, mit allerlei Obst, mit Frikadellen, Bockwürstchen, Kartoffelsalat (nach heimatlich westfälischer Art in Mayonnaise und einer mutigen Kelle Fleischsalat schwimmend, auf keinen Fall so asketisch und essiglastig wie im hiesigen Schwabenland!), mit Nudelsalat und all den anderen Köstlichkeiten, mit denen Hüseyin und ich aufgewachsen waren, von jedem Familien- und Handballfest in guter Erinnerung. Über dieses herrliche Riesenbüfett also ließ Henry seinen Blick schweifen – ohne dass ich wusste, welches Büfett *er* kraft seiner Phantasie vor sich sah – und wollte schon irgendeine Leckerei greifen, als er zögerte, seine Hand wieder zurückzog, um dann alle zehn Finger aufgeregt über das Festmahl flattern zu lassen. Während seine Hände, durch die gigantische Auswahl delikatester Speisen in höchste Erregung versetzt, durch die Luft schwirrten, als bearbeiteten sie beeindruckend schnell die unsichtbare Tastatur eines Computers, drückte sich die Aussicht auf baldige Erfüllung höchster Sinnenfreuden auch in seinem Gesicht aus. Henry schloss die Augen und inhalierte tief, schien den Duft der verführerischen Lebensmittel in den hinterletzten Winkel seines Körpers strömen zu lassen, seine Nasenflügel zuckten, sein ganzer Kopf bewegte sich genießerisch-verträumt leicht gen Himmel, seine Lippen spitzten sich zart und öffneten sich sogar einen Hauch – jetzt hat er erotische Phantasien, dachte ich leicht irritiert –, dann schlug er die Augen wieder auf, als erwache er aus einem Traum – wie schön, siehe da, alles ist allerherrlichste Wirklichkeit! –, um abermals den Blick über das vor ihm liegende Paradies wandern zu lassen und die aufsteigenden Speisedüfte mit der rechten Hand Richtung Nase zu fächeln.

Er blickte mich herausfordernd an:

«Mit allen Sinnen! Verstehst du?»

Ich gab mir wirklich Mühe, ihn zu verstehen – aber es reichte nicht.

«Weißt du noch, die Apfelübung?», fragte er mich und hoffte, damit eine Tür des Verständnisses aufzustoßen.

Die Apfelübung, natürlich. An die Apfelübung konnte ich mich sehr gut erinnern. Wir waren erst wenige Wochen an der Schule gewesen, als wir sie zelebrierten, und ich fand sie damals schon bescheuert. Wir saßen da, jeder mit einem Apfel in der Hand, und sollten ihn essen, aber nicht einfach so, wie man das im Leben in der Regel tut – zack, zack und weg ist das Ding –, nein, nein, wir sollten ihn wahrnehmen mit all unseren Sinnen, ihn vorsichtig greifen, seine Form in unseren Händen spüren, die Temperatur des Apfels, die Beschaffenheit seiner Oberfläche, sein Gewicht, seinen Duft, sollten alles, was diesen Apfel auszeichnete, ihn zu dem machte, der er war, nämlich *der Apfel*, der einzig wahre, der eine und einmalige Apfel in unseren Händen, dieses Geschenk der Natur, diese Schöpfung des Allmächtigen, diesen Apfel sollten wir *wirklich, wirklich, WIRKLICH WAHRNEHMEN*, sollten ihn betrachten, seine Farbe, die feinen Schattierungen, Nuancen und Muster, all die kleinen Unebenheiten der Schale, einfach alles, und erst dann – auf keinen Fall zu früh! –, erst *daaaaaann* … in ihn hineinbeißen! Und natürlich jeden Bissen kosten, auskosten, schmecken, das Fruchtfleisch auf der Zunge spüren, im Gaumen empfinden, *apperzipieren*, die Konsistenz und Beschaffenheit, den Saft des Apfels, wie er sich langsam ausbreitet, wenn die Zähne das Abgebissene liebevoll im Mund zerquetschen, das wohlige Gefühl, dieses sinnliche Erlebnis, das da heißt: *Apfel essen*, das man im Alltag beständig übergeht und gar nie wahrnimmt, es sei denn, der Apfel ist wurmstichig oder furchtbar mehlig und schmeckt so widerlich, dass man ihn sofort in die Tonne kloppt. An sich ist das ja in Ordnung, dachte ich damals, etwas ganz bewusst zu tun, so ganz bewusst einen Apfel zu essen (und würde es heute als einen kleinen Schritt hin zu buddhistischer Gegenwärtigkeit betrachten), aber was hat dieses Zelebrieren mit der Wirklichkeit zu tun? Wer zum Henker isst im wahren Leben einen Apfel auf diese Art und Weise? Niemand! Diese Übung würde mir für die Bühne niemals etwas bringen, da war ich mir sicher, denn dort ging es darum, das Leben darzustellen und nicht irgendeinen mit Achtsamkeit aufgeladenen Idealzustand.

Das alles schwirrte mir durch den Kopf, als Henry fragte, ob ich mich an die Apfelübung erinnern würde. Ich wollte sie ihm nicht madigmachen, indem ich meine schon damals vorhandene Skepsis vor ihm ausbreitete, drei Jahre danach, welchen Sinn sollte diese verspätete Aufmüpfigkeit haben? Also sagte ich:

«Na klar.»

«Siehste», sagte er. «Und genau so ist das hier.»

Dann sprang er wieder ins Spiel hinein und atmete mit einem tiefen Seufzer aus, als sei die Qual der Wahl am Büfett eine Entscheidung auf Leben und Tod.

«Du bist überfordert», sagte er. «Bist angefixt. Kannst dich nicht entscheiden. Verstehst du? Du musst *wahrnehmen*, was da vor dir steht, verstehste? Nicht einfach achtlos dran vorbei. Nimm das *wahr*! Du musst das *wahrnehmen*!»

Diesmal ein schnelles, heftiges, leidenschaftliches Einsaugen der Luft. Bis unter die Gürtellinie. Dann mit vollem Einsatz wieder raus. Mit zitternder Gesichtsmuskulatur. Gleich schnappt er zu, der Haifisch, ging es mir durch den Kopf. Vor seinem inneren Auge höchstwahrscheinlich Brooke Shields in *Die blaue Lagune*. Oder Kim Basinger in *Neuneinhalb Wochen*.

«Stell dir vor, da liegt eine schöne Frau vor dir» – Oh mein Gott, ich hatte es geahnt! –, «das macht ja auch was mit dir, so 'ne Frau würdest du ja *auch* wahrnehmen, oder nicht? Und das hier ist im Prinzip dasselbe.»

Was ich wiederum anders sah, schließlich handelte es sich in unserer Szene um ein Mettbrötchen. Aber gut, Henry war der Lehrer, und er würde schon recht haben, und vielleicht hatte meine mitunter aufkommende Restbefangenheit in Gegenwart weiblicher Wesen ja damit zu tun, dass ich die Damen der Schöpfung bis dato noch nie als Mettbrötchen betrachtet hatte.

«So, und jetzt hast du dich entschieden. Greifst vorsichtig zu. Nimmst das Mettbrötchen in die Hand …»

Er spielte es mir vor, demonstrierte mit größter Leidenschaft das Vorspiel am Büfett, führte die mit Hackepeter belegte Weizensemmel in Richtung Mund, bereit für den Liebesakt.

«So, und jetzt nicht gleich reinbeißen, machste bei 'ner Frau ja auch nicht. Nimm alles wahr. Ihren Duft. Ihren Körper. Stell dir deine Freundin vor, wen auch immer, ist mir egal.»

Er hatte wieder die Augen geschlossen, sich eine frische Brise Mett mit Zwiebeln in die Nasenlöcher gefächelt.

Meine Freundin?

Mir meine Freundin als Mettbrötchen vorzustellen, erschien mir unpassend, ihrer Person und ihrem Wesen unwürdig, nein, mehr noch, es wäre Verrat an ihr gewesen, und es war mir irgendwie auch zu intim. Eine andere Lösung musste her.

«Du willst es so sehr ... wartest aber noch! Bist ganz vorsichtig, ja? Wie wird sie reagieren?»

Wer jetzt genau?, fragte ich mich. Die Mettbrötchen?

«Und *daaaann* ...»

Er atmete scharf ein, die Luft strömte zwischen seinen Zähnen hindurch in den gierig-geilen Schlund, dass es nur so zischte.

«... rein ins Vergnügen!»

Er deutete es an, wollte ins Brötchen beißen, brach aber urplötzlich den Vorgang ab.

«Beziehungsweise, du *willst* endlich reinbeißen, möchtest endlich belohnt werden, und in *dem* Moment ...»

Er hob den Arm zu einer Habachtgeste in Richtung Hüseyin:

«... *Bamm!*»

Hüseyin sollte ins Spiel kommen, mit seinem Monolog beginnen, im Moment der größten Spannung am Büfett, genau in dem Augenblick, in dem ich ins heiß ersehnte Mettbrötchen beißen wollte.

«So», sagte Henry und sprang von der Bühne auf seinen Platz. «Und jetzt zeigt mir das mal!»

Wir zeigten es ihm. Doch Henry war noch lange unzufrieden mit meiner Sinnlichkeit am Büfett. Irgendetwas stimmte mit meiner Durchlässigkeit nicht, meine erotischen Energieflüsse schienen blockiert. Ich gab mir jede erdenkliche Mühe, aber ich spürte einfach nichts, *rein gar nichts*, war jedes Mal wie sexuell betäubt, wenn ich nach dem Brötchen griff. Henry hielt sich mehr und mehr mit seiner Kritik zurück, ließ mich ab einem gewissen Punkt komplett in Ruhe, und ich wurde den Verdacht nicht los, dass er nicht aus Zufriedenheit schwieg, sondern weil er kapituliert hatte. Ich war ein hoffnungsloser Fall. Ich mochte einige Dinge überzeugend darstellen können, aber kaum kam die Erotik ins Spiel, so war ich gefangen. Der jugendliche Liebhaber würde nie das Rollenfach sein, mit dem ich Triumphe feiern könnte, ich war ja nicht mal dazu in der Lage, Leidenschaft für ein Mettbrötchen zu empfinden. Ich spürte die Skepsis meines Lehrers und wollte sie nicht auf mir sitzen lassen. Mein Ehrgeiz war angestachelt. Und so kam mir plötzlich das Buch in den Sinn, das ich mir damals während der Endrunde in München gekauft hatte. Ein Buch über Brigitte Bardot, preislich stark reduziert, vor allem aber mit vielen heißen Bildern des französischen Männertraums. Die scharfen Fotos von Madame Bardot, kaum bekleidet und in allen möglichen aufreizenden Posen, waren alles andere als pornographisch, aber aufregend genug, um meine Phantasie anzustacheln. Diese Bilder kramte ich jetzt aus dem Gedächtnis hervor und nutzte sie für mein erotisch angehauchtes Spiel. Ich gab wirklich alles – *Für die Kunst! Für das Unternehmen Schaubühne!* –, um in mir jenes Gefühl wiederaufleben zu lassen, das die Betrachtung der Bilder Jahre zuvor in mir ausgelöst hatte. Ich inhalierte mit aller Kraft die Büfettdüfte, so wie Henry es mir vorgemacht hatte, griff nach dem Brötchen, darauf Brigitte Bardot nur leicht verhüllt, verführerisch, unwiderstehlich, sinnlicher und begehrenswerter, als wäre sie komplett nackt gewesen, und ich führte sie zu meinem Mund, um sie davor, quasi in der Luft hängend, ein wenig zappeln zu lassen, brachte meine Lippen mit geschlossenen Augen sanft und vorsichtig, wie zum Kuss bereit, an ihre zarte, nach Rosen duftende, makellose Haut und biss schließlich, weil ich sie ganz und gar wollte, mit Haut und Haaren, mit *Schmackes* hinein. Ich versuchte, mir alles so intensiv und wahrhaftig wie möglich vorzustellen, das mit rohen Zwiebeln garnierte Schweinemett vor meinem inneren Auge zu verdrängen und nur die verlockenden Rundungen dieses vollkommenen, weiblichen Körpers aufleuchten zu lassen, doch ich wurde das Gefühl nicht los, dass mein Spiel maßlos übertrieben war. Ich glaubte es mir einfach nicht. Es war aufgesetzt. Hergestellt. Künstlich. Unecht. Absoluter Schrott. *Der letzte Scheiß!* Welcher Mensch steht am Büfett, beißt in ein Mettbrötchen und denkt dabei an Brigitte Bardot!? Niemand! Man steht da, guckt kurz – *Worauf hab ich Bock?* – und dann zack, beißt man rein und bekommt kaum mit, was man da isst. So sieht's aus. So ist es im wahren Leben. Punkt.

«Ja!! Jetzt hast du's!», tönte es laut und euphorisch zu uns auf die Bühne. «Das meinte ich! Genau das! Ich weiß nicht, was du gemacht hast, woran du gerade gedacht hast, aber genau so musst du's spielen, *genau so*, ich schwör's dir. Wenn du das *so* machst, dafür lege ich meine Hand ins Feuer, dann habt ihr die besten Karten. So was will die Breth sehen. Genau so was!»

Henry war begeistert. Völlig aus dem Häuschen. Er jubilierte, freute sich wie ein Kleinkind über zwölf Kugeln Eis, und ich war überwältigt von seinem Optimismus. Wenn er so bis über beide Ohren strahlte, *konnte* es ja gar nicht falsch sein. Ich warf alle Zweifel über Bord und entschloss mich dazu, es an der Schaubühne genau so zu spielen, so und nicht anders, mit Brigitte Bardot im Kopf!

Entweder war Madame Bardot in den nächsten Tagen etwas zu übermächtig präsent, oder es lag einfach an den unzähligen Proben und meiner ständigen Anwesenheit in der Schauspielschule, denn meine Freundin beschwerte sich allmählich: «Proben, proben und nochmals proben!» Wir hätten kaum mehr Zeit füreinander, sagte sie. Ich konnte schwer widersprechen, sie hatte recht, mein beruflicher Ehrgeiz überstrahlte alles, und ich opferte ihm nicht nur etliche Stunden meiner Beziehung, sondern auch ein paar Kilo.

Abgemagert durch die viele Arbeit, bekamen Hüseyin und ich endlich den langersehnten Termin für unser Wiedersehen mit der Breth. Am 17. Januar sollte es so weit sein. Sie hatte also Wort gehalten. Die Zweifel an der Ernsthaftigkeit ihrer Aussage, die zeitweilig an uns genagt hatten, waren weggewischt. Noch wenige Tage bis dahin. Jetzt war klar, wir mussten es noch einmal bei Rolf Boysen versuchen.

Ich hing am Telefon, und der Ruf ging ab. Hoffentlich nicht wieder seine Frau, dachte ich.

«Boysen.»

Eine männliche Stimme. War er es höchstpersönlich?

«Herr Boysen?»

«Ja?»

Unfassbar. Er war es wirklich. Und seine Stimme warm und wohlwollend.

«Ah, wie schön, dass ich Sie erreiche. Entschuldigen Sie bitte die Störung …»

Während ich mich vorstellte und ihm von unserem Anliegen erzählte, immer von der Angst begleitet, er könne mich unterbrechen und sofort jede Hoffnung zunichtemachen, so wie seine Frau vor etwa drei Wochen, da fragte ich mich, ob sie überhaupt etwas von unserem Anruf erzählt hatte. Es schien nicht so. Wäre er davon unterrichtet gewesen, hätte er es sicherlich erwähnt, aber er klang, als hörte er alles zum ersten Mal. Anscheinend war auch der Brief, den wir Herrn Holtzmann mit auf den Weg nach Hamburg gegeben hatten, nie bis zu ihm vorgedrungen. Das war enttäuschend. Und beruhigend zugleich, denn es sprach dafür, dass Thomas Holtzmann den Brief nicht vor versammelter Mannschaft im Bus vorgelesen hatte, wie Hüseyin und ich es befürchtet hatten, sonst hätte die Geschichte in den Münchner Kammerspielen doch wie ein Lauffeuer die Runde gemacht, *oder etwa nicht?*

«Wisst ihr», sagte Rolf Boysen freundlich, «ich verstehe euer Anliegen, aber ich halte es nicht für sinnvoll. Davon abgesehen, dass ich nicht die Zeit für solch eine Arbeit habe, sie wäre alles andere als vielversprechend. Die Breth will *euch* sehen und nicht das, was ich mit euch einstudiere. Sie will keine Kopie von dem, was der Thomas und ich damals mit dem Kortner erarbeitet haben.»

Ich hätte gerne widersprochen. Doch er hatte recht.

«Ich kann euch nur sagen, seid ganz bei euch. Bleibt ehrlich. Und vor allem: Bleibt am Text. Schaut einfach ganz genau in den Text. Im Text steht alles, was ihr wissen müsst.»

Wunderbar, dachte ich, das ist genau das, was Hüseyin und ich in den endlosen Proben immer wieder versucht hatten, am Text zu sein, nichts anderes, nur ganz genau und penibel am Text, ihn gnadenlos zu durchforsten, zu durchleuchten, zu beackern, immer wieder aufs Neue, bis auch der letzte Buchstabe aus dem Dunkeln gerissen wäre, wir ihn mit Haut und Haaren verstanden, durchdrungen, ihn verinnerlicht hätten.

«Macht keine schauspielerischen Fisimatenten», sagte er.

Und dann folgte der Ratschlag, der sich mir einbrennen sollte. An den ich immer wieder denke, wenn ich beim Spiel meine Zweifel habe, die Regie Dinge einfordert, gegen die sich meine innere Stimme wehrt:

«Tut immer nur das, was ihr verantworten könnt.»

Boysens Worte trafen mich wie ein Blitz. Eine heiße Welle durchspülte mich, und ich dachte an Henrys Mettbrötchen-Anweisungen. Konnte ich das verantworten, so wie ich es zuletzt gespielt hatte? Sollte ich nicht doch meiner Intuition folgen und den Vorgang Am-Büfett-stehen-und-ein-Mettbrötchen-essen eine Nummer kleiner anlegen? Deutete ich die Worte von Rolf Boysen richtig, so meinte er genau das. Sein guter Rat kam gerade noch rechtzeitig. Früh genug, bevor ich mich mit meinem übertriebenen Spiel vor der Breth lächerlich gemacht hätte.

Ich bedankte mich herzlich.

Er wünschte uns viel Glück und sagte zum Abschluss:

«Und richtet der Andrea Breth bitte einen dicken Gruß von mir aus!»

«Machen wir!»

Schon das Auflegen des Telefonhörers war erfüllt von einer Woge der Zuversicht, die mich kurz darauf mit ganzer Kraft erfassen sollte. Mit diesem Ratschlag im Gepäck konnte nichts mehr schiefgehen. Wir waren ausgestattet. Bereit für den letzten entscheidenden Schritt. Und dazu noch dieser an die Breth gerichtete Gruß, den wir ihr ausrichten durften – *von Rolf Boysen höchstpersönlich!* Ich sah das Gesicht der Breth vor mir, wie sie sprachlos wäre vor Erstaunen, vor Begeisterung, wenn wir ihr erklärten, wie es zu diesem Gruß gekommen war. Von unserer ganzen

Pilgertour vom *Clavigo*-Video bis zu den Münchner Kammerspielen würden wir ihr berichten. Und sie würde uns einfach nur zuhören, an unseren Lippen hängen, uns betrachten, als sei der Heiland auf Erden erschienen. Dieses überwältigende Engagement, dieser unbändige Wille, für ein großes Ziel alles zu tun, keine Unwägbarkeiten zu scheuen, keine Rückschläge, sich immer wieder aufs Neue aufzubäumen und in den Ring zu steigen, um dem Traum jedes Mal ein Stück näherzukommen, das würde die Breth endgültig von uns überzeugen, ihr vor Augen führen, wie sehr wir uns vom Rest des Nachwuchses unterschieden, durch Vehemenz, Leidenschaft und den Drang zur Perfektion. Sie wäre platt. Uns willenlos ergeben.

Ich war fest entschlossen, meiner Intuition und dem Rat Boysens folgend, das Mettbrötchen bei der Breth so zu essen, wie *ich* es für richtig hielt. Ohne die Bardot. Stattdessen mit Understatement. Minimalistisch und wahrhaftig.

Dann rief ich in Meiningen an und nannte dem Schauspieldirektor den Termin für das bevorstehende Vorsprechen in Berlin. Diesmal wirkte er leicht angespannt, ungeduldig, alles habe länger gedauert als von ihm erwartet. Er wollte vom Ausgang der Prüfung unverzüglich unterrichtet werden. Ich versprach es ihm.

Die Studentenzeit ging zu Ende. Was würde mich erwarten? Mehr als Wehmut erfüllte mich Neugier. Die Studentenbude, die ich nur durch Vitamin B bekommen hatte, über die Handball-Verbindungen meines Vaters nach Stuttgart, hatte ich mir zunächst mit Hüseyin geteilt, doch danach war ein Kerl eingezogen, Schauspielschüler wie wir, groß von Statur und mit einem Blick und einem Gesicht, als wäre er einem amerikanischen Film entsprungen oder einem Roman von Jack Kerouac. Bei den Frauen hatte er alle Chancen, und ständig musste ich mithören, wenn es bei ihm hoch herging. Irgendwann kam selbst er an seine Grenzen und klagte, seine neueste Eroberung sei Nymphomanin und sein wunder Schwanz werde ihm früher oder später abfallen. Gegen seine Erwartung blieb ihm sein Schwanz erhalten, und so vergaß er über das ständige Rumvögeln alles andere. In der Küche herrschte die reinste Anarchie, das Nudelsieb und die leeren Konservendosen waren übersät mit weißen Bärten, überall leere Bierflaschen, kein Platz zum Kochen. Lag ich mit meiner Freundin im Bett, platzte er ins Zimmer, machte laute Töne und heftige Bewegungen der Kopulation und verschwand wieder.

Unsere abgeranzte Studentenbude war zugekleistert mit Zeitungsausschnitten über Roy Black. Kurz vor seinem Tod hatte sich der Schlagersänger eine Wohnung in Herdecke genommen, also wurde er bei uns zum Kult erhoben, nicht weil wir seine Musik so toll fanden, sondern weil er in Herdecke lebte. «Roy hat Style!», war das Motto. Und weil Roy sein Strahlemännchenlächeln einfach nicht ablegen konnte, obwohl die Tragik seines Lebens stets durchschimmerte, grinste er von jeder Wand unserer Studentenbutze. Eine sensationelle Einrichtung. *Wir* hatten Style. Keine Frage. Dennoch freute ich mich nach all dem studentischen Chaos darauf, bald eine eigene Wohnung zu haben. Und dies würde früher oder später in Berlin sein, das stand fest.

Ich musste an die Nacht denken, die alles verändert hatte. Durch die Berlin überhaupt erst auf meiner inneren Landkarte gelandet war. In jener Nacht war ich mit meiner

Clique in Hagen im Kino gewesen. Kein Besuch wie jeder andere, denn wir hatten uns alle verkleidet. Es lief *Batman* mit Jack Nicholson. Und da Bösewichte die geilsten Rollen waren und Jack Nicholson der Geilste überhaupt, hatte ich mich als Joker verkleidet. Weiß geschminkt. Mit Grinsegesicht und zurückgegelten Haaren. Kein Grinsen wie bei Roy, sondern böse wie bei Jack. So marschierten wir in den Kinosaal, lauter Jokers und Batmans, und die anderen Besucher guckten dumm aus der Wäsche und fragten sich wohl, aus welcher Irrenanstalt wir geflüchtet waren. Dann saßen wir da und schauten den Film. Und fanden ihn fast so großartig wie uns selbst.

Als ich Stunden später im winzigen elterlichen Badezimmer stand und im Begriff war, mein Jokerweiß abzuschminken, ging die Wohnungstür auf, und mein Vater kam herein. Es war Donnerstagabend, und donnerstags war meine Mutter immer Kegeln und mein Vater mit den Handballern bei *Albert*.

«Die hamm die Mauer aufgemacht!», rief er und wackelte, kaum hatte er die Wohnung betreten, schnurstracks ins Wohnzimmer.

Er wird wohl das ein oder andere Bierchen zu viel gehabt haben, dachte ich, während er im Wohnzimmer den Fernseher einschaltete. Stimmen waren zu hören. Verbales Durcheinander. Nicht einzuordnen.

«Oh …», sagte mein Vater.

Und gleich wieder:

«Oooh!»

Jetzt war Tumult zu hören. Freudiger Tumult. Wild plappernde Menschen. Jubelschreie. Schluchzen.

Im Badezimmerspiegel grinste mich immer noch Joker

an, und ich dachte: Was ist denn da los? Joker legte das Wattepad beiseite und ging ins Wohnzimmer.

Mein Vater saß auf der Couch.

Starrte auf den Fernseher.

Die Tränen liefen ihm runter.

Und dann sah ich es: Menschen strömten durch irgendeinen Grenzübergang. DDR-Bürger. Eindeutig. Vopos standen da und schauten zu. Taten nichts. Schauten einfach nur zu, wie Hunderte, Tausende hinüber in den Westen strömten. Menschen lagen sich in den Armen. Lachten. Weinten. Lachten und sagten: «Wahnsinn!» Immer wieder: «Wahnsinn!»

Mein Lächeln verlor alles Bösartige. Kein Joker mehr. Auch kein Roy. Das pure Glück. Die Nacht der Nächte.

Berlin. Da wollte ich hin. Und war es wenige Tage später auch. Als Besucher. Als Staunender vor den Folgen jener Nacht. Doch irgendwann würde ich dort leben, das wusste ich.

Zwei Monate danach klingelte es bei uns zu Hause. Ich schälte mich gerade aus dem Bett, musste mich fertig machen für meinen Zivildienst im Krankenhaus. Es war Januar und stockfinster und scheißkalt draußen und überhaupt viel zu früh, also keine leichte Aufgabe, das Aufrappeln an diesem Morgen.

«Wer is dat denn getz!?», wunderte sich meine Mutter. «In aller Herrgottsfrühe!?»

Ich wunderte mich auch und hörte, wie meine Mutter die Wohnungstür zögerlich öffnete und unten die Haustür summte und aufgedrückt wurde.

«Hallooo?», rief sie ins Treppenhaus.

«Hallöhöö!», hörte ich es zurückflöten. Und kurz darauf

eine weibliche Stimme bei uns an der Wohnungstür. Breitestes Sächsisch.

«Mir sinns! Mir hamm rübergmacht. Gömma bei eusch woohn?»

Die Zeitgeschichte hatte geklingelt. Morgens um sechs. Ein junges Paar, das wir im Jahr zuvor in Ungarn kennengelernt hatten, eher nur flüchtig, in einem Lokal am Plattensee, stand vor unserer Tür und hatte das alte Leben hinter sich gelassen.

Schlagartig war ich wach.

Gömma bei eusch woohn?

Warum verlasst ihr eure Heimat, dachte ich, ausgerechnet jetzt, wo die Grenzen offen sind? Wo sich so viel verändern wird? Wo man sich daranmachen kann, die Heimat so zu gestalten, wie man sie sich immer schon gewünscht hat?

Es waren die Gedanken eines Im-gemachten-Bett-Aufgewachsenen. Ich konnte nicht verstehen, dass kein Vertrauen mehr in den Menschen schlummerte, keine Geduld mehr, kein Glauben daran, dass es schnell genug besser werden würde. Und wer weiß, vielleicht würde ja im Riesenreich der Sowjets bald kein Gorbatschow mehr das Sagen haben. Alle Wunder könnten platzen wie Seifenblasen. Mit Gebrüll zurück in alte Zeiten. Was kümmern uns die Risiken eines Atomkriegs! Wer wusste das schon? Nichts schien in Stein gemeißelt. Euphorie und Verunsicherung. Die Zukunft ein Mysterium im Nebel.

Ich sprang aus dem Bett und so schnell ich konnte in die Klamotten.

Einige Tage blieben die zwei Sachsen in unserer Sechzigquadratmeterwohnung, doch mein Vater setzte wieder einmal alle Kumpels und Handballer in Bewegung, und zwei

Wochen später hatten die beiden eine eigene Wohnung. Und der Mann einen Job. Der Westen ein Paradies. Wiedervereinigung im Kleinen. Monate vor der eigentlichen.

Ich fuhr im Bus zum Krankenhaus. Meine Aufgabe als Zivi bestand in dieser anthroposophischen Klinik unter anderem darin, an der Pforte zu sitzen und Anrufe entgegenzunehmen – «Gemeinschaftskrankenhaus Herdecke, guten Tag!» – und den Besuchern den Weg zu den Patienten zu beschreiben. Beim Betreten der Eingangshalle fiel der Blick gleich auf die Pforte und das Heiligtum links daneben: das Bildnis Rudolf Steiners. Davor die üppigsten Blumen. Immer frisch. Ein Altar der Anthroposophie.

Ich war seit jeher allen Ideologien gegenüber misstrauisch, doch nach dem Fall der Mauer und dem frühmorgendlichen Auftritt der zwei Sachsen war mir klar, dass jede große Idee hinterfragt werden musste. Wie überall dort, wo Jünger eines Meisters mich bekehren wollten, nichts neben ihrem Weltbild gelten ließen, so waren mir auch anthroposophische Extremisten ein Gräuel, und plötzlich war selbst das Bild des klugen Herrn Steiner, so prominent und präsent neben der Pforte, neben *meiner* Pforte, nur schwer zu ertragen. Ersatz musste her. Also nahm ich, als ich eines Abends Spätdienst hatte und in der Eingangshalle des Krankenhauses nichts los war, das Heiligenbild ab und tauschte es klammheimlich aus – gegen ein Poster von Batman. Batman hatte sich schon am Abend des Mauerfalls bewährt, also schien er der geeignete Kandidat zu sein, um auch die Mauern der orthodoxen Anthroposophie einzureißen.

Am darauffolgenden Morgen saß ich wieder an der Pforte; noch hatte niemand den schändlichen Bildersturm bemerkt. Von allen unbeachtet lehnte Rudolf Steiner an der

Wand um die Ecke, und an seiner Stelle hing Batman neben meinem Pförtnerausguck, wachte über die in matten Demeterfarben gestrichene Eingangshalle, als sei es das Normalste der anthroposophischen Welt. Betrat man die Klinik, so sprang einen der Held aus Gotham City sofort an. Voller Vorfreude wartete ich auf den Dienstantritt der Hausideologen.

Und dann war es so weit. Der technische Leiter schritt in die Halle. Ein besonders strenger Vertreter seiner Zunft. Zügig kam er in meine Richtung, ernst wie immer, kam näher und näher, würde gleich auf meiner Höhe sein, nur noch wenige Meter bis zu mir, und dann war er da, war gegenüber der Pforte, direkt vor mir, drehte seinen Kopf in Richtung Altar, warf einen Blick auf den heiligen Rudolf, so wie jeden Morgen, und wie jeden Morgen senkte er im Vorübergehen leicht den Kopf, verbeugte sich fast, um dem Meister Respekt zu zollen, ihm seine Ehrerbietung zu erweisen, wandte den Blick wieder ab und marschierte weiter.

Dann hielt er inne. Schaute zurück. Erstarrte. Wurde leichenblass. Was er zunächst nur flüchtig wahrgenommen, sein Bewusstsein ihm erst mit Verzögerung nachgereicht hatte, schlug ihm nun mit voller Brutalität ins Gesicht:

An Steiners Platz hing Batman!

Batman!

Wie gelähmt stierte er auf den Fledermausmann, war fassungslos, war entsetzt, war dem Ende, dem *Ende der Welt* nahe, und zischte unvermittelt, als hätte jemand den aufgezogenen Riesenschlüssel in seinem Rücken losgelassen, ungelenk davon.

Das Gewitter folgte schnell und heftig und spülte die Nachricht von der Denkmalschändung in Windeseile durch das ganze hochheilige Haus. Aufregung bei allen Ideologen. Diebische Freude bei allen Zivis. Der Verdacht fiel rasch auf mich, natürlich, doch ich spielte den Unschuldigen, und auch wenn mir niemand glaubte, man konnte mir nichts nachweisen.

Leider bewirkte Batman nicht die erhoffte Infragestellung radikaler Ansichten. Er zeigte nur die Grenze auf zwischen denen, die Spaß verstanden, und denen, die die Heiligenschändung gern zum Anlass genommen hätten, eine Hexenjagd loszutreten. Steiners Denkmal wackelte nicht. Nicht einen Millimeter.

Genauso wenig wie mein Traum von Berlin und der Schaubühne vier Jahre später. In meiner Stuttgarter Studentenbude betrachtete ich die Roy-Black-Artikel an den Wänden und fragte mich, wie um alles in der Welt ich es so lange mit dieser schrecklichen Innenausstattung hatte aushalten können. Unvermittelt griff ich nach den Blättern und riss sie herunter, eines nach dem andern segelte herab, bis alle Wände kahl waren, befreit vom jugendlichen Quatsch. Wie herrlich, den ganzen Plunder auf den Boden flattern zu sehen, der schnell übersät war mit dem Unsinn unreifer Tage. Ab jetzt war Ernsthaftigkeit angesagt, redete ich mir ein, einem Haus wie der Schaubühne angemessen! Abriss und Erneuerung! Eine Woche noch, dann würden Hüseyin und ich uns auf den Weg machen.

SECHS

WIEDERSEHENSABSCHIED

Der Zug fuhr ein, und weit und breit keine Spur von Franka und den Kindern. Jetzt bremste er schon, laut quietschend, die Türen gingen auf, und ich bemühte mich, nicht zu kollabieren.

Wo steckten sie nur? Ich hatte schnell den Wagen ins Parkhaus gebracht, und sie waren schon vorgegangen. Hier am Gleis wollten wir uns treffen, hier müssten sie jetzt sein, aber sie waren es nicht. Alle Reisenden hatten bereits den Zug bestiegen, und noch immer sah ich nichts und niemanden. Gleich würde der Zug losfahren, und ich käme zu spät, wir alle kämen zu spät, würden auf der Trauerfeier erscheinen, wenn alles schon vorbei wäre, würden abgehetzt in der Trauerhalle aufkreuzen, wenn alle Reden schon gehalten, alle Tränen vergossen und alle Gäste leergeweint abmarschiert wären. Was für ein grandioser Auftritt, der beste meines Lebens: Meine Mutter, meine Schwester, halb Herdecke, die ganze versammelte Heimat, alle angetreten, um meinem Vater zu gedenken, von ihm Abschied zu nehmen, und ich platze mit Sack und Pack hinein in die trauerschwere Empfindsamkeit – *Tut mir leid, wir sind ein bisschen knapp losgefahren, aber schön, dass ihr alle noch da seid!* –, und der Trauerredner macht mir klar, dass er leider nicht warten konnte, anderthalb Stunden gehen über seine Möglichkeiten, so ein Tag sei knallhart durchgetaktet, kaum ist eine Zeremonie vorbei, scharren die Nächsten schon mit den Hufen, also los, zack, zack, Richtung Kaffee und Kuchen! – Und es ist ja auch, die Bemerkung sei doch gestattet, mehr als respektlos, hier so spät aufzuschlagen, allen gegenüber, die heute diese schwere Stunde zu meistern haben, und vor allem respektlos dem Verstorbenen gegenüber, und der Mann war doch Ihr Vater! Ihr *Vater*! *Und da kommen Sie zu spät!? ZUR TRAUERFEIER IHRES EIGENEN VATERS KOMMEN SIE ZU SPÄT??*

Ich hätte schreien können.

Da! Jetzt sah ich sie, vom anderen Ende des Bahnsteigs kamen sie angerannt. Ich winkte ihnen zu, panisch und wild, rief in der Aufregung zur Zugbegleiterin, sie solle bitte nicht losfahren, um Gottes willen nicht losfahren, es gehe um Leben und Tod, oder nur um den Tod, egal, auf jeden Fall nicht losfahren, *nicht losfahren!*, noch zwei Minuten, da kommen noch welche, und wir müssen um alles in der Welt mit, bin gleich wieder da, und so weiter und so fort, Panik, Hektik, Puls, und dann rannte ich los, ich rannte und rannte, rannte Franka und den Kindern entgegen, brüllte über den ganzen Bahnsteig:

«Wo wart ihr denn, verdammt nochmal!?»

Wir waren bereits äußerst knapp von zu Hause losgefahren. Ich hatte mit allen drei Kindern im abfahrbereiten Auto gesessen, aber Franka hatte noch irgendwas zu tun, war auf der Toilette, wo auch immer, auf jeden Fall wuchs meine Nervosität von Sekunde zu Sekunde. Endlich kam sie aus der Haustür. Ich versuchte, ruhig zu bleiben. Bloß keine Vorwürfe. Nicht jetzt. Nicht an solch einem Tag. Noch war ja auch Zeit genug, alles noch im Rahmen. Falls kein Riesenstau oder Attentat auf dem Weg zum Bahnhof den Rahmen sprengen würde, kein Ufo auf der Straße landen und kein Meteorit auf Berlin niederkrachen sollte, würden wir es noch rechtzeitig schaffen. Alles gut, keine Panik.

«Wo wart ihr denn!?», brüllte ich noch mal, als ich die vier endlich erreichte und Franka einen Teil des Gepäcks aus der Hand riss.

«Na, hier am Gleis, wo sonst?», schrie sie zurück. «Da vorne. Wir hatten doch keine Ahnung, wo wir warten sollten!»

Wir eilten zu dem Wagen mit den reservierten Plätzen, dorthin, wo die Zugbegleiterin unruhig an der letzten offenen Zugtür stand und zu uns hinüberstierte, sie wollte endlich einsteigen, die Tür verriegeln und dem Zugchef mitteilen, dass alles bereit sei für die Abfahrt.

«WIR KOOOMMEEEEEN!», schrie ich aus Leibeskräften in ihre Richtung.

Und zu Franka gewandt:

«Wieso keine Ahnung? Wagen vierundzwanzig, ist doch nicht so schwer! *Vierundzwanzig!* Du fährst doch nicht zum ersten Mal Bahn, du weißt doch, wo man nach den Nummern gucken muss!»

«Sag mal, wie redest du eigentlich mit mir!?»

«Wir müssen uns beeilen, los!»

Keuchend erreichten wir die Zugbegleiterin, ich bedankte mich, und wir hechelten hinein. Kaum waren wir drin, mit Kind und Kegel, ging die Tür zischend zu und der Streit erst richtig los. Franka verstand nicht, warum ich so eine schlechte Stimmung verbreitete, ich solle doch bitte mal runterkommen. Wir hätten wegen sinnloser Trödelei fast den Zug verpasst, war mein Argument, und ich begriff ihre Gelassenheit nicht, schon heute Morgen seien wir später losgekommen als verabredet. Weil sie mit den Kindern alles habe alleine machen müssen, deshalb, ich hätte mich nur um mich gekümmert, also solle ich endlich mal aufhören, so aggro zu sein. Jeder von uns hatte seine eigene Sicht auf die Dinge, und beide waren wir davon überzeugt, die einzig richtige zu haben. Jeder hockte in seiner Burg und lugte durch die Zinnen, wild entschlossen, Pech und Schwefel und glühende Kohlen auf den niederprasseln zu lassen, der auch nur in den Verdacht kam, einen Angriff zu wagen. Schließlich hielten wir die Klappe. Bissen uns auf die Zunge. Nichts wäre schlimmer, als auf dem Gaul der Rechthaberei herumzureiten und aus falscher Liebe zur Dramatik eine Szene vor den Kindern abzuziehen. Auf dem Weg zur Trauerfeier ihres Opas.

Hatte ich überhaupt begriffen, was geschehen war? Was ich verloren hatte, und was vor mir lag? Erst viel später, in einigen Stunden, Tagen oder Wochen, nein, erst in Monaten würde ich kapiert haben, was hier und jetzt wie ein Film an mir vorüberlief, ein Film, in dem ich keine Rolle spielte, den ich, von mir abgeschnitten, glotzte wie ein Unbeteiligter.

«Mamaaa, hab Hungaaa!», sagte Hannah, kaum hatten wir das Kinderabteil bezogen.

«Wir haben Apfel und Möhre», sagte Franka.

«Apfel!»

«Und Brot haben wir auch.»

«Au jaaa, Brooot!»

Draußen zischten die Bäume vorbei und zerhackten das Sonnenlicht in endlos viele Blitze. Die Tupperdose in Frankas Hand flackerte und blinkte, dass es wehtat.

«Honig, Salami oder nur mit Butter?»

«Schinken!»

«Haben wir nicht. Wir haben Honig, Salami oder halt nur mit Butter.»

«Nur Butter ... Und Schinken!»

Wie lange Menschenkinder brauchen, um flügge zu werden, dachte ich. Bambi konnte schon kurz nach der Geburt auf krummen Beinchen stehen. Mir fällt es bis heute manchmal schwer.

«Du auch, Svenja?», fragte Franka.

«Ja, gerne», sagte meine große Tochter; sie sagte es freudig, überrascht, und darunter, kaum wahrnehmbar, der Ton des Trennungskindes, das sich der Wahl der Eltern hatte fügen müssen, dem neuen Leben, und der neuen Familie. «Honig, wenn es okay ist.»

Da sitzen sie also, dachte ich. Alle vereint an solch einem Tag. Franka hat sich schneller beruhigt als ich. Nachtragend ist sie nicht, wirklich nicht.

Vor zwei Wochen war ich von Lyon nach Prag geflogen. Ich musste in Brüssel umsteigen, war mächtig in Eile, alles knapp bemessen, die Umsteigezeit nur was für Sprinter, und ich war durch die endlosen Gänge des Brüsseler Flughafens gehastet, die immer länger und länger wurden, weil der Flug nach Prag ausgerechnet am äußersten Ende losging, ganz weit hinten, am Arsch des Airports. *«Last call for passengers booked on eurowings flight number 237 to Prague! Please come immediately to gate number 48!»* In meinem

Kopf kollidierten die Gedanken. Ich war besetzt von der Angst um meinen Vater, aktivierte die letzten Kräfte, um das Gate zu erreichen, spurtete durch die langgestreckte Abflughalle – mein Leben ein einziges Hetzen seit Ewigkeiten –, rannte von Flieger zu Flieger, weit weg von zu Hause, und ich konnte nichts tun, gar nichts, und mit einem Mal hasste ich es wieder, unterwegs zu sein, hasste diesen narzisstischen Beruf, der uns ständig seinen Rhythmus aufzwang. Am liebsten alles hinschmeißen, dachte ich, alles in die Tonne kloppen.

Die Bäume waren abgerückt, das Flackern hatte aufgehört. Keine stechenden Blitze mehr auf der Netzhaut. Franka wickelte sich in der Bahn ihr Tuch um den Hals, wirkte nicht zufrieden und ordnete es aufs Neue, immer und immer wieder, und ich sah sie vor mir, wie sie es vor Jahren getan hatte, beim Spaziergang in Eis und Schnee, noch vor unserem ersten Kuss; das Ordnen ihres Schals, diese Anmut in der Unruhe: ein Kunstwerk, die schönste Geste, die ich je gesehen hatte, so schien es mir, ich hatte gehofft, sie würde niemals damit aufhören. Jetzt tat sie es wieder, als suchte sie wie damals nach dem stimmigen Sitz, dem perfekten Ton, unfassbar schön. Und nicht zu greifen, diese Frau. Warum nur kann ich nicht mit ihren Augen sehen? Warum nur leben wir zusammen und erleben jeden Moment so unterschiedlich? Weil in mir ganz andere Dinge sind und sich dem Jetzt beimischen; nichts ist wie in dir, alles ist anders; du siehst den Moment so, weil du *deine* Dinge in dir trägst. Kann man Momente jemals gleich erleben? Es gibt keine verbindende Wahrheit, könnte man meinen, nur die eigene.

«Mamaaa ... satt.»

«Dann kannst du jetzt spielen.»

«Mamaaa! Zopf!»

«Mama, kannst du mir *bitte* einen Zopf machen, heißt das!»

«Mamaaa … kannst du einen Zopf machen?»

«Damit du hübsch bist für Opi?»

«Is Opi jetz ein Engel, Papa?»

«Klar», sagte ich – mehr ging nicht.

«Oba lengeli … Lengelibab obabab», sagte Theo.

Neun Tage zuvor hatte ich einen Traum gehabt, in der Nacht auf Muttertag. Ich träumte, dass meine Mutter mich anrief und mir sagte, Papa sei gestorben. Ich wachte weinend auf und ahnte, die Zeit würde knapp werden. Sehr knapp. Als ich Stunden darauf mit den Kindern im Garten war, klingelte mein Handy. Ohne einen Blick darauf zu werfen, wusste ich, wer dran war. In Erwartung, genau das zu hören, was ich geträumt hatte, nahm ich ab. Papa gehe es nicht gut, sagte meine Mutter, er habe gestern die Augen gar nicht mehr aufgemacht und keine Reaktionen gezeigt. Die Kinder rannten um die winzige Hütte mit der Spielküche, die Maisonne machte auf August, und ich saß da und betete. Betete, dass mein Vater auf mich warten würde. Nicht so, wie man es in der Kirche tut, aber ich sprach mit irgendeinem Gott, redete irgendeine höhere Instanz an, obwohl ich an keinen Gott glaube. In solchen Momenten vergisst man seine Vorsätze. Wenn der Tod anklopft, knickt jeder Atheist ein. Am Nachmittag, als meine Mutter im Heim war, rief ich durch und sprach mit meinem Vater. Ich redete ins Telefon und hoffte, er würde mich verstehen, versprach ihm, in zwei Tagen bei ihm zu sein. Mein Vater sagte nichts, atmete nur schwer. Und hatte die Augen auf, wie meine Mutter mir erzählte. Als ich auflegte, dachte ich, das war der größte Fehler meines Lebens. Aber was sollte ich tun? Ich konnte nicht sofort zu ihm. Ich musste am Tag darauf noch für einen letzten Drehtag nach Prag. Sollte ich ihn absagen? Konnte ich das überhaupt? Es war Sonntag. Schwierig, jemanden zu erreichen. Und selbst wenn, eine Absage hätte Einfluss auf die gesamte Produktion. Alles müsste verschoben werden, würde Unmengen an Geld kosten. Ich vertraute darauf, dass mein Vater mich gehört und verstanden hatte. Er würde auf mich warten. Ganz sicher.

Am Dortmunder Hauptbahnhof holten uns Günther und Inge ab, um uns nach Herdecke zu bringen. Es wäre kein Problem gewesen, auch die letzten Kilometer mit dem Zug zu fahren – ich war es von Kindheit an gewohnt, meine Eltern hatten nie den Führerschein gemacht und nie ein Auto besessen –, doch Günther und Inge hatten darauf bestanden, uns mitzunehmen. Jetzt sah ich meinen Patenonkel und seine Frau winkend vor ihren blank geputzten Wagen stehen – natürlich nicht *zu* agil und erfreut, das wäre unpassend –, und ich dachte, das geht schon in Ordnung, dass ihr zwei solche Schlitten fahrt, schließlich hatten wir nie einen, da habt ihr einen gut.

Ich befürchtete als Begrüßung schon ein tränenreiches Sich-in-den-Armen-Liegen – aber nichts da. Ein untröstlicher Blick von Inge, ein knappes: «Mein Beileid», der Ansatz, noch etwas hinzuzufügen, doch Günther war schneller: «Na, kommt, lasst uns ma wacker losfahren!», sagte er und drückte mir fest die Hand – «Is schonn scheiße, woll!?» – und zack, die Koffer in die Wagen – «Svenja fährt mit Inge, ihr andern seid bei mir wegen der Kindersitze, alles klar?» – und dann ab die Post.

Der Pragmatismus war kein fehlendes Mitgefühl. Vielleicht war es Unsicherheit, die Angst, durch falsche oder unnötige Worte die mühsam bei sich selbst und beim Gegenüber gedeckelte Trauer wieder hochzuholen. Vielleicht auch eine Frage der Generation, die noch gelernt hatte, ihre Befindlichkeit nicht ständig auf der Zunge zu tragen, Dinge für sich zu behalten, ohne dies mit Herzlosigkeit paaren zu müssen. Und womöglich drohte das Sterben enger Wegbegleiter, dem Gedankenkarussell an den eigenen Tod, das man achtzig Jahre lang meist hatte ruhigstellen können, Schwung zu verleihen.

Auf der Fahrt vertrautes Territorium. Die Häuser ein Ausdruck dessen, was nach dem Krieg für möglich gehalten wurde; über die Jahre hinter dichtem Grün jetzt fast verschwunden; der Ruß längst weg; der Ruhrpott ein bewohnter Riesenpark; neue Zeiten, die bereits gealtert waren, Risse bekommen hatten, immer tiefere, wie überall. Die Landschaft wurde hügeliger, bis sie nach Herdecke hin kräftig abfiel. Dann die drei Türme im Tal; einfacher gezeichnet als diese etlichen Spitzen in Prag, dachte ich, diese schier unendliche Silhouette, diese Überfülle. Acht Tage zuvor hatte ich dort gesessen, nach Drehschluss im Restaurant (erst im Morgengrauen sollte der nächste Zug in die Heimat gehen), hatte auf Lammfleisch aus dem Tandur gewartet, das Handy gecheckt und erst da bemerkt, dass jemand angerufen hatte. Meine Mutter. In jenem Augenblick stürzte alles ein. Ich hatte mir etwas vorgemacht, meine innere Stimme geflissentlich überhört. Hatte gewusst, dass die Zeit nicht reichen würde. Meine Mutter hatte eine Nachricht hinterlassen. Hatte aufs Band gesprochen – ohne es zu sagen. So etwas spricht man nicht aufs Band. Doch ihr

Ton verriet sie. Ich zitterte. Und rief zurück. Und es war, als würde jemand glühende Lava in mich gießen. Ich saß allein in dieser schönen, fremden Stadt, deren Schönheit keine Bedeutung mehr hatte.

Während ich wenige Stunden zuvor noch meinem Beruf nachgegangen war, in der Seele eines längst verstorbenen, fremden Menschen herumgewühlt und geglaubt hatte, dort irgendetwas finden zu können – was eigentlich? Selbstbefriedigung? –, während ich versucht hatte, den Architekten und Bauhaus-Gründer Walter Gropius zum Leben zu erwecken, hatte mein Vater noch einmal die Augen geöffnet, die er nach meinem Anruf am Tag zuvor wieder fest geschlossen hatte. Er öffnete sie genau zu der Uhrzeit, zu der meine Mutter die letzten Monate fast täglich zu ihm gekommen war. Während ich in meine Rolle floh und nichts von dem spürte, was Hunderte von Kilometern entfernt vor sich ging – gar nichts, auch wenn ich mir später einreden wollte, es sei anders gewesen –, machte mein Vater die Augen auf und sah seine Frau, die heute früher gekommen war als sonst, ihr Gesicht direkt über ihm, seine Hand in ihrer. In seinen Augen blitzte ein Lächeln auf, und er dachte womöglich an die Luftballons, die sie ihm vor über sechzig Jahren an sein Moped gebunden hatte, zusammen mit ihren zwei Arbeitskolleginnen von *Kaisers Kaffee*. Die Filiale hatte sich in dem Haus befunden, in dem er damals gewohnt hatte, und alle drei hatten diesen schlaksigen Sportsmann mit der kessen Tolle ziemlich fesch gefunden, doch ihm war von Beginn an klar gewesen, wer das Rennen machen würde. Ihr pechschwarzes Haar und die graugrünen Augen – wie hätte er da widerstehen sollen? Er schaute sie an und lächelte. Zwei kurze Atemzüge noch.

«So. Gleich sindwe da», sagte Günther. «Na ja, kennz dat ja. Alles beim Alten hier inne Heimat.»

Wie lange er und mein Vater sich gekannt hatten, dachte ich, während ich meinen Patenonkel am Steuer betrachtete; schon seit frühesten Kindertagen mitten im Krieg.

Zudem hatte Günther einen nicht zu unterschätzenden Einfluss auf meine Geburt. Ende der Sechziger hatten sich die Handballer nach dem Training jeden Mittwochabend zur Spielersitzung bei *Albert* getroffen. Mein Vater saß zu fortgeschrittener Stunde mit Otto und Günther am Tresen, die Striche auf den Bierdeckeln hatten sich bedenklich vermehrt, als er in die Wolke aus Kettenrauch und Bierseligkeit sagte: «Ich glaub, ich hab einen angesetzt.» Otto und Günther winkten lapidar ab, taten das Gerede ihres Kumpels als das Prahlen eines besessenen Handballers ab, der schon lange und verzweifelt von einem Thronfolger träumte. Doch bei der darauffolgenden Spielersitzung an Alberts Tresen sagte er wieder: «Ich glaub, ich hab einen angesetzt.» So ging es munter weiter, jeden Mittwochabend, bis Günther nach dem vierten oder fünften Mal zu meinem Vater sagte:

«Jetzt hör abba ma auf damit!»

«Wenn ich's euch doch sage!»

«Ich bin's langsam leid, jeden Mittwoch diesen Zauber zu hören!»

«Ja, halt mal die Klappe!», sagte Otto.

«Neidisch?»

«Jetz pass ma auf», sagte Günther, «ich geb drei Runden Bier aus, wenn das stimmt. Damit du endlich aufhörst.»

«Spitzenleistung dieses Hauses», sagte mein Vater und grinste. «Dann zahlst *du* also heute?»

«Heute do' nich. Nach neun Monaten natürlich, jetz wissenwe donno gaa nix. Aber in neun Monaten krisse das Bier, wenn's stimmt.»

«Einverstanden.»

«Und wenn das in neun Monaten nich passiert is, zahlst *du*.»

«Is in Ordnung.»

«Und ich stifte den Kinderwagen», sagte Otto.

«Is in Ordnung.»

Es folgte ein Handschlag unter Männern und Gelächter. Mein Vater war hochmotiviert. Und tatsächlich, neun Monate später kam der Thronfolger, kam also ich. Leider nicht die große Sportskanone, wie sich herausstellen sollte, aber das konnte ja niemand ahnen. Günther zahlte drei Runden Bier, und als Otto das Versprechen, den Kinderwagen beizusteuern, bekräftigte, sagte Günther:

«Moment, Otto. Den Kinderwagen, den kannze von mir kriegen. Wir hamm nämlich den von Tobias noch im Keller stehen.»

«Ja, is gut.»

«Was tust 'n raus dafür?»

Otto zögerte, also hakte Günther nach:

«Achtzig Mark musse aber dazutun.»

Otto konnte es kaum glauben:

«Achtzig Mark?»

«Hömma, das Teil is spitze. Wie nigelnagelneu.»

«Ja, is gut.»

Otto zückte die Geldbörse und machte eine Anzahlung. «Die andern vierzig krisse später.»

«Ja, is gut», sagte diesmal Günther.

Und so bekam ich den alten Kinderwagen, in dem auch

Günthers Sohn Tobias schon gelegen hatte. Doch bald kündigte sich ein Geschwisterchen für Tobias an. Günther sollte wieder Papa werden und brauchte den Wagen zurück. Da ich mittlerweile groß genug war für einen Sportwagen, war das kein Problem, die Säuglingskutsche hatte ausgedient, also kam Günther eines Tages bei uns vorbei, holte sie ab, fuhr schnurstracks bei Otto vor und sagte auf den Kinderwagen deutend zu ihm:

«Hömma, is alles in Ordnung. Der is zwar abgenutzt jetz, aber die andern vierzig brauchse natürlich *nich* bezahlen.»

Bevor Otto etwas erwidern konnte, brauste Günther davon. Die vierzig Mark, die Otto ihm bereits gegeben hatte, behielt er.

Ein guter Geschäftemacher, der Günther. Sicher hatte mein Vater ihn auch deswegen gefragt, ob er mein Patenonkel werden wolle. Eine gute Wahl. Vielleicht war sie ein weiterer Grund dafür, warum ich mich als Kind immer in Sicherheit gewähnt hatte, nicht nur durch das Netz meines Vaters und die liebevolle Fürsorge meiner Mutter und die Liebe von beiden, sondern auch durch die beruhigende Gewissheit, dass ich, egal welcher Notfall eintreten sollte, durch Onkel Günther finanziell abgesichert war. Und vielleicht gäbe es mich gar nicht, wurde mir immer klarer, wenn Günther vom Prahlen meines Vaters nicht so genervt und mein Vater nicht so angestachelt gewesen wäre wegen drei Runden Freibier und einem Kinderwagen gratis.

Vor uns setzte Inge den Blinker und bog mit Svenja ab. Die beiden fuhren direkt zu meiner Mutter, wo Svenja auch übernachten sollte, während Günther Franka, die Kleinen und mich zum Hotel brachte. Beim Abbiegen winkte Svenja mir zu; das Gesicht meiner Tochter hinter der Scheibe wie eine Woche zuvor, als ich Prag im Morgengrauen verlassen hatte und Stunden später in den Berliner Hauptbahnhof eingefahren war.

Svenja hatte mit Marlene am Bahnsteig auf mich gewartet, und schon beim Einfahren hatte ich ihr Gesicht sehen können, tieftraurig und betrübt, kummervoll, vor allem aber mit einer Kraft, als wüsste sie, dass sie nun ihren Vater trösten müsste, dass ich ihre Hilfe notwendiger bräuchte als sie meine. Ich dachte an damals, an die Operation im *Virchow*, als Svenja einen Tag alt war. Ich war nach der Vorstellung an der Schaubühne sofort zur Klinik geeilt. Davor Marlene, die auf mich wartete, mit den Worten der Erlösung. Die Operation war gut verlaufen. Svenja wohlauf. Als wir im nächsten Moment bei ihr waren, gab uns Svenja aus dem Brutkasten heraus einen solch starken Blick, dass wir ihn beide genau gleich empfanden, als Ausdruck ihres unbändigen Überlebenswillens, und nicht nur das, Svenja schaute Marlene und mich an, als würde sie uns trösten wollen und sagen: «Macht euch keine Sorgen. Ich schaff das schon.»

Aus dem Gedächtnis von Hannah und Theo würde ihr Opa bald ganz verschwinden; er würde nur durch Erzählungen in ihnen weiterleben, dachte ich, als ich aus dem *Virchow* ins Auto zurückkatapultiert wurde und Svenja davonfahren sah und die Kleinen im Rückspiegel müde wirkten von der langen Reise. Svenja dagegen hatte über die Jahre eine starke Bindung zu ihrem Großvater aufbauen können, nahezu jeden Monat hatten meine Eltern uns in Berlin besucht, und so war es ihr ein dringendes Bedürfnis gewesen, mich nach seinem Tod vor einer Woche nach Herdecke zu begleiten.

Als wir beide bei meiner Mutter angekommen waren und ich sie in den Arm nahm, fiel mir auf, wie fest und steif sie dabei war. Aber das musste sie wohl. Sie musste funktionieren, musste wie ein Automat die folgenden Tage und Wochen irgendwie überstehen. Irgendwann würde genug Zeit und Raum für Trauer sein.

Svenja und ich machten uns schnell auf den Weg zum Bestattungsunternehmen, wo mein Vater aufgebahrt war. Auf dem Weg dorthin stiegen wir die Asthmatreppen hinauf, so genannt, weil die vielen Stufen einem den Atem rauben konnten. Oben angekommen, lag rechts ein graues Haus. Hier hatten wir vor Ewigkeiten eine Pommesbude gehabt, als ich fünf und sechs gewesen war. Ich hatte Svenja schon oft davon erzählt, aber jetzt konnte ich ihr den Ort noch einmal zeigen.

Mein Vater war irgendwann auf die Idee gekommen, es könne doch schön sein, neben dem Geld, das er durch seine Arbeit im Hagener Kreuzstromwerk erhielt – er war gelernter Dreher und hatte sich dort bis zum Meister hochgearbeitet –, noch etwas hinzuzuverdienen. Wie auch immer es dazu kam, eines Tages ergab sich die Gelegenheit. Grillen machte ihm Spaß, warum also keine Frittenbude aufmachen? Meine Mutter war einverstanden, und so ging es ans Werk. Jeden Morgen begann sie damit, in unserer Miniküche Frikadellen zu braten. Danach erledigte sie Einkäufe, erklomm mit mir zusammen die Asthmatreppen und schloss die Pommesbude auf. Bis in den späten Nachmittag schmiss sie den Laden alleine, während ich meist draußen vorm Imbiss auf der Verkehrsinsel spielte. Die Verkehrsinsel war ein Robinson-Crusoe-Paradies, ein mit Gestrüpp und niedrigen Bäumen bewachsenes Areal, in meiner kindlichen Vorstellungskraft ein gigantisches Eiland, das nur mir gehörte, auf dem ich ganz und gar abtauchen konnte; es waren die frühen Siebziger, nur wenige Autos umfuhren die Insel. Egal wie das Wetter war, die Verkehrsinsel war mein Fluchtpunkt, eine abgeschottete Welt, in der alles stattfinden, die Phantasie üppig gedeihen konnte, ein geheimnisvolles Dickicht. Um siebzehn Uhr kam mein Vater nach getaner Arbeit mit dem Bus aus Hagen an und löste meine Mutter ab. Ich ging mit ihr nach Hause, während er nun Fritteuse und Grill bediente, bis er spätabends Feierabend machte. So lief es jeden Tag. Ein Jahr lang.

Doch als ich eingeschult wurde, wurde es komplizierter, und schweren Herzens trennten sich meine Eltern von der Imbissbude. Vielleicht waren sie auch froh, denn natürlich war die Doppelbelastung anstrengend gewesen. Mit dem mühsam verdienten Geld kauften sie mir die Möbel für mein erstes eigenes Kinderzimmer. Bis dahin hatte ich mir ein Zimmer mit meiner Schwester geteilt. Elfeinhalb Jahre älter als ich, war sie sicher erleichtert, als sie mit achtzehn ihren Freund heiraten und damit der engen elterlichen Wohnung und ihrem nervigen kleinen Bruder entfliehen konnte. Die Möbel in meinem Zimmer waren in einem knalligen Siebzigerjahregrün gehalten, und ich behielt sie, bis ich auszog.

Die Leidenschaft für das Grillen verlor mein Vater nie, er konnte ihr bei etlichen von ihm selbst organisierten Sportfesten und Turnieren nachgehen. Dort war er nicht zu überhören, wenn er mit der Grillzange bewaffnet am qualmenden Rost stand und in die Menschenmassen blökte: «Lecker lecker TSG-Handball-Brrrratwürstchen! So lalalalang wie die Bahnhofstraße und so brrrrrraun wie Adolf

Hitler!» Heutzutage wäre bei solch einem Spruch die Hölle los, dachte ich, während Svenja und ich das graue Haus hinter uns ließen. Früher hatte man auf dem Sportplatz über diesen Quatsch gelacht und nichts weiter dahinter vermutet, denn es war auch nichts weiter dahinter zu vermuten, es war nur stadtbekannter Blödsinn meines Vaters. Dass er langgedienter Sozialdemokrat und Genosse war, wusste jeder im Ort, also war es kein Problem, wenn er seine braungebrannten Handballwürstchen derart feilbot und dabei das R in *Brrrratwürstchen* und *brrrrrraun* wie beim Gebärdenverballhornen überbetonte und bei *lalalalang* seine lange Zunge mit jedem L herausschnellen ließ wie eine Echse. Heute würde es einen lauten Aufschrei geben, verbunden mit der Forderung, ihm die Stelle des Hausmeisters der Sporthalle, die er nach Beendigung seiner Zeit im Kreuzstromwerk angenommen hatte, unverzüglich zu entziehen, immerhin hatte er dort mit Kindern und Jugendlichen zu tun. Wo man früher ein Auge zudrückte und die Dinge gelassen sah, würde heute ein alles verwüstender Sturm der Erregung aufziehen.

Als Svenja und ich den Aufbahrungsraum betraten und ich meinen Vater dort liegen sah, sprang mich der Schmerz an wie ein Raubtier. Seine Haut leicht gelblich, wie damals bei seinem Vater, meinem gehörlosen Großvater, den ich als kleiner Junge aufgebahrt gesehen hatte. Ein Anblick, auf den ich nicht gefasst gewesen war, der mich derart durchgeschüttelt hatte, dass ich mich ewig nicht beruhigen konnte. Jetzt hatte ich versucht, mich vorzubereiten, *wollte* meinen Vater aufgebahrt sehen, wollte es unbedingt, wenigstens das. Ich brauchte diesen Moment mit ihm, brauchte ihn auch ein weiteres Mal am darauffolgenden

Tag, musste ihn noch einmal berühren, ihm einen Kuss auf die eiskalte Stirn drücken, musste bei ihm sitzen und ihm alles Mögliche sagen und wollte einfach nicht weg von ihm; dass ich am Tag zuvor nicht bei ihm gewesen war, machte mich fertig. Ich verstand meine Mutter, die sich diesen Anblick ersparen wollte, die ihn so in Erinnerung behalten wollte, wie er gewesen war, doch ich konnte nicht anders, ich musste von ihm Abschied nehmen, wollte mich der Temperatur und dem Antlitz des Todes aussetzen und nach ihm greifen, in der Hoffnung, ihn dadurch zu *begreifen*, ich brauchte diese Trauer, diese Überdosis Trauer. Und dass Svenja ein ähnliches Bedürfnis hatte, wir gemeinsam Abschied nahmen, war ein Geschenk. Sie schrieb wie ich einen Brief an ihn, und beide legten wir unsere Zeilen zu ihm in den Sarg.

«Warum schlafen wir *hier*?», fragte Hannah – und verscheuchte die Erinnerung an die Aufbahrung vor einer Woche.

Erschöpft von der Fahrt und dem Respekt vor dem Kommenden, betrat ich mit Franka und den Kleinen das Hotelzimmer. Im Raum hatte sich die Hitze gestaut, sie schlug uns entgegen wie der faulige Atem eines Drachen.

«Wieso nicht?», sagte ich. «Ist doch schön hier.»

Franka riss die Fenster auf.

«Warum nicht bei Oma?», fragte Hannah.

«Bei Oma ist so wenig Platz, das geht gar nicht», sagte ich wahrheitsgemäß.

«Aber Svenja darf bei Oma schlafen, das is gemein!»

«Beim nächsten Mal machen wir das auch wieder, versprochen.»

«Ich will aber *jetzt*! Das is gemein!»

«Beim nächsten Mal. Aber gleich gehen wir zu ihr.»

«Was findest du denn so toll bei Oma?», fragte Franka und fächelte sich Luft zu.

«Das Eis.»

«Aha.»

«Und Omas Schmuck.»

«Eieieieieis!», sagte Theo.

«Na, ihr werdet heute bestimmt noch ein Eis bekommen», sagte ich und blickte verloren im Zimmer umher, als würde ich mich fragen, wer oder was mich eigentlich in diesen Raum geführt hatte. Eigenartig, in seiner Heimatstadt im Hotelzimmer zu sein; man sieht das Vertraute durch die Brille eines Fremden. Eine hübsche Gegend. Sehr sogar. Franka war überrascht gewesen, als sie das erste Mal hier war. So wie sie Herdecke lange nicht gekannt hatte, kannten viele hier meine neue Familie nicht, kannten nur Svenja und Marlene, vor allem aber Svenja, denn mein Vater war seit ihrer Geburt regelmäßig mit der Spendendose durch die Stadt gezogen und hatte unermüdlich für den guten Zweck gesammelt, hatte sich immer wieder Neues einfallen lassen, um an Geld zu kommen für das große Ziel, diese verfluchte Krankheit, die das Schicksal oder wer auch immer seiner Enkelin als Last auf den Rücken geschnallt hatte, eines schönen Tages zu besiegen. So lange er konnte, hatte er gesammelt, gesammelt und gesammelt mit seinen bescheidenen Mitteln und hatte über achtzigtausend Euro für die medizinische Forschung zusammenbekommen, bis die Demenz das gute Wirken beendete.

«Oma, hast du Eis?»

«Oomiiii!»

«Ach, ihr Süßen … Ja? Wollt ihr ein Eis?»

«So, nun lasst mal die Oma», sagte ich. «Nachher gibt's bestimmt ein Eis, aber jetzt …»

«Jetzt?», fragte Hannah.

Jetzt mussten wir los, hatten keine Zeit für Eis, denn kaum waren wir bei meiner Mutter angekommen, da klingelte es, und Günther, Inge, meine Schwester und mein Schwager warteten unten in ihren Autos, und meine Mutter wurde sofort nervös.

«Wir müssen!», sagte sie mit nicht zu überhörender Panik.

«Kein Stress, Muttern. Wir sind gut in der Zeit.»

Es klopfte an der Tür, und meine Schwester stand davor. Die Augen rotgeweint, kam sie in die enge Wohnung; ein Schritt nur, schon stand sie in der Diele, hatte unsere Mutter an die Brust gedrückt.

«Mutti …»

«Och Gott, ja …», sagte meine Mutter und winkte ab, verscheuchte die hochkriechende Gefühlsaufwallung wie eine lästige Fliege.

Hinter den beiden an der Wand die alten Fotos, auf denen sich alle tummelten; auch meine Mutter, sechs oder sieben Jahre alt, mit Mama und Papa, und der Papa stolz und aufrecht in seiner Soldatenuniform neben ihr – war er das wirklich, stolz, oder spielte er für den Fotografen nur eine Rolle? –, der Papa, der auf Heimaturlaub war, kurz bevor der Krieg ihn wieder zu sich rief, an die menschenfressende Front in Russland, die er wie durch ein Wunder überleben sollte. (Er muss es gespielt haben, dachte ich, vielleicht nicht für das Foto, aber vielleicht für Frau und Kind, vielleicht für sich selbst.) Zu der Zeit, als das Foto gemacht wurde, muss ihre alte Wohnung noch gestanden haben, die

Wohnung aus ihrer Kindheit, für meine Mutter bei weitem nicht so lange ein Zuhause wie diese hier, diese minikleine Wohnung in Herdecke, in der ich aufgewachsen war, in der auch meine Schwester noch gelebt hatte, die meine Mutter jetzt losließ und dadurch die junge Version unserer Mutter auf dem Foto freigab, ihr so viel Platz machte, dass es wirkte, als könnte die Kleine einen unverstellten Blick auf die eigene Zukunft erhaschen, auf ihr altes Ich und ihre noch ungeborene Tochter.

Kaum war mein Großvater zurück an der Ostfront gewesen, waren meine Mutter, ihr kleiner Bruder und meine Großmutter an den sicheren Bodensee verschickt worden, war es doch nur noch eine Frage der Zeit, bis die feindlichen Bomben ihre Heimatstadt treffen würden. Für meine Mutter und ihren Bruder war der Bodensee das Meer und die umhüllende Sorglosigkeit des warmen ländlichen Südens die Chance auf ein Stück Kindheit. Im Oktober 1943, meine Mutter war gerade sieben Jahre alt geworden, war im heimatlichen Hagen die Hochzeit ihrer Cousine geplant. Meine Großmutter wagte die weite Fahrt, noch war Hagen unzerstört. Doch gleich in der ersten Nacht gab es Fliegeralarm. Meine Großmutter stürmte ans Bett ihrer Tochter und rüttelte sie wach. Meine Mutter war hundemüde nach der langen Reise, wollte partout nicht aufstehen, und nur mit viel Überredungskunst gelang es meiner Großmutter, sie und ihren Bruder in den schützenden Keller zu bringen. Als der Bombenangriff vorbei war, verließen die drei die unterirdische Welt und betraten die vertraute kleine Wohnung – die jetzt alles andere als vertraut war. Sie wirkte wie ein geliebter Mensch, dem man eine Maske übergestülpt hatte, hohläugig, die Züge ins Gespenstische verzerrt. Einer, den man lange nicht gesehen hatte und kaum wiedererkannte, weil Krankheit und nahender Tod alles überstrahlten. Würde nicht ein spärlich glimmender Rest gemeinsamer Geschichte und gemeinsamen Lebens, eine Ahnung von Vertrautem durchschimmern, würde man glauben, ihn gar nie gekannt zu haben. In der Wand neben dem Bett meiner Mutter klaffte ein riesiges Loch, der Blick ging ungehindert in den Friseurladen dahinter. Das wäre nicht gut ausgegangen, dachte das siebenjährige Mädchen; sonst dachte es nichts. In der Küche, in die sonntags immer die Zinkwanne gestellt worden war, weil es in der Wohnung kein Badezimmer gab, war die gesamte Wand zur Straße hin verschwunden. Mutter und Kinder standen da und blickten nach draußen. Auf die ausradierte Stadt. Ich hatte mich oft gefragt, wie es sich anfühlen muss, wenn die Stadt, in der man geboren und aufgewachsen ist, mit einem Mal zum Trümmerfeld wird, kaum wiederzuerkennen, plötzlich fremd, weil ihr die Orte der Erinnerung geraubt wurden, entrissen durch einen einzigen übermächtigen Schlag. Meine Mutter sah auf die rauchenden Ruinen. Dann schnappte sie sich die Hand ihrer Mutter, blickte zu ihr auf und sagte: «Mutti, lass uns wieder an den Bodensee fahren!»

Jetzt gibt es keinen Bodensee, an den du fahren kannst, dachte ich, während ich meine Mutter und meine Schwester betrachtete und meine Mutter ein weiteres Mal die wegwerfende Geste machte (ganz so leicht war der Schmerz wohl nicht zu verscheuchen). Und ich fragte mich, ob der Tod ihres Mannes, mit dem sie sechzig Jahre verheiratet war, sichtbarere Narben verursachen würde als das Ende ihrer Kindheit im heimatlichen Trümmerfeld.

Bis heute hatte die Genügsamkeit meiner Mutter immer

gesiegt, keine erkennbaren Wunden hinterlassen, irgendwie war es ihr gelungen, die Gifte des Lebens in ihrem Innern so zu verschließen, dass nichts austreten konnte. So ähnlich wie bei ihrem Vater, dachte ich, meinem Großvater, der erst spät aus russischer Kriegsgefangenschaft heimgekehrt war, den meine Mutter gar nicht erkannte, als er eines Tages unvermittelt vor ihr stand. Dem nie zu entlocken gewesen war, was der Krieg wirklich mit ihm und aus ihm gemacht hatte, auch wenn er ein paar Geschichten zum Besten gab und es so klang, als wäre der Horror ein Abenteuerspielplatz gewesen. Und trotzdem, oder gerade deshalb, wurde mein Großvater uralt, war bis zuletzt aufrecht, kerngesund und guten Mutes, sah blendend aus, hielt fast ein ganzes Jahrhundert durch, während ich manchmal Angst habe, schon auf halber Strecke schlappzumachen, *ich westdeutsches In-Watte-Gepacktes!*

Mir kam in den Sinn, wie meine Mutter dem Tod ein weiteres Mal entkommen war und dass ich jenen Albtraum zu verantworten hatte. Mein Schwager, der erste Mann meiner Schwester, den sie mit achtzehn geheiratet hatte, als ich sechs war, schleppte eines Tages von seiner Arbeit bei der Bundesbahn einen Totenkopf an, von dem er felsenfest behauptete, er sei echt. Der Totenschädel war schwarz angemalt, die Augenhöhlen rot, doch so wie er aussah, glaubte ich damals an seine Echtheit, denn die Knochen waren porös, so wie Knochen eben aussehen. Mein Schwager tischte uns irgendeine Geschichte auf, er sei beim Bau einer neuen Bahnstrecke auf den Totenkopf gestoßen, und da niemand seiner Arbeitskollegen ihn hätte haben wollen, habe er ihn halt mitgenommen, ihn schwarz und rot angepinselt, auf dass er noch gruseliger wirke, und gedacht, er könne uns damit eine Freude machen. Ein Supergeschenk! Astrein! Astschocke! *Astknorke!* Auf jeden Fall tausendmal besser als ein *Raider* oder das *Lustige Taschenbuch*! In meiner Begeisterung zeigte ich den Schädel all meinen Freunden und der halben Nachbarschaft.

Als ich dann Jahre später stolzer Besitzer einer Super-8-Kamera wurde, hatte ich die Idee, den Totenkopf, der auf meinem knallgrünen Kinderzimmerschrank zu viel Staub angesetzt hatte, zum Hauptdarsteller eines Films zu machen. Ein Horrorfilm sollte es sein. Ich nahm den schwarzroten Menschenschädel vom Schrank, steckte ihn oben auf die Stange meiner knallgelben Stehlampe, setzte ihm eine Malermütze auf, zog Handschuhe über die zwei beweglichen Leuchten, die wie Arme an der Lampenstange befestigt waren, legte Schal und Decke über das Ganze, und fertig war mein furchterregender Held. Ich bot meiner Mutter die Rolle des Opfers an. Nach anfänglichem Zögern, gegen die Scheu und ein Lachen ankämpfend, war sie bereit für ihr Schauspieldebüt. Und schon spielte sie, als ginge es um ihr Leben (was in gewisser Weise ja auch zutraf), warf sich mit Verve in die Situation, wie sie nachts nach Hause kam, die Wohnung betrat, sich über das auf dem Esstisch liegende Messer wunderte und erschrak, als sich das Messer wie von Geisterhand bewegte (diesen verblüffenden Effekt erzielte ich durch Einzelbildaufnahme; wie bei Walt Disney, dachte ich stolz und träumte davon, einen richtigen Zeichentrickfilm zu drehen, der vor meinem inneren Auge bereits fertig war und eine rasante Verfolgungsjagd durch Herdecke erzählte, aber nie Realität wurde), um daraufhin ängstlich und voll böser Vorahnungen tiefer in die Wohnung vorzudringen, magisch angezogen von einer unbekannten teuflischen Macht. Dann, als sie zögernd, mit zittriger Hand, die Tür zu meinem Zimmer öffnete, erstarrte sie. Direkt vor ihr stand der Stehlampentotenkopfmann, grässlich anzusehen mit seiner schrecklichen Malermütze, dem Werbegeschenk einer ortsansässigen Firma, das mein Vater irgendwann mal angeschleppt hatte. Aus seinen roten Augenhöhlen glotzte der Tod meine Mutter an, drehte seinen Schädel mithilfe der Einzelbildaufnahme um dreihundertsechzig Grad, streckte seine gierigen Lampenhände nach ihr aus und kam (wieder durch Einzelbildaufnahme) auf sie zu. Schreiend flüchtete meine Mutter aus der Wohnung. Und der Tod hinter ihr her. Mit offenem Ende.

Ich stellte mir natürlich vor, dass sie ihm entkommen war. Und sicher hatte sie im wahren Leben von dieser (wenn auch nur gespielten) Erfahrung profitiert, schließlich erfreute sie sich noch immer bester Gesundheit. Der Totenkopf allerdings überlebte nicht mehr lange. Irgendwann hatte meine Mutter genug von dem unheimlichen Gesellen und warf ihn in die Mülltonne. Eine Weile hatte ich Angst, dass die Müllabfuhr den Schädel entdecken, die Polizei bei uns auftauchen und uns alle verhaften würde. Mir war klar, dass meine Mutter, unfähig zu lügen, die Entsorgung des Kopfes sofort gestehen würde. Und ich würde zur Adoption freigegeben. Aufgeregt lauschte ich den Nachrichten im Radio, war zum Erstaunen meiner Eltern auch bei der *Tagesschau* höchst aufmerksam, und erst als ich nach Tagen noch immer nichts von einem unbekannten Toten und polizeilichen Ermittlungen vernommen hatte, sah ich meine Zukunft wieder rosiger. Mein Leben konnte weitergehen.

Nachdem wir alle in die wartenden Autos gestiegen waren, ging es bergauf. Hoch zum Waldfriedhof. Noch höher gelegen als die Endstation. Dem Himmel ein Stück näher.

Als wir die Trauerhalle erreichten, strömten bereits viele Menschen darauf zu. Einige Gesichter sagten mir gar nichts. Drinnen sah ich meine Cousinen und Cousins wieder, die Kinder der Brüder meines Vaters. Ich hatte sie ewig nicht gesehen, dabei hatten wir früher so viel zusammen unternommen. Ständig war irgendwo, bei irgendwem und zu irgendeinem Anlass eine Feier gewesen. Sie hatten ihre Väter bereits verloren. Mein Vater war der letzte der vier Brüder. Ich bekam ein schlechtes Gewissen, denn sie waren hier. Wo war ich gewesen, als ihre Väter gestorben waren? So lange hatte ich nichts mit ihnen zu tun gehabt, nicht weil ich mit ihnen gebrochen hätte, nicht weil mir die Familie ein Graus geworden wäre, nein, ich hatte alle Verbindungen einfach gekappt. War weggegangen. Hatte die Heimat verlassen. Mich in meinen Beruf gestürzt. Und nie wahrgenommen, was mir dadurch abhandengekommen war. Ein Ton. Eine Verbindung. Eine Vertrautheit. Etwas, das in der Welt da draußen nirgendwo auf mich gewartet hatte. Die Gespräche der Erwachsenen früher, womöglich waren sie nur das Hintergrundgeräusch gewesen für all die Geheimnisse, die wir als Kinder miteinander teilten, dachte ich, für das nimmermüde Versenken ins Spiel. Die Welt der Großen schien so langweilig und bedeutungslos zu sein – all die Großtanten und Großonkel, die man kaum kannte, was hatte man schon mit ihnen gemein? –, und trotzdem, sie bildete den notwendigen, sicheren Rahmen; das Gegacker und Jauchzen der Großen war die Decke, unter die man sich als Kind verkriechen konnte, die man erst wahrnahm und vermisste, als sie längst weggezogen war.

Die blumenübersäte Trauerhalle war ähnlich aufgeheizt wie das Zimmer im Hotel. Schweiß und Tränen gingen eine Verbindung ein, hinter der sich manch einer dankbar versteckte.

Musik setzte ein, von Svenja am Klavier, die sie ihrem Opa als Geschenk mit auf den Weg geben wollte; die er mit sich nahm. Und ich hielt die Trauerrede, bewältigte sie, so wie Svenja die Musik. Mittendrin wurden Hannah und Theo unruhig, und Franka war gezwungen, mit ihnen rauszugehen. Sie war mitgekommen, hatte mich begleitet, wollte mir helfen an diesem Tag, bei mir sein, aber das konnte sie gar nicht. Sie musste sich die ganze Zeit um die Kinder kümmern, die viel zu klein waren, um zu begreifen, was um sie herum geschah. Die komplette Überforderung für uns beide. Nur aus Pietät hatten wir die Kleinen mitgenommen, hatten gedacht, sie müssten dabei sein, schließlich war es ihr Großvater, der da vorne im Sarg lag. Ein Babysitter wäre die bessere Lösung gewesen.

Nachdem die Trauerfeier zu Ende war, alle Gäste die Halle verlassen und ihr Beileid bekundet hatten, ging ich ein letztes Mal an den Sarg. Der Duft der vielen Blumen besetzte den Raum wie eine Erinnerung an das Leben. Die Halle ein transparenter Bau aus der Nachkriegszeit, Fortschrittsglaube in Stahl, Stein und Glas. Der Blick ging ungehindert nach draußen, in den Wald. Leichtes Rascheln der Blätter. Sonnenflecken tanzten auf dem Boden. Und ich verknüpfte die Halle mit meinem Vater. Ich sah die Zeit vor mir, in der dieser Bau errichtet worden war, die Zeit seiner Jugend. Sah den Ruhrsandstein, aus dem die Mauern bestanden, und sah meinen Vater, wie er den Herdecker Sandstein immer angepriesen hatte, als habe er ihn erschaffen. Wie er ganze Bereiche in unserem Garten, den wir Anfang der Achtziger bekommen hatten und in dem ich meinen Traum von einem Froschteichparadies realisieren konnte, mit diesem Sandstein eingefriedet hatte. Ich sah meinen Onkel, den Bruder meines Vaters, den Maurer, der die Terrasse auf unserem Hinterhof in der Altstadt angelegt hatte, und wie ich mich als Kind über jeden seiner Sprüche hatte kaputtlachen müssen. Ich sah meinen anderen Onkel vor mir, den Maler und Anstreicher, der immer unsere kleine Wohnung tapeziert und gestrichen hatte, sah, wie ich ihm irgendwann einen selbst aufgenommenen Song vorgespielt und er Interesse und Begeisterung gezeigt hatte und wie dankbar ich meinem Onkel dafür gewesen war, auch wenn ich wusste, dass die Verzückung nur gespielt war, allerdings so rührend und liebevoll, dass ich es ihm nicht hatte übelnehmen können. Ich roch den Duft in der Halle, den Duft jenseits der Blumen, diesen typischen Geruch von Bauten der Fünfziger- und Sechzigerjahre, es war der Geruch, den ich mit der Sporthalle meines Vaters in Verbindung brachte, mit dem Fortschrittsglauben jener Zeit. Alles hatte plötzlich mit meinem Vater zu tun, auch das Gemurmel draußen, die Stimmen der Trauergäste, die sich langsam entfernten, die nach Hause gingen oder in Richtung Leichenschmaus, Stimmen aus der Region, Sprache, die mein Vater gesprochen hatte – und auch ich. Und wie stolz war ich auf der Schauspielschule gewesen, diesen Ton abgeschüttelt zu haben, reinstes Hochdeutsch zu sprechen.

Warum hatte ich das Vertraute nur ablegen wollen? Mir Neues übergezogen?

Ich stand da, und Hannah und Theo kamen hereingeflitzt und rannten durch die leere Trauerhalle, endlich durften sie sich wieder bewegen. Lautstark kamen sie neben mir zum Stehen. Vor dem Sarg.

«Is Opi da drin?», fragte Hannah.

«Ja», sagte ich. «Opi schläft jetzt. Tief und fest.»

«Opi is *tot*, Papaaa!»

«Oooobiiii», sagte Theo und entdeckte die Sarggriffe und fing an, damit zu klopfen. Klopfte immer wilder. Hämmerte gegen den Sarg, als klopfte er gegen das schwere Tor einer Ritterburg. Es schallte und hallte in der Halle. Theo lachte sich kaputt, und auch Hannah beömmelte sich und feuerte ihren kleinen Bruder an, und Theo klopfte noch wilder. Erst wollte ich es unterbinden, aber dann kam auch ich nicht gegen das Lachen an. Meinem Vater im Sarg mussten die Trommelfelle platzen, aber die kindliche Anarchie und Lebendigkeit hätten ihm gefallen. Er hätte seinen Spaß gehabt, da war ich mir sicher. Und Theo angefeuert.

Der Leichenschmaus fand bei *Albert* statt. Auch wenn der Namensgeber längst verstorben war, der Ort war zu geschichtsträchtig, hatte zu viel mit meinem Vater zu tun, als dass wir ihn hätten umgehen können. Je länger wir zusammensaßen, desto gelöster wurde die Stimmung, und es passierte etwas, das ganz im Sinne meines Vaters gewesen wäre: Alle lachten. Lachten sich scheckig. Alberten herum, dass sich die Balken bogen.

Nach dem Abendessen war die Kondition der Kleinen erschöpft. Wir gingen zum Hotel, um sie bettfertig zu machen. Franka war ziemlich erledigt und wollte sich mit den

Kindern zurückziehen. Sie freute sich auf das Bett, hoffte auf einen schnellen Schlaf. Sollte nach diesem langen Tag eigentlich kein Problem sein, dachten wir.

Bei *Albert* saß nur noch der Familienkern, als ich zurückkehrte: meine Mutter, Svenja, meine Schwester, ihr Mann, alle Cousins und Cousinen, die meisten mit Anhang, und meine Tante, die letzte, die noch lebte. Ihr Lachen war es, das ich beim Betreten der Gaststätte als Erstes hörte. Blechern und scheppernd wie eh und je, ansteckend wie früher. Ein Ton aus der Kindheit, schon verloren geglaubt, war mit einem Mal wieder da, brannte wie eine Zündschnur und ließ weitere Lachbomben hochgehen. Die ganze Familienmeute kugelte sich in einer Lautstärke, wie nur waschechte Ruhrpottler sie an den Tag legen. Dezenz ist Schwäche, dachte ich.

«Uuuund ... drei, zwei, eins!», rief mein Cousin in die Runde, und alle begannen zu singen. Schief, aber mit Überzeugung. Ein westfälischer Katzenchor.

Weißt du nicht, wo Halle liegt?
Halle an der Saale.
Weißt du nicht, wo Schwerte liegt?
Schwerte liegt im Tale.
Weißt du nicht, wo Herdecke liegt?
An dem Speicherbecken,
wo man trinkt die Halben aus,
die so lecker schmecken.
Wooo man trinkt die Halben aus,
die so leeeeecker schmecken!

«Hömma, dein Papa würd jetz auf'n Tisch steigen!», rief meine Cousine mir zu, die Tochter von Onkel Nummer drei.

«Und das *Röslein auf der Heide* machen!», sagte ihre Mutter, meine Tante, und lachte wieder blechern los, und alle gackerten mit.

Goethes *Heidenröslein* war der Klassiker meines Vaters gewesen. Auf jeder Feier hatte er sich nie lange bitten lassen, war auf den Tisch gestiegen, hatte das Gedicht rezitiert und es zugleich in seine Gebärdensprache übersetzt, die nur darauf abzielte, unter der Gürtellinie zu landen. Gleich in der ersten Zeile, wenn der Knabe das Röslein sah *stehn*, hatte er dies mit seiner berühmt-berüchtigten Gebärdendarstellung des erigierten Riesenpenis eindrucksvoll unterstrichen. Meiner Mutter war es jedes Mal peinlich. Aber was hätte sie tun sollen?

Mein Cousin versuchte, es nachzumachen, und stieg auf einen Stuhl.

«Sah ein Knab' ein Röslein stehn, Röslein auf der Heiden ...»

Und schon taten es alle.

Wo war ich da nur hineingeraten? Eigentlich großartig, dachte ich, dass hier alle den Affen machen und eine wilde Party stattfindet – mit der meine Mutter allerdings Probleme hatte und ihren Unmut bekundete –, aber eigenartig ist es auch.

Ich sah meinen Cousin auf dem Stuhl, und es schien mir, als wäre unsere Großmutter auferstanden. Durch die Nase, die Augen, die ganzen Gesichtszüge hatte er eine frappierende Ähnlichkeit mit ihr, er sah fast aus wie sie auf dem Schwarzweißbild, das ich im Heim meines Vaters betrachtet hatte. Mein Cousin fuchtelte beim *Heidenröslein* mit den Armen, und vor meinem inneren Auge sah ich meinen siebenjährigen Vater, wie er ins Haus zu seiner Mutter rennt, sie packt und nach draußen zieht: *Schnell weg hier!* Kurz zuvor hatte seine Mutter, meine Großmutter, noch in der engen Küche der dunklen Fachwerkwohnung gestanden und wie jeden Tag dafür gesorgt, fünf männliche Mäuler zu stopfen. Ihre vier Jungs waren alle noch im Wachstum, und der Krieg, der draußen in der Welt tobte, machte es nicht leicht, für ausreichend Essen zu sorgen. Doch während in den großen Städten des Ruhrgebiets die Menschen mehr und mehr zu spüren bekamen, was es hieß, Psychopathen und Mörder an die Spitze ihres Landes gewählt zu haben, hatte der Krieg das beschauliche Herdecke bis dahin eher verschont. Ihr Mann arbeitete in seiner Werkstatt, nicht weit entfernt am Mühlengraben, einem Nebenarm der Ruhr. Dort baute er alles Mögliche, vor allem Kinderspielzeug, das auch in Kriegszeiten Absatz fand und für ein erträgliches Einkommen sorgte. Der Jüngste war, wenn er nicht durch die Altstadtgassen oder über die Ruhrwiesen tobte, mit ihm in der Werkstatt, in diesem bunten Abenteuerreich, in dem es immer Neues zu entdecken gab. Die drei Älteren, mein Vater und die zwei großen Brüder, waren in der Schule, wo ihnen die Überlegenheit der deutschen Rasse eingeimpft werden sollte.

Am Morgen hatte meine Großmutter ein prächtiges Stück vom Schwein erhalten; ein seltenes Exemplar in Zeiten des Mangels. Das war meinem Großvater zu verdanken, der bekannt für seine handwerklichen Fähigkeiten war: Wo auch immer eine Bruchsteinmauer auszubessern, eine Wand zu tapezieren oder anzustreichen war, überall, wo Wasserrohre leckten, Steckdosen gefährlich an brüchigen

Kabeln hingen und Holzböden eine fachmännische Restaurierung erforderten, war er zur Stelle. Für die Kinder der Familien, denen er mit seinen Talenten half, hatte er mitunter Selbstgebautes dabei und zog es überraschend und mit deutlich ploppendem P – «Papapapaaah!» – aus seinem verschlissenen Mantel. Die Eltern der erfreuten Kinder zahlten mit dem, was sie zu bieten hatten, je nach Beruf und Handwerk. Eine Hand wusch die andere. Da die Hand meines Großvaters viele Talente hatte, wurde sie von vielen Händen gewaschen. Und so fehlte auch in Kriegszeiten nichts Wesentliches. Das prächtige Stück vom Schwein, das meine Großmutter beim Metzger bekommen hatte, hatte dieser ihr dankbar lächelnd überreicht, neben der wie neu strahlenden Verkaufstheke.

Das Tier brutzelte im Ofen. In wenigen Augenblicken würde der erste der Söhne eintrudeln, mit einem Loch im Bauch, würde wild gestikulieren, mit den Händen durch die Lüfte flattern – *Ist das Essen fertig?* –, und nach und nach würden alle hier versammelt sein, so wie jeden Tag. Gemeinsame Mahlzeiten waren ihr wichtig, diese kostbare Zeit des familiären Beisammenseins sollte ihr nichts und niemand nehmen, auch nicht der verdammte Krieg. Ein Kontrollblick zeigte meiner Großmutter, dass alles in bester Ordnung war; keine zwanzig Minuten mehr, dann könnten alle am Tisch sitzen. Schwungvoll stieß sie die Klappe des betagten Backofens zu, und ein metallisches Echo breitete sich in der engen Küche aus. Ein Echo, das sie nicht hörte. Genauso wenig wie das Geräusch des Holzlöffels in der gusseisernen Pfanne beim Wenden der Bratkartoffeln. Sie hörte weder das Zischen des entzündeten Gases, die entfachte, züngelnde Flamme, das Abstellen des mit Wasser gefüllten Teekessels auf dem Gasherd noch das Klappern der Teller und Gläser. Auch nicht das Rasseln des Silberbestecks, das sie aus der Küchenanrichte holte. Sie hörte weder den unheilverkündenden Pfeifton noch die gewaltige Detonation kurz darauf, auch nicht das Zerscheppern des Glases, das Zischen des Projektils und die ganze akustische Wucht des Einschlags, als hinter ihrem Rücken die Fensterscheibe zersprang und nur wenige Zentimeter neben ihr etwas Metallisches vorbeischoss, in die Wand über dem Ofen einschlug und dort stecken blieb. Sie hörte es nicht, aber jetzt sah sie es.

Erschrocken ließ sie Messer und Gabeln fallen.

Über dem Ofen, direkt neben dem Küchenbuffet aus der Kaiserzeit, hatte sich etwas in die Wand gebohrt, das sie enthauptet hätte, wäre sie nur wenige Zentimeter weiter rechts gewesen, hatte einen Teil des Putzes weggesprengt und ihn über Anrichte und Ofen verteilt. Wo das tellergroße Metallstück in der Wand steckte, war freigelegter Ziegel zu sehen; der Fachwerkbalken gleich daneben war unbeschädigt geblieben.

Ihr Blick fiel auf die Glühbirne über der Küchentür. Ganz automatisch schaute sie dorthin, kündigte die Glühbirne doch jeden Gast an. Läutete jemand an der Haustür, so ertönte nicht nur ein Klingeln, das den gesunden Ohren der vier Jungs vorbehalten war, es leuchtete auch die Glühbirne über der Küchentür. Doch bei dem metallischen Eindringling handelte es sich nicht um Besuch, der an der Haustür schellte.

Mit einem Mal begriff sie die Gefahr. Sie eilte aus der Küche in den engen Flur, als die Haustür aufsprang und mein Vater in die Wohnung kam.

«Mama!», rief er.

«Mein Junge!», sagte sie; sie war nicht gänzlich stumm, einfache Silben waren möglich, für Fremde ein ungewohnter Klang.

Mein Vater gab ihr mit wilden Gesten und deutlichen Lippenbewegungen zu verstehen, dass sie sofort aus dem Haus mussten: *Schnell zum Bachplatz! Fliegeralarm!* Wichtige Konsonanten sprach er mit, und er ließ sie aus seinem Mund knallen wie Gewehrsalven. Kleine Explosionen, die für die Augen seiner Mutter wie Worte waren. Klare und eindringliche Worte ihres Siebenjährigen.

Er packte ihre Hand, zog sie durch die offene Haustür nach draußen, die schmale Marktgasse entlang zum Bachplatz, zum Luftschutzbunker, den sie erreichen mussten, denn ihr altes Haus hatte keinen Keller, und das Holz des Fachwerks wäre ein dankbares Futter für jede Flamme. Meine Großmutter blickte sich um, versuchte, die Ursache für den Eindringling auszumachen, konnte in der flüchtenden Hektik aber nichts entdecken. Irgendwo in der Nähe musste eine Fliegerbombe detoniert sein, das schien sicher, und das metallische Ding, das sie in der Küche beinah geköpft hätte, war wohl ein Stück der Bombe gewesen, vielleicht auch Teil eines getroffenen Hauses in der Nachbarschaft, sie wusste es nicht. Es war auch egal, jetzt ging es nur darum, den sicheren Bunker zu erreichen, jetzt war nur wichtig, dass ihr Sohn den Angriff überlebte. Wohl wieder nur ein paar Restbestände, dachte sie. Einfach fallen gelassen. Bomben, die übrig waren vom Angriff auf die großen Städte. So war es immer gewesen. Das Städtchen im Ruhrtal bekam die Reste ab, die Ableger. Mehr zufällig als geplant. Aber nicht weniger tödlich.

Der Bachplatz war nicht weit, und schon sahen sie die vielen vertrauten Gesichter, Nachbarn, Freunde, Bekannte, die zum Bunker strömten. Der Vorteil der Kleinstadt, oder der Nachteil, je nachdem; anonym war hier nichts, auch nicht das Ausharren unter den Betondecken eines Luftschutzbunkers.

«In geordneten Reihen! Und zwar zackig!»

Mein Vater erkannte die schneidende Stimme sofort und war froh, dass seine Mutter sie nicht hören musste, schließlich war das Gesicht, diese ganze widerliche Erscheinung, aus der die Töne wie Rasierklingen schossen, schon ekelhaft genug.

«Einer nach dem andern, los, los!»

Oder kam es ihm nur so vor? Redete er sich den Abdruck des bösartigen Inneren auf dem Gesicht dieses Menschen nur ein? Er kannte ihn nicht, nicht wirklich, hatte nur gehört, was seine älteren Brüder ihm von diesem Polizisten erzählt hatten. Von diesem Polizisten, der eigentlich gar keiner war, der lediglich Hilfspolizist war, ein überzeugter Nazi, der den Posten nur ergattert hatte, weil er als einer der Ersten in der Stadt seine große hetzerische Klappe aufgerissen hatte. Die braunen Kameraden hatten es ihm nie vergessen. Als sie die Zügel in der Hand hielten, hatten sie es ihm gedankt, ihm die verantwortungsvolle Aufgabe erteilt, in der von Linken und Sozialdemokraten verseuchten Altstadt für Recht und Ordnung zu sorgen. «Dieses Arschloch hat Mama und Papa au'm Kieker», hatten die zwei älteren Brüder immer wieder zu meinem Vater gesagt. «Und uns auch. Pass bloß auf, wasse sachs. Wenn er dir übern Weech läuft, sachse am besten gaa nix. Höchstens Heil Hitler. Aber nur wenn's sein *muss.*»

Er hat uns auf dem Kieker. Das ging meinem Vater immer wieder durch den Kopf, als er mit seiner Mutter an dem hageren Mittdreißiger vorbei zum Bunkereingang ging. *Er hat uns auf dem Kieker.* Der wird uns nicht reinlassen, bestimmt nicht. Wir sind es nämlich nicht wert, sind nicht *vollwertig*, können ruhig verbrennen hier draußen. «Wir sind auf der Liste», hatten seine Brüder ihm auch gesagt. «Die denken, Mama und Papa sind blöd.» Aber das sind sie nicht, dachte er. *Nein, das sind sie nicht.* Auch wenn sie taubstumm sind, Mama und Papa sind nicht blöd, meine Mama ist die beste Mama der Welt und so klug wie alle anderen Mamas zusammen, und mein Papa erst recht, der kann sogar eine Dampfmaschine bauen und Kinderspielzeug, alles kann der bauen, ihr blöden Nazis. *Vorsicht. Vorsicht. Pass auf, was du sagst. Pass auf, was du denkst*, hörte mein Vater in seinem Kopf die Warnung der älteren Brüder. *Die sehen es dir an der Nasenspitze an, wenn du so was denkst, und dann bist du dran, dann bist du auf der Liste und kannst später keine Kinder kriegen. Kannst keine Kinder kriegen.*

Auch meine Großmutter wird ihre Gedanken gehabt haben, während sie den Eingang des Bunkers durchschritt, an ihre Jungs wahrscheinlich, ihren Mann, die quälende Frage, ob es ihnen gutging, vielleicht ein inneres Stoßgebet, schließlich war sie katholisch, doch niemand konnte sie und ihre Gedanken lesen. Sie dagegen durchschaute die Menschen. Das Denken der andern, ihr Wesen, für sie ein offenes Buch. Ein Leben in der Stille hatte sie gelehrt, Dinge zu sehen, über die der Ton eine Decke legt, hatte ihr beigebracht, den unsichtbaren Fluss der Dinge zu spüren, den die Sprache überlagert. Sprache ist eine Maske, die sich die Menschen aufsetzen. Ein Mittel der Darstellung, um vom Kern abzulenken. Mein Vater hatte schon als Kind von seinen Eltern gelernt, der Sprache zu misstrauen. Aber er hatte sie liebend gern benutzt, um seinen Schabernack mit ihr zu treiben.

Und so kamen die beiden in den Bunker und blieben dort, bis der Angriff vorüber war, und mein siebenjähriger Vater bildete sich ein, der braune Hilfspolizist würde sie die ganze Zeit anstarren, sie am liebsten hinausjagen. Doch die Tatsache, dass sein Papa bei so vielen hier Hand angelegt und geholfen hatte, war wohl ein Schutzschild, den auch dieser Nazi nicht zu durchbrechen wagte. In der Anonymität der Großstadt wäre es ihm vielleicht egal gewesen. Aber hier kannte jeder jeden. Mitunter ein Hemmnis für ungehemmte Brutalität, dachte ich – und hatte das Gefühl, dass mich jemand angesprochen hatte.

«Oder?»

Oder?

Pralles Gelächter. Das Gesicht meiner Schwester, auf dem sich ein Strahlen durchsetzte.

«Warsse abgetaucht, Bruderherz?»

«Hast du was gefragt?»

«Onkel Peter wär au mit au'm Tisch, oder?», sagte sie zu mir und wandte sich sogleich zur Tante. «Oder? Meinze nich?»

«Nää, Pelle war viel zu schüchtern», sagte die Tante. «So was hatta seinen Brüdern überlassen.»

«Hasse recht», sagte meine Schwester.

«Aber *mein* Papa kannte da au nix», sagte die andere Cousine, Tochter von Onkel Nummer zwei. Und dann zu meiner Schwester und mir: «Aber eurer war von allen, ich sach ma, der größte Schauspieler!»

«Hasse von ihm», sagte meine Schwester zu mir. «Wonnich, Bruderherz?»

«Eigentlich war er das gar nicht», sagte ich.

«Was?»

«Ein Schauspieler. Dafür war er viel zu ehrlich. Hat sich nie geschämt für seine Gefühle.»

«Hasse recht», sagte sie nach kurzem Zögern.

Ich nahm ihr Zögern wahr. Und begriff. Mein Vater hatte keine Angst, Gefühle zu zeigen, hat herumgeblödelt wie ein Kind, sich nie verbarrikadiert hinter einem Panzer wie die meisten Männer seiner Generation, hat weinen können ohne Scham, hat Dinge geradeheraus gesagt, und doch hat er womöglich irgendeinen tiefliegenden Schmerz nie zugelassen, hat ihn durch seine Späße zu betäuben versucht, bis dieser am Ende seines Lebens durch haarfeine Risse wieder an die Oberfläche gekommen war. So ging es mir durch den Kopf, fragte ich mich doch immer noch, was meinen Vater im Heim so gequält hatte. War es mehr gewesen als nur die Bewusstwerdung des nahen Todes? Während mein Cousin mittlerweile vom Stuhl auf den Tisch geklettert war und das *Heidenröslein* in Gedenken an seinen verstorbenen Onkel ein weiteres Mal zelebrierte und immer mehr aussah wie unsere Großmutter, sah ich meinen Vater als Kind im Bunker vor mir, ihm gegenüber der Nazi mit der Rasierklingenstimme, der nicht den Mut aufbrachte, den kleinen Jungen oder seine Mutter körperlich anzugehen, die Ohnmacht aber mehr hasste als alles auf der Welt – er, der in seinem Leben endlich mal den starken Mann markieren konnte – und seinen Hass daher auf andere Art abladen musste. Unvermittelt fing er an, grunzende Töne von sich zu geben. Laute, die er für die Sprache der Taubstummen hielt. Die Sprache dieses unwerten Lebens. Dieser Behinderten. Dieses verblödeten Packs. Und er blickte sich beim Nachäffen ständig um, ob auch alle im Bunker begriffen, von wessen Gnade sie abhängig waren. Auf die im Bunker Kauernden legte sich die Angst. Und allmählich schlossen sich Einzelne seinem Spott an. Mehr und mehr folgten. Und alle zusammen fegten sie seine Ohnmacht hinweg. Den hämischen Fratzen und dem qualvollen Opportunismus von Nachbarn und Bekannten ausgeliefert, erkannte mein Vater den Weg, dem Spott der anderen durch den eigenen zuvorzukommen.

Ist das eine Möglichkeit?, fragte ich mich. Könnte es so gewesen sein? Die Geburtsstunde seines Schabernacks? Vielleicht. Vielleicht auch nicht. Ich würde es wohl nie erfahren.

«Hasse recht», sagte meine Schwester noch einmal zu mir, und es erschien mir wie die Bestätigung meiner Gedanken.

«Hömma», sagte ich.

«Hömma», sagte sie.

«Hömma», sagte jetzt auch Cousine Nummer zwei.

Und Cousine Nummer drei.

Und plötzlich sagten alle Hömma und sprangen mit Schmackes hinein in den Ton des Ruhrpotts, gingen den Heimatduden rauf und runter, badeten im Regionalstolz.

«Schlawannzuch.»

«Kuckse, wonnich?

«Mach mich nich rammdösich.»

«Döskopp.»

«Ömmes.»

«Moppettkette am Schmecken.»

«Ohm au'm Berch.»

Das Scheppern der Tante. Das Gelächter von allen. Wir feierten uns und meinen Vater und die westfälische Seligkeit und dass wir zum Lachen nie in den Keller gingen, und plötzlich waren die alten Zeiten wieder da. Mein Vater hatte uns nach ewigen Jahren wieder zusammengebracht. Sein letztes Geschenk. Unverhofft war etwas aufgetaucht, das bereits im Nebel der Vergangenheit verschwunden war. Und ich konnte nicht verstehen, dass ich damals einfach so davongaloppiert war, nichts mitgenommen, selbst die Erinnerungen zurückgelassen hatte. Raus aus dem Ruhrtal und hinein in diese wahnsinnig wichtige weite Welt. Ich spürte die Leerstelle in mir, die ich mit anderen Dingen vollgestopft hatte. Die mir darum nie aufgefallen war. Das Los der Zeit, dachte ich. Das Los meines Berufs. Für den ich flexibel sein musste, ungebunden. Der mir abverlangt hatte, nirgendwo sesshaft zu sein, immer umherzuziehen. Der mich ins Theater stürzen ließ. Mir vorgaukelte, dort eine Familie zu haben. An die ich mich krallte. An die ich glauben wollte.

Aber wer tut das nicht? Jeder will an das glauben, was er lebt. Wir alle verdrängen die Fragen, die wehtun, die uns zwingen würden, unser Leben zu ändern.

Zu später Stunde erzählte Cousine Nummer zwei vom Tod ihres Vaters.

«Wie lange ist das jetzt her?», fragte ich sie.

«Sechzehn Jahre.»

«Schonn?»

«Du, ich sach dir was. Ich bin jetz überhaupt nich esoterisch oder so, aber ... ich glaub nich, dass es mit dem Tod komplett vorbei is. Halt mich für verrückt, aber ich hab meinen Papa nomma gesehen. Nich nur einmal.»

«Ernsthaft?»

«Ich schwör's dir. Das erste Mal, weiß ich noch, da saß ich abends, war schonn dunkel, bei uns im Wohnzimmer auffe Couch. Und plötzlich, da wusst ich, ich wusste das einfach, dass mein Papa bei mir im Raum is. Dass er direkt vor mir steht.»

Ich bekam eine Gänsehaut.

«Hasse ihn gesehen?»

«Ja. Der stand da. Neben dem Schrank. Wie im wirklichen Leben. Nich, als hätt ich mir das nur eingebildet, nee, er war *wirklich da*. Und hat mich angelächelt. Nich, dasse denks, ich hatte getrunken oder so, nee, gaa nix, leg ich meine Hand für ins Feuer. Das hat mich irgendwie total beruhigt, wie er dastand, so zufrieden, hat mir total die Last genommen. Ich wusste plötzlich, es geht ihm gut. Klingt verrückt, is aber so. Und das is mir danach noch 'n paarmal passiert.»

«Kanni mir vorstellen», sagte meine Schwester. «Du, es gibt so viel, waswe no gaa nich wissen. Gaa nich *kapiern*.»

«Weisse noch, wann das war?», fragte ich meine Cousine. «Wie lange nach seinem Tod?»

«Kann ich dir genau sagen, weil, das war nämlich an sei'm Geburtstach, sei'm Fümmsippzichsten. Dreieinhalb Jahre nach sei'm Tod.»

Jetzt schwiegen alle.

Ungewöhnlich für diese Breitengrade.

«Ich hab ma irgendwo gehört», sagte mein Cousin in die Stille hinein, «also wenn man daran jetz glauben will … dasses ne Weile dauert, bis ei'm die Toten erscheinen. Das passiert wohl nich gleich, nachdemse gestorben sind, sondern das dauert 'n bissken.»

«Wie lange denn?»

«Na ja, so zwei, drei ... bis zu vier Jahre, hab ich gehört.»

«Dann muss ich mich wohl noch gedulden», sagte ich enttäuscht.

«Wie isses denn bei *deinem* Papa?», fragte ich ihn. «Isser dir schon erschienen?»

«Nee, bis jetz nich.»

«Mir auch nich», sagte Cousine Nummer drei, die Schwester des Cousins. «Dabei is das jetz schonn fünf Jahre her.»

«Der is zu schüchtern, sach ich doch!», sagte die Tante und brach wieder in Gelächter aus.

«Och Gott, och Gott», sagte meine Mutter. «Au schonn so lange her.»

«Tja.»

«Nä, nä», sagte meine Mutter, «is schonn scheiße alles, woll!?»

In diesem Augenblick wollte ich an Seelenwanderung glauben. Möge mein Vater mir nur ein Mal erscheinen, dachte ich. Nur ein Mal mit ihm reden, wenn ich ihn schon nicht mehr umarmen kann.

Nachdem alle aufgebrochen waren, Svenja ging mit ihrer Großmutter mit, erreichte ich gegen Mitternacht das Hotel. Ich betrat so leise wie möglich das Zimmer, doch ich hätte mich nicht bemühen müssen. Seit ich vor Stunden die drei verlassen hatte und zu *Albert* aufgebrochen war, hatte Franka vergeblich versucht, Theo in den Schlaf zu singen. Sie war fix und fertig, wurde zu allem Überfluss noch von einer Migräneattacke schlimmster Sorte heimgesucht. Der Kleine schrie und schrie, Franka war über die Toilettenschüssel gebeugt, kotzte sich die Seele aus dem Leib, und ich gab alles, um Theo müde zu wiegen. Erst gegen vier, als die Sonne zaghaft ihr frühes Licht über das Land warf, wirkten die Migränetabletten. Und auch Theo hatte es geschafft. Drei Stunden Schlaf. Dann zu meiner Mutter. Mehr tot als lebendig. Svenja aufgabeln und ab zum Bahnhof.

Im Zug fiel mein Blick auf das Kaiser-Wilhelm-Denkmal oben auf der Hohensyburg. Mir kam in den Sinn, wie mein Vater mit seinen Brüdern vor Urzeiten zum Denkmal geschlichen war. Mit Räuberleiter hatten sie sich bis zu den Riesenklöten des Hengstes hochgearbeitet, auf dem der Kaiser ritt. Dann polierten sie eines der mächtigen Eier des Bronzepferdes so lange (wohlgemerkt, nur eines!), bis es bei Sonne glänzte und glitzerte wie ein Edelstein. Angeblich funkelte es danach noch lange weit ins Land hinein und hinunter zur gestauten Ruhr, zum Hengstey-See, dessen Name, so mein Vater, erst durch die brüderliche Polieraktion einen Sinn bekommen hatte. Als wir jetzt vorbeifuhren, bildete ich mir ein, dort oben über dem Hengstey-See würde das Hengstei noch immer leuchten. Ein letzter Gruß meines Vaters.

Ich hasste es fortzufahren. Wieder hetzen zu müssen. Ich sah ihn vor mir: mittlerweile im Krematorium angekommen und zu Asche geworden, bereit für die Urnenbeisetzung in einer Woche. Ich war am Ende. Hätte am liebsten nur geheult.

«Vielleicht wollte er gar nicht, dass du dabei bist», sagte Franka unvermittelt. «Vielleicht wäre es ihm zu viel gewesen.»

Ich schaute sie an.

«Er wusste, dass du kommen wolltest. Du hast es ihm am Telefon gesagt. Und er hat dich verstanden, ganz bestimmt.

Aber ich glaube nicht, dass er seinen Sohn dabeihaben wollte. Deine Mutter war bei ihm. Mehr wollte er nicht. Mach dir nicht so einen Kopf.»

Als hätte Franka meine Gedanken gelesen. Ihre Worte hatten etwas Magisches, unter Millionen möglichen waren es genau die richtigen gewesen.

Gleich nach unserer Ankunft in Berlin musste ich wieder los. Weiter zu Dreharbeiten. Erneut in eine fremde Stadt. An der die Hitze klebte wie Teer.

Nachts im Hotelbett unterm Dach, in dem es selbst nackt und ohne Decke nicht auszuhalten war, träumte ich von meinem Vater. Er saß am Steuer eines Wagens, drehte sich zu mir um und lächelte mich an. «Wie schön, dass du wieder da bist, Papa», sagte ich zu ihm. Dann wachte ich auf und musste weinen, fand nicht mehr in den Schlaf zurück.

Das Fenster sperrangelweit auf. Das Lüftchen von draußen nichts als heißer Atem. Das Gebläse eines Triebwerks. Ganz Europa im Schwitzkasten. Im Griff der Glut.

Ich lag da. Schweißgebadet. Und irgendwo im Hotel hatte ein Paar Sex. Erst leise, dann so, dass man es nicht mehr ausblenden konnte. Die Frau wurde laut, wurde immer lauter, stöhnte und schrie ihre Lust in die Nacht hinaus, fand kein Ende, hörte einfach nicht auf, selbstvergessen, alles vergessend, der Innenhof des Hotels war erfüllt davon. Ein Echo der Lust. Schall und Hall der Geilheit. Ich konnte es kaum ertragen.

Mich überkam eine solche Sehnsucht, dass es mir die Luft abschnürte. Ich hatte das Gefühl, ich sei in die tiefste Finsternis des Alls geworfen. Dorthin, wo nichts mehr war.

An den Rand des Kosmos. Und die Erde, mit allem, was ich kannte, allem, was mir vertraut war, unendlich weit weg.

Als Stunden später der Wecker klingelte, war es mir, als müsste ich aus einem Felsen herausgeschlagen werden. Ich war wie von erkalteter Lava umschlossen, und ganz davon ausgefüllt.

Ich wusste nicht, ob ich überhaupt geschlafen hatte. Ob ich nicht vielleicht schon tot war.

SIEBEN

«SIEHST *DU* DA EINE BIOGRAPHIE, ULI?»

Zwei Tage vor dem großen Tag kamen wir an. Wie damals noch üblich, war es eisig in Berlin, ein ordentlicher Winter, wie es sich gehört. Aber vielleicht verkläre ich auch die Vergangenheit, und es regnete nur, bei geschätzten vier Grad plus. Egal, das alles interessierte uns nicht, denn in uns brannte die Glut.

Am Abend darauf wurde sie noch angefacht, als wir Karten für *Hedda Gabler* ergatterten. An der Schaubühne. Regie: Andrea Breth. Nun sollten wir den erfahrenen Kollegen dabei zusehen dürfen, wie sie höchste Schauspielkunst darboten, inszeniert und abgesegnet von der Meisterin persönlich. Die Darsteller bei ihrem Spiel zu beobachten, sie auf offener Bühne zu sezieren, wie sie mit ihren Figuren, dem Text, dem Raum, den Partnern umgingen, war die ideale Vorbereitung für unsere Darbietung bei der Breth. Wir würden noch einmal erleben können, was die Chefin als gutes Theater ansah.

Das Licht im Zuschauerraum ging aus. Das Gemurmel im Publikum ebbte ab. Die Vorfreude wuchs. Als es auf der

Bühne hell wurde, trauten wir unseren Augen nicht. Dort standen dieselben Sessel, die einige Wochen zuvor im Proberaum der Achilles-Straße gestanden hatten, wir hatten sie während unseres glorreichen Vorsprechens immer wieder benutzt. Aber konnte das sein? Waren das wirklich *dieselben* Sessel? Wahrscheinlich waren unsere Sessel damals nur die Probesessel für *Hedda Gabler* gewesen. Die Premiere hatte nur wenige Tage nach unserem Vorsprechen stattgefunden, da wird doch das originale Bühnenbild mit den originalen Sesseln schon längst im Theatersaal gestanden haben. So perfektionistisch, wie es an der Schaubühne zuging, wird sich die Breth kurz vor der Premiere kaum mit Probesesseln zufriedengegeben haben. Wie auch immer, jene zumindest optisch gleichen Sessel auf der Bühne zu sehen, auf denen wir uns vor Angst und Freude fast in die Hose gemacht hatten, war elektrisierend und ein weiteres Indiz dafür, dass es der Theatergott gut mit uns meinte. Dass er es doch nicht so gut meinte, zumindest nicht mit mir, wurde mir klar, als ich begriff, wer neben den Sesseln auf der Bühne stand:

Ulrich Matthes.

Das durfte doch nicht wahr sein, *er* schon wieder! Ulrich Matthes war mein Vorbild, ich ein Bewunderer seiner Kunst, seitdem ich mehrfach von Stuttgart nach München gereist war, um ihn dort zu sehen, doch ich musste komplett verdrängt oder übersehen haben, dass mein Doppelgänger heute mitspielte, mehr noch, dass er mittlerweile Ensemblemitglied der Berliner Schaubühne geworden war – wie um alles in der Welt hatte mir dies durch die Lappen gehen können? Schlagartig rutschte meine Stimmung in den Keller. Hatte sein festes Engagement an den Münchner Kammerspielen damals meine Chancen geschmälert, an der Falckenberg zu studieren? Dann würde es mir diesmal wohl auch den langersehnten Vertrag mit der Schaubühne verhageln. Zwei von der Sorte am Lehniner Platz wären einer zu viel. Warum sollte die Breth mich engagieren, wenn sie denselben Typ schon im Ensemble hatte? Der Abend war für mich gelaufen, daran konnte auch die exzellente Leistung aller Beteiligten da oben nichts mehr ändern.

Am nächsten Morgen hatte ich mich wieder im Griff. Meine Gedanken waren natürlich lächerlich. Kollege Matthes und ich waren meilenweit voneinander entfernt, zudem war ich ein paar Jahre jünger, wir würden uns niemals in die Quere kommen. Die Breth könnte ohne Probleme uns beide in ihrer Truppe vertragen. Also ab an den Kudamm und auf in die große und letzte und alles entscheidende Schlacht!

Auf der Fahrt dorthin betrachtete ich das Gewusel der Metropole. Berlin war dabei, wieder Weltstadt zu werden. Und ich würde bald hier leben und arbeiten. Alles aus nächster Nähe miterleben können. Wahnsinn.

Unser Vorsprechen war für dreizehn Uhr geplant, und mittlerweile war es schon halb drei. Doch was spielte das für eine Rolle, wenn danach ein Moment für die Ewigkeit folgte?

Endlich wurden wir aufgerufen. Einer abgemagerten, leichenblassen Assistentin folgten wir zu dem uns vertrauten Proberaum. Mein Puls war erhöht, aber im Rahmen. Die Aufregung umhüllt von gelassener Ruhe. Die beste Voraussetzung für das gesteckte Ziel: die volle Punktzahl in Pflicht und Kür.

Beim Eintritt in den Proberaum eine Flut blendenden Lichts. Keine Chance, irgendetwas zu erkennen.

«Da seid ihr ja wieder!», miesepeterte es uns entgegen.

Der Ton der Breth: *beängstigend.*

Das war nicht die Andrea, die wir kannten. Es würde heute kein Durchmarsch werden, das schien sicher.

Ein Blick von Hüseyin, der alles sagte: *Nicht aus der Fassung bringen lassen. Ruhig bleiben. Vielleicht ist alles nur ein Test.*

Als wir ein paar Schritte weiter in den Raum gingen, aus dem Lichtstrahl heraus, konnten wir sie sehen. In der vierten Reihe saß sie und sah genauso aus, wie ihre Begrüßung geklungen hatte: *beängstigend.*

Das kann ja heiter werden, dachte ich.

Und dann sah ich *ihn*. Ein paar Plätze weiter. Rechts von ihr.

Ulrich Matthes.

Als Protagonist des Hauses war er wohl von der Breth gebeten worden, mögliche Kollegen zu begutachten. Nichts in seinem Blick deutete darauf hin, dass sich ihm die Münchener Ähnlichkeitsdebatte genauso ins Gedächtnis gebrannt hatte wie mir.

Hüseyin versuchte, das Eis zu brechen:

«Frau Breth! Wir sollen Ihnen übrigens einen ganz, ganz dicken Gruß von Rolf Boysen ausrichten!»

Jetzt würde sie nachhaken, da war ich mir sicher. Unsere von langer Hand geplante Strategie würde endlich zünden. Nun würde sie hören, welch weiten und heldenhaften Weg wir gegangen waren.

«Aha. Habt ihr den mitgebracht?»

Ihr Ton staubtrocken.

Ihr Blick wie eine Betäubungsspritze.

Wir standen da wie gelähmt.

«Und was wollt ihr vorspielen?»

Also gut, dachte ich, sie redet nicht lange um den heißen Brei herum, sie wird wenig Zeit haben, viel zu tun, mit dem linken Fuß aufgestanden sein, was auch immer, aber wir bleiben ruhig und professionell, *wir sind die Besten*!

«Richard, der Drucker», sagte Hüseyin. «Aus der *Trilogie des Wiedersehens* von Botho –»

«Ich weiß, von wem das ist», grätschte sie rein. «Na, dann los!»

Na, dann los.

Der große Moment.

Endlich.

Die Mettbrötchen-Szene.

Hüseyin und ich erläuterten kurz die Situation, griffen uns einen Tisch und trugen ihn nach hinten.

«Für das Büfett», erklärte ich.

«Mmh», dröhnte es.

Aus der Unterwelt.

Dem Hades.

Von so tief unten, dass wir den Tisch so schnell wie möglich an die erforderliche Position trugen. Keine falsche Gelassenheit zelebrieren, dann würde sie nur noch ungehaltener. Den Tisch sicher und präzise an die Wand stellen, sich kurz sammeln, und dann los. Bloß keinen Fehler machen, dachte ich, als ein Tischbein abbrach.

«Oh.»

«Das ist jetzt aber …»

Totenstille.

Die *Horváthsche.*

Dem Gesicht der Breth war nicht zu entnehmen, wie

sie unsere Tollpatschigkeit fand; auch unsere verzweifelte Suche nach der Ursache des Schlamassels betrachtete sie ohne Preisgabe ihres Innenlebens; ebenso unsere sichtbare Erleichterung über die nach hastiger Untersuchung als Übeltäter dingfest gemachte Schraube. Sie in der Eile wieder festzuziehen, schien aufwendig und unmöglich, zumal aus Reihe vier Ungeduld zu uns hinüberknurrte und den Verzicht auf den Tisch nahelegte.

Na gut. Dann halt mit radikalem Minimalismus.

«Wir spielen das ohne Tisch», sagte ich.

«Nicht so schlimm», sagte Hüseyin.

Keine Regung in Reihe vier. Es war mucksmäuschenstill.

Noch einmal sah ich den ganzen Weg vor mir, den wir in den vergangenen Wochen zurückgelegt hatten, unseren ersten Auftritt am Lehniner Platz, die Rückkehr nach Stuttgart, die endlosen Proben, das aufgetriebene Videoband und das nicht minder endlose Studieren desselben, unsere Fahrt nach München und die Begegnung mit Thomas Holtzmann, schließlich das Telefonat mit Rolf Boysen. Noch ganz erfüllt von seinem Rat, nur das zu tun, was man verantworten könne, hatte ich versucht, Henry im Laufe der darauffolgenden Proben davon zu überzeugen, die Mettbrötchenszene unaufwendiger zu gestalten. Doch er hatte sich nicht überzeugen lassen, trotz der Aussage des berühmten Theatermimen. Henry sah viel Interpretationsmöglichkeit in Boysens Ratschlag und wollte an seiner Version des sinnlichen Mettbrötchenessens festhalten. Immer wieder schwärmte er von der Probe, in der ich diesen Moment so ganz und gar durchlässig gespielt hätte (er meinte den Brigitte-Bardot-Moment, was ich aber für mich behielt), und warb mit Feuer und Flamme für seine Interpretation.

Es rührte mich, wie leidenschaftlich er dafür kämpfte, er schien wirklich begeistert zu sein und nur das Allerbeste für mich zu wollen. Es wäre mir wie Verrat vorgekommen, ihn zu enttäuschen, zumal er mich in manchen Momenten auch überzeugen konnte. Doch die Überzeugung hielt nicht lange, erneut kamen mir Zweifel, und ich bevorzugte wieder meine intuitive beziehungsweise die Boysensche Version, doch letztlich war ich bereit für *beide* Wege; ich wollte es mir offenhalten, wollte mich erst im letzten Moment für eine Variante entscheiden. Beim Betreten des Proberaums hatte ich soeben noch an meine gedacht, an die unterspielte, nun aber, nachdem die Breth wie ausgewechselt war, zweifelte ich an allem. Ich hätte nie erwartet, dass uns hier und heute ein gefühlt anderer Mensch gegenübersitzen würde; alles war heute anders als vor fünf Wochen; unsere Intuition, unser Gefühl, alles hatte getrogen – warum also sollte ich meiner Intuition in Sachen Mettbrötchen trauen? Dann lieber auf die Erfahrung eines Rollenlehrers bauen, auf die Leidenschaft eines Mentors, der sich für uns das wünschte, was er selbst gern gehabt hätte: ein Engagement an einem Haus wie der Schaubühne. Plötzlich war alles klar. In diesem Moment wusste ich, wie ich mein Mettbrötchen zu essen hatte.

Das Spiel konnte beginnen.

Ich ließ meinen Blick über das Büfett wandern. Meine Finger tippten auf der Luftschreibmaschine. Ich schloss die Augen und inhalierte die erotischen Duftstoffe von Mett- und Käseigeln, Nudel- und Fleischsalat. Dann griff ich zu.

Brigitte Bardot lag auf der Semmel.

Unwiderstehlich.

Und ich ließ sie zappeln.

Richard, der Drucker, hatte mich entdeckt, kam auf mich zu und setzte an:

«Oh, darf ich Ihnen jetzt erzählen …»

Ich verharrte, blickte auf, und Brigitte Bardot bekam eine Gnadenfrist.

«… wie es in dem Roman zuging, den ich heute Nacht gelesen habe?»

Weiter kamen wir nicht.

«Stopp! *STOOOPP!*»

Der Ruf der Breth wie ein Fallbeil.

«Da stimmt ja gar nichts!», bellte sie entnervt. «Während der Kollege dahinten» – sie meinte mich – «*Theater spielt*, stimmt hier vorne kein Ton. Keine Haltung. Nichts. Gar nichts.»

Stille.

Horváthsche Totenstille, schon wieder.

«Habt ihr noch was anderes?»

Abgesehen von meinem Bedürfnis, Henry erwürgen zu wollen, verblüffte mich die Frage. *Natürlich* hatten wir noch was anderes, deshalb waren wir doch hier! Sie hatte uns doch höchstpersönlich die *Clavigo*-Hausaufgabe mit auf den Weg gegeben! Konnte es sein, dass sie das vergessen hatte?

«Na ja», sagte ich. «Wir haben noch den *Clavigo*.»

So wie abgemacht, hätte ich gern hinzugefügt.

«Na, dann macht mal.»

Ihr Unwillen erfüllte bleiern und schwer den Raum.

Und wir machten. Und kamen nicht weit.

«Stopp! *STOOOPP*! Da stimmt wieder kein Wort! Gar nichts! Schon der Ansatz nicht! Und ich sehe auch überhaupt keine Biographie!»

Biographie?

Wir haben kaum zwei Sätze sagen können, wie sollte man da eine Biographie sehen?

Pfuuuh.

Jetzt wandte sie sich an Ulrich Matthes:

«Und du, Uli? Siehst *du* da eine Biographie?»

«Nein, Andrea», sagte Uli. «Ich sehe da auch keine Biographie.»

«Habt ihr denn noch andere Vorsprechen?», fragte sie.

«Ähm», sagte ich. «Ich könnte nach Meiningen gehen.»

«Ja, ist doch gut. Mach das doch.»

Stille.

Ich hoffte, es würde noch was kommen.

Aber nix da.

«Na dann ... Wiedersehen», sagten wir.

«Tschüss», sagte Andrea.

An jenem Abend saßen wir mit unserem Gastgeber zusammen, einem Schauspieler, bei dem wir übernachten durften. Er hatte an der Schaubühne gespielt und berichtete uns von seinen Erfahrungen, die er bislang verschwiegen hatte, wahrscheinlich, um uns nichts zu nehmen von unserem Schwung und Enthusiasmus, unserer Naivität. Man habe ihn wie eine heiße Kartoffel fallen lassen, erzählte er. Für Anfänger wehe an der Schaubühne ein rauer und eisiger Wind. Wir sollten heilfroh sein, dass es nicht geklappt hatte.

Wahrscheinlich hatte er recht. Ich konnte nicht sagen, dass ich traurig war. Das Schicksal hatte Meiningen für mich vorgesehen.

«Mach das doch», hatte die Breth gesagt.

Dann mach ich das halt, dachte ich.

Einige Tage später fuhr ich nach Meiningen, um meinen Vertrag zu unterschreiben. Dieselbe Strecke wie zum Vorsprechen wenige Wochen zuvor. Dem Intendanten in Wuppertal hatte ich abgesagt; die Vorstellung, die nächsten vier Jahre unweit meiner Eltern zu leben und aus falscher Gewohnheit womöglich jedes Wochenende bei ihnen abzuhängen, vertrug sich nur schwer mit dem Wunsch nach Autonomie und Aufbruch in ein eigenes Leben. Und wieder fand ich die Fahrt nach Meiningen ungeheuer aufregend, noch immer führte sie in eine andere Welt, mit jedem Kilometer, dem ich mich der ehemaligen Grenze näherte, stieg mein Puls. Viele empfanden es als deprimierend und trostlos, sich in ein Land zu begeben, das nicht auf Hochglanz poliert war, sondern die Narben der Geschichte offen trug, doch ich sog alles in mich auf. Hinter jeder Ecke ein Abenteuer. Unentdecktes Land. Verschlossene Kammern, deren Türen, einen Spalt geöffnet, einen kurzen Blick ermöglichten. Verhüllte Schönheiten. Nur im Vorbeifahren erhascht. Und an der folgenden Ecke bereits die nächste. Keine Autobahnen mehr. Nur Landstraßen. Alleebäume. Alte Gehöfte. Windschiefe Mauern. Verborgene Winkel. Bauten, die ihre Geheimnisse hüteten, sich nie ganz preisgaben. Rote Ziegeldächer mit moosgrünen Schattierungen. Hügel, Felder, Wälder. Die Vorlage für ein liebevoll gezeichnetes Kinderbuch, in das man abtauchen will, das einem schon als Kind eine Fluchtmöglichkeit bietet und dem Erwachsenen die Leerstelle aufzeigt, die er in der Realität eines unsinnlichen Außens spürt. Ein verlorener Ort der Sehnsucht, hier lag er plötzlich vor mir, an diesem Teil unseres Landes schien die geballte Wut desinfizierender Sanierungswellen vorübergegangen zu sein. Schon vor der alten Grenze war es zu sehen gewesen. Immer dünner besiedelte Landstriche. Das ehemalige Zonenrandgebiet. Außenposten des alten Westens. Vergessen und verlassen. Interessant allein für Biologen, begeistert von der Artenvielfalt im Schatten des Todesstreifens. Je näher ich dem Ganzen kam, desto mehr schien Altes noch benutzt zu werden. Die wie Metastasen wuchernden Baumärkte hatten ihre Plastikfenster und Billigtüren noch nicht über diesen Teil des Landes ausgespuckt.

Endlich der letzte kleine Vorposten. Dann langsam die Anhöhe hinauf. Und oben auf der Kuppe die Grenzanlagen. Verwaist. Menschenleer. Danach wieder abwärts ins Tal, hinunter nach Thüringen. Das war er also, der Osten. Seit vier Jahren schon konnte man ungehindert hin und her, und doch, es war noch lange keine Selbstverständlichkeit. Ein Wunder. Noch immer.

Meiningen hatte ein Theater mit beeindruckender Geschichte, das eigentlich viel zu groß war für die überschaubare ehemalige Residenzstadt. Ein kunstsinniger Herzog, von der Liebe zum Theater durchdrungen, Freund der Frauen und der Sozialdemokratie und wegen Letzterem kein Freund des Kaisers, hatte es für sinnvoll erachtet, Geld für einen Tempel der Schauspiel- und Musikkunst auszugeben. Durch den Bau der Mauer viele Jahrzehnte später war Meiningen gefährlich nah an den antifaschistischen Schutzwall herangerückt. Jeder Fremde, der die Stadt und ihr Theater von nun an besuchen wollte, wurde misstrauisch beäugt, denn durch die Nähe zur innerdeutschen Grenze schien Meiningen bei Republikflüchtlingen heiß begehrt. Das große Meininger Theater jeden Abend allein mithilfe der Bürger der Stadt und der umliegenden Dörfer zu füllen, war in jener Zeit des Eiskalten Krieges nicht leicht. Doch als die Mauer fiel, erhielt der Bühnentempel des alten Theaterherzogs mit einem Schlag sein Hinterland zurück. Die kilometerlange Trabbikarawane auf ihrem Weg in den Westen staute sich damals bis zum sechssäuligen Portikus des neoklassizistischen Theaterbaus, während die übergroße Fahne am Mast davor das aktuelle Theaterstück bewarb: *Der nackte Wahnsinn.* In jenen Tagen interessierte sich niemand für den nackten Wahnsinn im altehrwürdigen Haus, jeder war draußen, um ihn dort zu erleben. Als der Wahnsinn etwas abgeebbt war, sprach sich langsam herum, welches Kleinod der dramatischen Kunst da wieder zum Vorschein gekommen war, und so rollten seither Busscharen von Neugierigen aus Westdeutschland heran und füllten das Haus wieder mit Leben. Der Intendant der Stunde schaffte es durch kluge Spielplanpolitik, Menschen von weit her anzulocken und den Strom der Theatergänger nicht versiegen zu lassen. Die Hütte war voll. Jeden Abend. Und allein im Großen Haus warteten über siebenhundert Plätze darauf, besetzt zu werden.

Das alles war mir unbekannt gewesen, selbst von der Stadt hatte ich nie zuvor etwas gehört, doch bei unserer Abschlussprüfung an der Schauspielschule hatte man mich auf Meiningen aufmerksam gemacht. Die Prüfer, hochbedeutende Vertreter der Zentralen Bühnen-, Fernseh- und Filmvermittlung, waren angetreten, um darüber zu urteilen, ob wir das Schauspieldiplom verdienten oder nicht. Ich hatte Glück, ihrer Ansicht nach verdiente ich es und wurde im selben Atemzug darauf hingewiesen, dass in Meiningen ein junger Schauspieler gesucht werde.

«Meiningen?»

«Liegt in Thüringen. Interessantes Theater. Ist durchaus sinnvoll, sich da mal zu bewerben.»

Na, wenn das so ist, dachte ich mir, dann nichts wie hin. In den alten Osten. Interessierte mich ja eh.

Und nun war ich wieder da, zum zweiten Mal. Und staunte erneut über die klare Trennung von Stadt und Land. Keine in die Landschaft ausufernden Neubausiedlungen – das Plattenbaugebiet im Norden Meiningens lag nicht auf meinem Weg, ich kannte es noch nicht –, kaum Gewerbegebiete – natürlich nicht, ich war ja auf ehemaligem sozialistischen Terrain –, kaum etwas, was das Auge beleidigen, die schöne Landschaft massakrieren konnte. Die wenigen Jahre seit dem Mauerfall hatten noch nicht ausgereicht, um diesen Winkel Deutschlands dem Westen der Nation anzugleichen. Die historische Bausubstanz üppiger als in fast jedem vergleichbaren Ort bei uns. Vieles, um das man Angst haben musste, bei dem man befürchtete, es würde den nächsten Sturm nicht überstehen, aber immerhin, es war noch da, noch bestand die Hoffnung, das Meiste retten zu können. Der Wille, es zu retten, war nach Jahren des Verfalls und den Herausforderungen einer Mangelwirtschaft definitiv gegeben. Ganz anders als in vielen Teilen des erneuerungshungrigen Westens, wo man schon den Abriss eines alten Hauses befürchten muss, nur weil der Putz bröckelt.

Jetzt lag das Theater vor mir. Ein Bau, wie man ihn in München oder einer ähnlich großen Stadt erwarten würde. An der Prachtmeile Meiningens, auch sie eine Nummer zu groß. Zumindest für das hübsche, aber überschaubare Anhängsel namens Altstadt.

So aufregend ich den Osten fand, so frustrierend war mein erstes Jahr am Haus. Ich bekam nichts Ordentliches zu spielen, wurde abgefrühstückt mit Statistenrollen. Eine meiner ersten war ein Krankenpfleger in *Einer flog über das Kuckucksnest*. Ich kann mich nicht erinnern, was ich in diesem Stück sagen musste, aber ich weiß, ich hatte einen Satz, vielleicht sogar zwei, auch wenn ich den überwiegenden Teil des Abends hinter einer dicken Glasscheibe saß und nichts zu tun hatte, außer die psychisch Kranken zu beobachten. Aber das war mir egal. Ich warf mich in die Rolle wie ein Besessener, wie ein Ausgehungerter, der nach einer Irrfahrt durch die Wüste das Schlaraffenland betritt. Ich hatte noch die Breth im Ohr, wie sie unser Vorspiel unterbrochen hatte, wie sie nach wenigen Augenblicken entnervt in den Raum gerufen hatte: «Stopp! *STOOOPP*! Da stimmt wieder kein Wort! Gar nichts! Schon der Ansatz nicht! Und ich sehe auch überhaupt keine Biographie!» – *keine Biographie!* –, und wie sie dann den Uli gefragt hatte: «Und du, Uli? Siehst *du* da eine Biographie?», und wie der Uli daraufhin gesagt hatte: «Nein, Andrea. Ich sehe da auch keine Biographie» – *keine Biographie!* –, und wie mir in diesem Moment mein Schauspielschuldirektor in den Sinn gekommen war, der mir nach einem halben Jahr Schauspielschule mit ernstem Blick hinter der dicken Hornbrille den Rat gegeben hatte, meinen Berufswunsch noch einmal zu überdenken, und mir gesagt hatte: «Du bist immer so äußerlich. Du musst mehr nach innen gehen. Nach *innen*!», und wie ich dann gedacht hatte, leckt mich doch alle am Arsch – *keine Biographie, mehr nach innen!* –, euch werde ich es zeigen.

Also bereitete ich mich vor wie ein Wahnsinniger. Meine erste Rolle an einem echten Theater, das Fundament meiner

Karriere, ich durfte mich nicht schonen. Ich überlegte mir eine Biographie für meine Figur, die es in sich hatte, einen einsamen, sexuell frustrierten Krankenpfleger, der einfach kein Glück hatte bei den Frauen, der all seinen Frust an den Kranken ausließ, der in seiner Einsamkeit und Verlorenheit, geplagt von den Gespenstern seiner unerfüllten Träume, hinter dem gepanzerten Glas seiner Überwachungszelle die Irren beobachtete und sich ausdachte, wie er sie am besten quälen und kleinmachen konnte, bis sich urplötzlich sein guter, in der hintersten Ecke seines Inneren versteckter Kern wieder regte und ihn daran erinnerte, dass er diesen Beruf gewählt hatte, um den Menschen zu helfen. Das alles wollte ich spielen, in meiner Zelle, hinter dickem Glas, mit *einem Satz Text* – oder zwei Sätzen, egal –, wollte die Ambivalenz eines Menschen darstellen, der einst Gutes angestrebt hatte, dem es aber leichter fiel, von sich und seinen Problemen abzulenken, indem er andere peinigte. All das wollte ich erreichen, denn ich wollte eine Biographie, wie sie die Breth an der Schaubühne vermisst hatte, wollte die verdammte Biographie, die selbst Andrea von ihrem Sitz in der Herzogsloge fegen würde, wären zehn Pferde dazu in der Lage, sie nach Meiningen zu zerren, *diese* Biographie wollte ich! Und um sie zu erreichen, war ich zwei Stunden vor jeder Vorstellung im Theater, war trotz dieser Minirolle früher im Haus als alle anderen und ölte und trainierte meine Stimme, machte auf der Bühne Sprachübungen wie ein Verrückter, übte meinen Satz, kaute jeden Konsonanten, ließ jeden Vokal strömen, als lägen die Monologe der Weltliteratur vor mir, versenkte mich tief in die Rolle, tauchte hinab bis zum Grund dieses Menschen, der tiefer lag als der Marianengraben.

Keine Biographie – lächerlich!

Dann war es endlich so weit. Die Hütte war voll, war ausverkauft wie immer, über siebenhundert zahlende Theaterwillige saßen in der Premiere und wollten uns sehen. Wollten *mich* sehen. Und sahen mich auch. Wie ich hinter meiner Scheibe saß. Und für den einen Satz nach vorne kam. Um dann wieder hinter Glas zu verschwinden. All das mit der Biographie meiner Figur. Dieser *Wahnsinnsbiographie*!

Als der Schlussapplaus verebbt war, wir uns umgezogen und im prächtigen Foyer des Hauses zur Premierenfeier versammelt hatten, kam Marlene auf mich zu. Wie schön sie war. Und wie schön, dass sie da war! Wir küssten uns, sie lächelte mich an, und alles hätte perfekt sein können, hätte nicht dieser Schleier auf ihrem Lächeln gelegen. Irgendetwas stimmte nicht.

«Alles klar mit dir?», fragte ich sie.

«Ja.»

«Wirklich?»

«Was soll denn sein?»

«Fandst du den Abend so schlecht?», fragte ich und wollte eigentlich wissen, ob sie *mich* so schlecht fand.

Sie schien nach einer Antwort zu suchen, da grätschte eine penetrante Stimme in ihr Zögern:

«Wenn Sie mir gesagt hätten, dass Sie einen Freund haben, dann hätte ich mir doch gleich das Träumen verboten!»

Ein Typ stand vor uns, grinste breit, und es schien ihm nicht bewusst, dass sein Auftritt übler war als selbst der schlechteste vorhin auf der Bühne.

«Ich gratuliere Ihnen zu dieser wunderschönen Frau!», sagte er zu mir.

Ich wollte ihm da gar nicht widersprechen, allerdings

nervte der Kerl. Wer war dieser alte Kasper? Er sollte jetzt einfach mal Leine ziehen.

Marlene war genauso überfordert und sah so aus, als wollte sie mir irgendwas erklären. Aber das brauchte sie gar nicht, der Typ war etwa eins fünfzig, hatte eine Glatze und ging stramm auf die sechzig zu. Kein Grund zur Sorge also.

«Ich habe im Zuschauerraum neben Ihrer Frau sitzen dürfen», kam Glatze ihr zuvor.

Ich wollte gerade irgendeinen schlauen Kommentar abgeben, doch Glatze war wieder schneller.

«Arbeiten Sie hier am Theater?»

Ich starrte ihn an und hatte den Eindruck, Mike Tyson hätte mir ins Gesicht geschlagen.

«Ich?»

«Ja», sagte er und lächelte breit. «Sie.»

Er hatte wohl nur Augen für Marlene gehabt, redete ich mir ein. Hatte ständig zur Seite geschielt, statt meine Biographie zu bewundern, meine *Wahnsinnsbiographie.*

«Ich hab, ähm … heute Abend mitgespielt», sagte ich.

Glatze stand da. Sein Grinsen gefror. In seinem Hirnkasten schien es zu rattern, doch mir wurde nicht klar, zu welchem Schluss er kam.

«Toller Abend! *Gaaanz* toll!», sagte er. Und wirkte kurz wie tot. Keine Regung mehr. Als hätte jemand den Stecker gezogen. Und gleich wieder reingesteckt.

«Na dann», sagte Glatze. «Einen schönen Abend noch!»

Und schon dampfte er ab, und seine Einsfünfzig gingen im Gewusel des Foyers sofort unter.

«Was war denn mit dem los?»

«Kommt aus Bayern», sagte Marlene. «Guckt sich hier jede Premiere an, hat er mir erzählt.»

«Heute hat er wohl eher dich angeguckt», grinste ich schief.

Sie blieb ernst, wich meinem Blick aus, und plötzlich flog mich die Panik an.

«Sag mal, muss ich irgendwas wissen?»

«Wieso?»

«Du bist so komisch heute.»

Sie atmete tief ein, als nähme sie all ihren Mut zusammen.

«Ich muss dir was sagen …»

In mir stieg Hitze auf.

«Ich, ähm … hab dich gar nicht gesehen.»

Sofort schossen mir alle möglichen Horrorszenarien durch den Kopf: Sie war gar nicht in der Vorstellung gewesen, weil sie den Zug verpasst hatte, oder schlimmer noch, während ich auf der Bühne gestanden und die Biographie meines Lebens gespielt hatte, das Fundament meiner künstlerischen Zukunft, war sie irgendwo mit diesem –

Jetzt beruhige dich mal, du bist ja völlig durchgeknallt!

«Na ja», sagte sie, «also zumindest da, wo ich saß, konnte ich dich nicht sehen.»

«Wieso konntest du mich nicht sehen? Du hattest den besten Platz. Sechste Reihe Mitte.»

«Das Glas hat so gespiegelt.»

«Was?»

«Das Glas. Hat so extrem gespiegelt, dass man nichts von dir gesehen hat. Gar nichts. Wenn du mir nicht gesagt hättest, dass du dahinter sitzt, ich hätte gar nicht gewusst, dass du überhaupt mitspielst.»

Die Bedeutung ihrer Worte tröpfelte in mein Bewusstsein wie klebriger Honig.

«Das tut mir so leid», sagte sie und nahm meine Hand. «Ich verstehe gar nicht, wie die das überhaupt so konstruieren konnten. So bescheuert. – – Vielleicht war die Sicht auf den anderen Plätzen ja besser.»

«Hm», machte ich.

«Bestimmt», sagte sie.

«Bestimmt», sagte ich.

Und dann sagte ich:

«Aber ich bin ja auch mal nach vorne gekommen.»

«Ich weiß.»

«Ganz kurz.»

«Ich weiß.»

«Für meinen Satz.»

«Jaja», sagte sie, «das war toll.»

Spitzenleistung dieses Hauses, hätte mein Vater hinzugefügt.

Man hatte mich nicht gesehen. *Mich nicht gesehen!* Alles, was ich mir ausgedacht hatte, war unsichtbar geblieben, weil das Glas spiegelte. Aber wahrscheinlich hätte sowieso niemand mein geniales Spiel erkannt, ich hatte es nämlich derart realistisch angelegt, so minimalistisch und klein, hatte jede übergroße Theatergeste vermieden, dass selbst in der ersten Reihe niemand begriffen hätte, was ich da eigentlich spielte, auch *ohne* Glas.

Doch ich hatte mir nichts vorzuwerfen. Andrea und Uli wären begeistert gewesen, da war ich mir sicher, denn was ich hinter dieser Scheibe gespielt und gespürt, was ich dort gelebt und erlebt hatte, war nichts weniger als eine – *Biographie.*

Und dennoch, meine Spiellust blieb unbefriedigt, und so suchte ich Befriedigung, wo ich es nicht durfte. Eines Abends, ich hatte gerade Probenpause, saß ich in der Kantine, als meine Kollegen hereinplatzten, aufgedreht, glücklich, über die Maßen laut, wie Schauspieler halt so sind, in deren Adern der Drang nach Aufmerksamkeit pulsiert. Sie kamen von der Bühne, hatten Vorstellung mit einem erfolgreichen Liederabend, und jetzt war Pause. Mein Freund Matthias sah mich frustriert dasitzen, lustlos in meiner Kantinensoljanka herumrühren, also kam er auf mich zu. Grinste breit.

«Mach doch mit», sagte er.

Ein Fragezeichen auf meiner Stirn.

«Na, bei uns.»

«Wie – bei euch?»

«Komm doch nach der Pause einfach mit auf die Bühne.»

«Ich kann doch nicht einfach mit auf die Bühne.»

«Klar kannst du. Fällt doch gar keinem auf, wenn du da mit auf der Bühne hockst. Ist ja nicht *Hamlet* oder *Antigone*.»

«Meinst du?»

«Logisch.»

Mittlerweile waren auch die anderen Kollegen aufmerksam geworden.

«Was ist? Wer hockt auf der Bühne?»

«Matthias schlägt vor, ich soll bei euch mitmachen.»

«Ja, super. Mach doch.»

«Unbedingt!»

«Endlich mal Abwechslung. Wir spielen das ja schon ewig.»

«Öfter als ewig.»

«Also?», fragte mich Matthias und grinste noch breiter.

Die Pause war zu Ende. Alle Zuschauer saßen wieder und

harrten der Dinge. Das Licht im Saal ging aus. Als es auf der Bühne hell wurde, saß ich vorne an der Rampe. Wennschon, dennschon, hatte ich mir gedacht, an der Rampe würde mich wenigstens keiner übersehen. Für die meisten Zuschauer war meine Anwesenheit nicht ungewöhnlich, schließlich kannten sie den Abend nicht. Doch ein Kichern aus Reihe zwei oder drei riss mich aus der Konzentration. Ich blickte nach unten in den Zuschauerraum. Natürlich, die Meininger Groupies! Wie gefühlt jeden Abend saß dort ein halbes Dutzend junger Frauen, die besessen waren vom Meininger Theater, vor allem von den drei jungen Protagonisten am Haus. Sie hatten diesen Liederabend mit ihren singenden Helden schon zigmal gesehen, kannten den Abend in- und auswendig, jeden schlechten Witz, konnten jedes Lied im Schlaf mitsingen, doch jetzt saß *ich* plötzlich da. Das war neu, war eine Überraschung, und als Einzige im Saal wussten sie gleich, dass sich ihre Helden einen Spaß erlaubten. Motiviert von den Reaktionen der weiblichen Fans, spielte ich mit meinen Kollegen irgendeinen Quatsch, improvisierte auf Teufel komm raus, und die Truppe da unten konnte sich nicht beruhigen, lachte über jede üble Nummer, feierte jeden miesen Gag, dass wir glaubten, wir seien die geilsten Typen überhaupt. Aus dem Gackern und Lachen der Frauen wurde Gekreische, schließlich ein kollektiver Lachanfall. Dieser Anfall muss wohl der Grund für den Intendanten gewesen sein, mal nachzuschauen, was denn da im Großen Haus eigentlich los war, warum denn da so außergewöhnlich viel gelacht und hysterisch gekreischt wurde. Vielleicht war es auch der Zufall, der ihn zur Bühne trieb, aber ich nehme mal an – und es erzählt sich auch schöner –, er saß in der Kantine oder in seinem Büro, wo die Lautsprecher eingeschaltet waren, um der Vorstellung akustisch beiwohnen zu können, und so wird er nicht nur das ungewohnte Gegröle gehört haben, sondern auch meine Stimme. Als ihm dämmerte, dass diese Stimme in der Produktion nichts zu suchen hatte, stand er auf – wutschnaubend oder lässig, keine Ahnung – und verließ die Kantine oder sein Büro und eilte zur Bühne. Auf jeden Fall war ich noch immer vorne an der Rampe, denn ich hatte noch keinen überzeugenden Grund gefunden, von dort wegzugehen – warum auch, ich hatte viel zu lange auf die Rampe verzichten müssen –, als von der Seitenbühne eine dunkle und ernste Stimme an mein Ohr drang:

«Was machen Sie denn da? Kommen Sie mal bitte von der Bühne runter!»

Unwillig blickte ich zur Seite und erkannte den Intendanten, der aussah, als wollte er mich schlachten. Schade, dachte ich, wir waren so schön ins Spiel gekommen, die Frauentruppe feierte den Abend, als sei Mr. Bean in Meiningen gelandet, *und ich soll von der Bühne runter?* Leider hatte ich keine andere Wahl, die Aufforderung kam vom Intendanten und nicht von Lieschen Müller. Allerdings brauchte ich eine Weile, um seinen Worten Folge zu leisten, schließlich konnte ich nicht einfach so von der Bühne verschwinden, das hätten die Zuschauer im Saal nicht verstanden. Ich suchte einen guten Grund, eine Motivation, musste eine Situation erschaffen, die mich dazu *zwang*, die Bühne zu verlassen. Der Intendant wurde ungeduldig, forderte mich von der Seite erneut auf abzugehen – leise, aber bestimmt –, doch die Situation war noch nicht zu Ende gespielt, der Streit zwischen den Kollegen und mir noch nicht ausreichend hochgekocht. Als es schließlich so weit war und die Geduld des Intendanten auch ausgeschöpft, ging ich weiter hinten ab, um dem Theaterchef nicht direkt in die Arme zu laufen, kein Zuschauer sollte von der bevorstehenden peinlichen Begegnung etwas mitbekommen. Kaum hatte ich den Gang neben der Bühne betreten, kam er schon angeschnauft.

Am nächsten Tag musste ich in seinem Büro antanzen. Ich bekam eine offizielle Abmahnung, schriftlich und mit allem Pipapo. Noch eine und ich würde die Kündigung erhalten, sagte er mit bemühter Humorlosigkeit zu mir. Der gute Mann versuchte, bei der ganzen Schelte ernst zu bleiben, doch er konnte nicht verbergen, dass er meinen Auftritt auch ein bisschen komisch fand und als Abschreckung für Nachahmer so streng handeln *musste*. Aber vor allem hatte er meinen Wink mit dem Zaunpfahl verstanden. Von jetzt an bekam ich große Rollen. Meine Durststrecke in Meiningen war überwunden.

Dennoch zog es mich irgendwann fort aus diesem nebliggrünen Winkel Deutschlands. Es war Zufall, dass Marlene eigentlich ein Vorsprechen am Nationaltheater Mannheim hatte, dort aber nicht mehr hinwollte, sie hatte bereits die Zusage eines anderen Hauses erhalten. Wie immer mit dem richtigen Riecher ausgestattet, sagte sie eines Samstagabends zu mir:

«Ruf doch mal in Mannheim an. Ich hab das Gefühl, das ist der richtige Moment. Du wirst den Schauspieldirektor an die Strippe kriegen. Garantiere ich dir.»

«Dein Ernst? Es ist zehn Uhr abends. Da ist doch jetzt keiner mehr.»

«Ich wette, du erreichst ihn.»

Sie hatte recht. Der Schauspieldirektor saß zu später Stunde in seinem Büro, ich landete direkt bei ihm. Ich erklärte ihm die Situation, dass meine Freundin jetzt nicht mehr vorbeikommen wolle und so weiter, und bot ihm an, an ihrer Stelle vorzusprechen.

So landete ich in Mannheim. In einer Stadt, die im Vergleich zu Meiningen wie ein urbaner Moloch wirkte, auch wenn sie es nicht war. Nach drei Jahren kündigte ich, weil Marlene und ich unsere Wochenendbeziehung satthatten. Wir wollten zusammenziehen, wollten nach Berlin. Hatten die Schnauze voll davon, dass das Leben, das natürlich nur in Berlin stattfinden konnte, an uns vorbeirauschte. Dass wir keine Aussicht auf ein Engagement dort hatten, dass wir beide an unseren Theatern kündigten, ohne etwas in der Hand zu haben, war uns egal. Berlin, Berlin – an etwas anderes dachten wir nicht.

Und dann geschah es. Zehn Tage nach meiner Kündigung klingelte mein Telefon. Ich lag noch im Bett, war zu faul, um aufzustehen, also sprang der Anrufbeantworter an, und ich vernahm die Stimme meiner Lieblingsregisseurin:

«Ja, du, Barbara hier. Ich spreche dir jetzt einfach mal aufs Band. Ich kann nach Berlin gehen, an die Schaubühne, und wollte dich fragen, ob du Lust hast mitzukommen. Ruf doch mal durch, wenn's passt.»

Berlin? Schaubühne?

Ich sprang aus dem Bett und hörte mir Barbaras Nachricht noch einmal an. Ihre Worte blieben dieselben, und in meinem Kopf blieben sie es auch.

Berlin! Schaubühne!

Ich musste an mein Handballspiel in Stuttgart denken.

Damals hatte ich nichts erwartet. Und nichts gefrühstückt. Genau wie jetzt. Aber frühstücken würde ich nun. Und danach Barbara anrufen.

Einige Monate später, als Marlene und ich uns Berlin mit dem Umzugswagen näherten, bildete ich mir ein, schon viele Kilometer zuvor die Kraft und Dynamik dieser Stadt zu spüren. Der Gedanke, von nun an zu diesem Riesengebilde zu gehören, machte mich glücklich und stolz, gab mir ein Gefühl von Bedeutsamkeit. Bei der nächtlichen Anreise schon von weitem das Licht zu sehen, das die große Stadt in den Himmel warf, ließ Bilder von einem Berlin in mir entstehen, das endlich wieder anknüpfen würde an den kulturellen Reichtum und die Lebendigkeit, die die Nazis und die Mauer ausgelöscht hatten. Die Helligkeit am Firmament, die die noch weit entfernte Metropole verriet, war eine Verheißung, war Ausdruck all der Möglichkeiten in ihr. Ich stellte mir vor, was unter diesem Firmament alles sein mochte, das dazu in der Lage war, ein solches Licht zu werfen, und ich sah ein Berlin vor mir, das sich zusammensetzte aus der alten, der jetzigen und der neuen Stadt, die sich nun bilden würde. Dieses Gefühl, das ich, immer wenn ich mich ihr näherte und in sie hineinfuhr, noch sehr lange empfand, wurde zu einer Art Normalität, ehe die wirkliche Normalität sie eines Tages verdrängte.

Das erste Jahr an der Schaubühne bescherte mir ein Déjà-vu. Ich fühlte mich an meine Anfangszeit in Meiningen erinnert, bekam nur kleine Rollen zu spielen. Ich war frustriert, sagte mir, nur weil die Schaubühne eine der wichtigsten und begehrtesten Bühnen im deutschsprachigen Raum ist, muss ich mich deshalb noch lange nicht mit Statistenrollen zufriedengeben. Das Oktobergespräch zu Beginn meines zweiten Jahres, das Gespräch, vor dem man am Theater zittert, da man bis Ende Oktober für die kommende Spielzeit nicht nur kündigen, sondern auch gekündigt werden kann, hatte für mich zweischneidigen Charakter. Man sagte mir, ich könne am Haus bleiben, solle aber nicht mit großen Rollen rechnen. Die Aussicht auf eine Fortsetzung meiner Komparsenkarriere war derart reizlos und ernüchternd, dass ich daraufhin kündigte. Kurz danach kam es zur ersten Zusammenarbeit zwischen mir und dem Chef des Hauses. Er inszenierte für ein Festival zeitgenössischer Dramatik ein Ministück mit Riesenensemble, und so landete ich eher notgedrungen auf der Besetzungsliste. Die darauf folgende Arbeit ohne jeglichen Druck (ich musste ja nichts beweisen, ich hatte gekündigt) war inspirierend, leicht und gut, verblüffend für uns beide. Zwei Wochen später rief mich die Chefsekretärin an und sagte mir, Thomas bitte um ein Gespräch.

«Ich weiß ja nicht, wie es dir ging», sagte er, als wir uns in seinem Büro gegenübersaßen, «aber ich fand unsere Arbeit sehr gut.»

«Fand ich auch», sagte ich.

Ob ich meine Kündigung nicht noch mal überdenken wolle, fragte er mich, er habe jetzt ein Stück und eine konkrete Rolle für mich im Kopf.

Das Bauchpinseln nach der langen Durststrecke tat gut. Aber ich hatte meinen Stolz. Ich wollte ihm nicht den Eindruck vermitteln, ich sei angewiesen auf das Angebot. Also ließ ich ihn zappeln, zwei Monate lang, bis ich zusagte.

Die Uraufführung des von ihm angekündigten Stücks,

die Komödie einer serbischen Dramatikerin, fand in Wien statt und war beim Publikum dort ein großer Erfolg, es wurde viel reagiert und gelacht. Doch bei der Premiere an der Schaubühne wenige Wochen später war die Welt eine andere geworden.

Einige Tage vor der Berliner Premiere lagen Marlene und ich im Bett, als das Telefon klingelte und der Anrufbeantworter ansprang. Es war Barbara, so wie damals, als sie mit kaum gezügelter Freude von ihrem Schaubühnen-Angebot berichtet hatte. Nur diesmal klang ihre Stimme anders. Sie war alarmiert. Ernsthaft besorgt.

«Du, Barbara hier», sagte sie. «Hast du mitbekommen, was da in Amerika los ist? Mach mal den Fernseher an.»

Barbaras Ton stach in unsere Körper und Köpfe, ließ kein Loslassen mehr zu. Wir sprangen auf und schalteten den Fernseher an. Sofort überfiel uns die Angst. Schoss eiskalt in uns hoch. Atomkrieg, war mein erster Gedanke. Schob sich noch vor die Tatsache, dass wir einem Massenmord zusahen. Legte sich über die Verzweifelten, die in den Tod sprangen, um ihm zu entkommen. Amerika würde zurückschlagen, so viel war sicher. Würde nicht tatenlos zuschauen, seinen Feinden niemals den Triumph dieser Bilder gönnen.

Am Abend fuhren wir zum Berliner Dom, suchten in unserer Unruhe nach irgendeinem Zusammenhalt, wollten im Verbund mit anderen, mit Wildfremden, eine Stimme der Vernunft in die Welt senden. Wir konnten nicht untätig zu Hause hocken und dabei zusehen, wie womöglich die größte Katastrophe der Menschheit ihren Lauf nahm. Als wir am Dom ankamen, war der Andrang so groß, dass der Riesenbau wegen Überfüllung dichtgemacht wurde. Im atheistischen Berlin standen Massen vor den verschlossenen Pforten des monumentalen Gotteshauses und begehrten Einlass. Eine Nation der Ungläubigen schien in jenem fragilen Moment den Glauben wiederentdeckt zu haben. Jeder schickte Worte der Angst, des Bangens und Bittens in den Himmel und hoffte, irgendwer da oben würde die Gebete schon hören, trotz der Gräueltat die Köpfe zur Besinnung bringen und die hohen Tiere besänftigen, die dem überfordert am roten Knopf hockenden Präsidenten Ratschläge ins Ohr flüsterten. Marlene und ich standen vor dem Dom, unter all den Fremden, mit denen wir die Angst teilten, und die Zukunft erschien mir ähnlich nebulös wie damals beim Mauerfall, doch statt rosa war der Himmel grau.

Wenige Tage später existierte die Welt noch immer, und unsere Premiere konnte stattfinden. Doch die Staubwolke der pulverisierten Twin Towers schien bis in den Theatersaal der Schaubühne geweht zu sein. Den Menschen war das Lachen vergangen. Die Bilder aus New York hatten sich in den Köpfen festgekrallt und waren nicht mehr zu verscheuchen, und mit ihnen die Angst vor den möglichen Folgen. Die Zuschauer saßen da und machten den Eindruck, als hätten sie nicht den blassesten Schimmer, wozu sie geladen waren. Der bleierne Schleier, der über der Welt lag, hatte selbst den Humorwilligsten den Spaß verdorben. Die große Skepsis und Zurückhaltung, die dem Berliner Publikum eh schon anhaftete, war ins Unerträgliche gesteigert. Im Saal absolute Stille. Wir rackerten uns ab, ließen auf der Bühne die Puppen tanzen, aber im Zuschauerraum kein einziger Lacher. Der Todesstoß für jede Komödie.

Monate später, als ich mit Marlene beim Italiener saß, klingelte mein Telefon. Thomas war dran. Er bot mir den Torvald Helmer in Ibsens *Nora* an. Da war sie, die Rolle, auf die ich gewartet hatte.

Zum Zeitpunkt der Premiere von *Nora* waren wir bereits seit über zwei Jahren am Haus, und die Kritiker, die nichts weniger als eine Neuerfindung des Theaters von uns jungen Wilden an der Schaubühne erwartet hatten, waren maßlos enttäuscht, schrieben uns nur noch in Grund und Boden. Nach unserem zweijährigen Versuch, ausschließlich zeitgenössische Theaterstücke zu präsentieren, mit denen wir uns von den anderen Häusern Berlins, die Shakespeare, Ibsen, Tschechow, Schiller rauf und runter spielten, absetzen wollten, hatten wir plötzlich auch einen Klassiker auf dem Spielplan. Die Reaktion der Kritiker auf unsere Kapitulation blieb nicht aus, bei der Ankündigung des Stücks gab es Häme und beißenden Spott. Eine Bankrotterklärung, so der Tenor: Die zeitgenössischen Möchtegerns streichen die Segel und kommen auf Ibsen und Co zurück.

Als wir am Abend des 26. Oktober 2002 die Premiere von *Nora* zu spielen begannen, war mir nicht bewusst, was alles davon abhing. Ich wusste nicht, oder hatte vielmehr verdrängt, dass im vollbesetzten Saal Publikum und Kritik bereit waren für die Hinrichtung, sollten wir diesen Ibsen verhauen. Wie im Kolosseum des alten Roms saßen alle da und wollten uns den Löwen zum Fraß vorwerfen; und hofften zugleich, wir würden mit einer theatralen Glanzleistung im letzten Augenblick unserem Schicksal entkommen. Rasch vergaßen wir alles andere, der Abend wie ein Rockkonzert, ein Sog, ein Strudel, der kraftvoll auf den Schluss- und Höhepunkt zusteuerte. Als nach mehr als zwei Stunden die letzten Töne von Annie Lennox' «Don't Ask Me Why» erstarben, erlosch das Licht auf der Bühne – und es war mucksmäuschenstill.

Für einen Augenblick.

Dann brannte Jubel auf. Ein Beifallssturm, wie ich ihn noch nie erlebt hatte. Neun Jahre nachdem Hüseyin und ich durch die Scheiben des *Ciao* gelugt hatten, war ich endlich angekommen.

ACHT

BABYLON SHANGHAI

Als Kind hatte ich eine große China-Sehnsucht. Ich stellte mir unter diesem Land einen ganz und gar fremden Kosmos vor, einen anderen Planeten, den ich unbedingt besuchen wollte, ich glaubte, dort Gebiete entdecken zu können, die vor mir noch kein anderer Europäer gesehen und betreten hatte. Ich erhoffte mir, dort etwas zu finden, was ich im Winter erlebte, wenn sich eine frische Schneeschicht über alles legte und ich der Erste war, der seinen Fuß hineinsetzen durfte. Mein Entdeckergeist wurde befriedigt, wenn ich mich im noch unberührten Weiß fortbewegte, in meiner Phantasie ein Forscher auf unbekanntem Terrain. Für den es noch Geheimnisse gab, nicht alles offen dalag. Die Welt des zwanzigsten Jahrhunderts, so schien mir, bot nichts mehr, was noch darauf wartete, entdeckt zu werden, alles war bekannt, beleuchtet, seziert, bereits endlose Male beschrieben und gesehen. Ich sehnte mich nach verborgenen Winkeln. Und die vermutete ich im fernen China. Diese Vorstellung vom Riesenreich im Osten verblasste im Laufe der Jahre immer mehr und wurde schließlich, zusammen mit den Demonstranten auf dem Platz des Himmlischen Friedens, von den Panzern der chinesischen Wirklichkeit hinweggefegt. Seither blickte ich realistischer auf China, und auch die Lust, dorthin zu reisen, war nahezu erloschen.

Doch dreieinhalb Monate nach dem Tod meines Vaters sollte mich ein Gastspiel der Schaubühne nach Shanghai führen. *Hedda Gabler*, unser Dauerbrenner und damals schon seit dreizehn Jahren im Programm, war eingeladen worden und erlebte einen zweiten Frühling.

Zuvor hatten wir Darsteller mit Thomas mehrfach die Diskussion geführt, dass das Verfallsdatum dieser Arbeit vielleicht erreicht sei und man langsam Abschied von ihr nehmen sollte. Wir fühlten uns lange Zeit wie in einem Korsett, spielten mehr oder weniger so wie im Herbst 2005, als das Stück das Licht der Welt erblickt hatte. Der Abend war sehr exakt und präzise gearbeitet, das zeichnete ihn aus, ließ aber wenig Freiheiten innerhalb dieser genau gebauten Konstruktion zu. Wir hatten das Gefühl, das konserviert zu haben, was wir damals entwickelt hatten, aufgrund unserer Erfahrung damals entwickeln *konnten*. Und seither war es immer so geblieben, weil jede Änderung, jede Improvisation die feine Komposition des Ganzen zerstört hätte. Die Arbeit bildete nicht mehr unseren aktuellen Stand als Schauspieler ab, sie verleugnete, so unser Gefühl, jede künstlerische und persönliche Weiterentwicklung der letzten Jahre, verriet nichts von den gelebten Erfahrungen seit der Premiere vor dreizehn Jahren. Sie war zu einem Fenster in eine schauspielerische Vergangenheit geworden, zu einem Theatermuseum, einem Anachronismus, mit dem wir uns, so dachten wir, unter Wert verkauften, während

Thomas vehement versuchte, uns vom Gegenteil zu überzeugen. Es war naheliegend und nicht verwunderlich, nach dreizehn Jahren und über zweihundert Vorstellungen ein solches Tal des Zweifelns zu durchlaufen, aber in Shanghai sollte die Talsohle durchschritten sein. Mit einem Mal stellte die Komposition keine Fessel mehr dar, nahmen uns die vorgegebenen Strukturen nichts von der ersehnten Freiheit, Leichtigkeit und Tiefe sollten zueinanderfinden.

Zunächst hatte ich mich nicht recht mit dem Gastspiel anfreunden wollen, bedeutete diese Reise doch eine erneute Abwesenheit von der Familie, und wieder musste ich um den halben Planeten jetten, ein weiteres Mal in diese Röhre steigen, an die ich mich auch nach Hunderten von Flügen noch nicht hatte gewöhnen können, in der ich mich noch immer unwohl fühlte und zu krampfen anfing, kaum dass sie leichten Bewegungen ausgesetzt war, von heftigen Turbulenzen ganz zu schweigen. Aber die riesige A 388 hob ab, als glitte sie auf fest montierten Schienen. Kein Rütteln, kein Wanken, nichts. Die Schienen hielten bis Shanghai und führten uns sanft in die Ferne.

Nach elf Stunden dann der erste Blick von oben. So weit das Auge reichte: bebautes Land. Wir waren noch mehr als hundert Kilometer von Shanghai entfernt, aber der Siedlungsbrei da unten sollte nicht mehr aufhören. Das ist die Zukunft, dachte ich. Um Himmels willen, wenn sie das ist, dann will ich sie nicht. Und mir fiel ein Spruch von Karl Valentin ein: «Die Zukunft war früher auch besser.» Aber irgendwo *mussten* die vielen Menschen ja hin, dachte ich damals. Über siebeneinhalb Milliarden waren es mittlerweile. Seit meiner Geburt waren ganze vier Milliarden hinzugekommen, hatte sich die Anzahl der Menschen auf diesem Planeten mehr als verdoppelt. In den fast fünfzig Jahren meiner kümmerlichen Existenz auf dieser gebeutelten Erde war die Weltbevölkerung stärker angestiegen als von Anbeginn der Menschheit bis zum Jahr meiner Geburt! Irgendwann musste die Chose doch mal hochgehen! Seit Ewigkeiten wunderte ich mich, dass es überhaupt noch funktionierte, aber bald würde damit Schluss sein, davon war ich überzeugt, während ich auf die Betonmetastasen da unten starrte, die endlos weiterwucherten. Von Menschen gestaltetes Land, nichts dem Zufall überlassen, Wohntürme für Abermillionen, dazwischen sich duckende, am Boden klebende Häuser, die wenige unbebaute Fläche für die Landwirtschaft reserviert, in regelmäßigen Abständen gigantische Einkaufszentren und Sportstadien, Brot und Spiele für das Volk, alles miteinander verbunden durch die verstopften Arterien des lärmenden Individualverkehrs, daneben pfeilschnelle Züge, die das große China schrumpfen ließen. Das da unten hatte nichts mehr zu tun mit dem makellosen Weiß einer unberührten Schneedecke, hier war der letzte Eiskristall auf ewig dahingeschmolzen, der Boden von Milliarden Füßen plattgetrampelt und dermaßen aufgeheizt, dass sich nie wieder eine Decke darüberlegen könnte. Und doch hatte all das eine Kraft, der ich mich nicht entziehen konnte, schließlich musste solch ein Riesengebilde erst einmal organisiert werden, und ich zweifelte daran, dass Ähnliches in Europa möglich wäre, bei uns gäbe es Mord und Totschlag. Eine kraftstrotzende Maschine brummte da unter mir, die kommende Weltmacht. Bei aller Faszination machte es mir Angst, und es quälte mich der Gedanke, dass fast alles, was ich dort unten sah, kaum älter als dreißig Jahre war, das meiste sogar erst in letzter Zeit entstanden.

In sage und schreibe dreißig Jahren war hier ein Teil des Planeten so radikal umgemodelt worden, dass es einer gehörigen Portion Vorstellungskraft und Phantasie bedurfte, um sich auszumalen, wie es hier noch zu Zeiten des Mauerfalls ausgesehen hatte. Jetzt bedauerte ich es, nicht viel früher hergekommen zu sein. Was alles unwiederbringlich verschwunden war, mochte ich mir nicht vor Augen führen. Ich hoffte auf Überraschungen, auf Inseln der Tradition, die dem Fortschrittszwang hatten trotzen können. Welches Recht hatte ich auch, das grenzenlose Wachstum dieses Landes und die damit einhergehenden Folgen zu beklagen? Wir alle, die wir an der Schaubühne, wie es sich für ein sozialkritisches Theater gehört, die Klappe aufreißen und die Missstände dieser Welt anprangern, mussten uns an die eigene Nase fassen, wenn wir in solch einem Monstervogel ans andere Ende der Welt flogen. Der ökologische Fußabdruck unseres Theaters mit seinen endlosen Gastspielen rund um den Globus war so groß, der Ressourcenverbrauch so enorm, dass wir *drei* Erden gebraucht hätten, hätten alle so geprasst wie wir. Der Übernutzungstag, der Tag, an dem wir verbraucht hatten, was eigentlich für das ganze Jahr reichen musste, war bei uns schon der 30. April.

Mir fiel ein Gespräch ein, das ich wenige Wochen zuvor mit meinem Freund Mecki gehabt hatte. Bei Bier, Bratkartoffeln und Sahnehering hatten wir im *Café Rausch* gesessen und über Gott und die Welt geredet.

«Weißt du, was ich mich neulich gefragt habe?», setzte Mecki nachdenklich an und vergaß, dass er noch Bier bestellen wollte. «Warum sind wir, also unsere Generation, warum sind wir eigentlich politisch so wenig engagiert? Warum haben wir so wenig angeschoben?»

Ich wollte widersprechen, allein schon aus Trotz, schließlich steckte in Meckis Frage auch ein persönlicher Angriff – doch er hatte recht.

«Na ja», versuchte ich es mit einer Rechtfertigung, «in einem Alter, in dem man normalerweise auf die Barrikaden geht und gegen gesellschaftliche Missstände ankämpft, fiel ja plötzlich die Mauer. Wofür hätten wir denn da kämpfen sollen? Für eine bessere Welt? Die entstand ja gerade! Zumindest sah es so aus. Dass wir über die Euphorie alles andere übersehen haben, nicht mehr genau hingeguckt haben, ist wieder was anderes, aber als wir zwanzig waren, da fiel uns alles in den Schoß. Diktaturen stürzten, ganz Osteuropa wurde demokratisch, DDR, Honecker, Ceauşescu, die Sowjetunion, alles ging den Bach runter und machte Platz für, na ja, für große Hoffnungen. Das war doch der Wahnsinn damals, was willste da noch demonstrieren?»

Der aufmerksame Kellner brachte Bier, ohne dass Mecki etwas sagen musste.

«Demonstriert haben wir schon», sagte er. «Gegen den Golfkrieg zum Beispiel.»

«Klar. Aber das war eine Eintagsfliege. Hatte überhaupt keinen Wumms.»

«Ja? Weiß ich nicht … Oder in den Achtzigern gegen die Aufrüstung!»

«Das meine ich ja. Das mit der Aufrüstung zum Beispiel, das hatte sich ja erst mal erledigt, als die Russen pleite waren und ihr Staat weg vom Fenster. Und die ökologische Bewegung, die war in den Achtzigern auch schon viel weiter. Was heute wieder Thema ist, war doch damals längst da. Wurde nur durch den Mauerfall verdrängt. Plötzlich waren andere Themen wichtiger. Ich wollte in den Achtzigern

Biologe werden, bin aufs Gymnasium, um Ökologie zu studieren, wollte die Welt retten, und was bin ich geworden? Schauspieler!»

Mir kam die Straße in den Sinn, der Anfang der Achtziger der nachbarliche Obstgarten zum Opfer gefallen war, ein Kindheitsparadies, in dem wir bis zur Übelkeit heimlich Pflaumen genascht hatten. Ganze Winkel meiner Kindheit waren dem Straßenbau zum Opfer gefallen, dem Fortschrittsglauben, der Stadtsanierung, die mehrere Fachwerkhäuser aufgefressen, den Bach am Ende unserer Straße in ein Betonbett gezwängt, etliches kaputtmodernisiert hatte. Jenseits des Baches, am Fuß eines Berges, war eine Umgehungsstraße gebaut worden, mit der Folge, dass der Berg ins Rutschen gekommen war und mit meterlangen Riesenschrauben und gigantischen Monsterbolzen stabilisiert werden musste. Am festgeschraubten, betonschwangeren Hang wollte seither kaum mehr etwas wachsen, der Schlamassel konnte nie ganz vertuscht werden. In einem monatlich erscheinenden Naturmagazin hatte ich mit Grausen und daher umso größerem Eifer die Hiobsbotschaften über aussterbende Tierarten und täglich schwindende Regenwaldflächen studiert, hatte sie unmittelbar danach verdrängt und mich mit noch in der Zukunft liegenden Gegenmaßnahmen getröstet, denn später, so hatte ich beschlossen, würde ich den Weg des Ökologen gehen. Ich hatte damit begonnen, einen ökologischen Science-Fiction-Roman zu schreiben (der über die ersten fünf Seiten allerdings nie hinauskam), und in unserem neuen Garten am Stadtrand einen Froschteich angelegt. Nichts trieb mich damals mehr um als die Zerstörung unseres Planeten, die drohende Apokalypse. Ozonloch und saurer Regen waren allgegenwärtig. Ich musste Biologe werden. Musste die Welt retten. Und war davon überzeugt, es würde mir gelingen.

«Willst du damit sagen, der Mauerfall ist daran schuld, dass es mit der Welt zu Ende geht?»

Mecki grinste mich an.

«Ja!», sagte ich. «Weil sich der Turbokapitalismus dadurch erst so richtig austoben konnte. Aber was das Entscheidende ist: Weil ich kein Ökologe geworden bin, sondern Schauspieler!»

«Es ist immer gut, einen Schuldigen zu haben. Prost!»

Wir mussten lachen und stießen an. Wie viel Bier hatten wir eigentlich schon intus?

«So reden ooch nur Wessis!»

Mecki und ich blickten zu einem Kerl am Nebentisch, der uns bislang nicht aufgefallen war. Ich wollte bereits in den Verteidigungsmodus, von wegen, ich bin nicht so ein Wessi, wie du glaubst, als ich begriff, dass der Typ gar nicht auf Krawall gebürstet war.

«Euch issit in den Schoß jefalln, mag sein, uns aber nich», sagte er. «Ick bin damals in Ost-Berlin uff de Straße jejang, hab demonstriert, als uns die Stasi und die Bullerei jeknüppelt hat. Oktober Neununachtzich. Und dann ab in die Magdalena …»

Magdalena. Stasi-Knast. Das war das Wort, das uns schweigen ließ. Mit solchen Erfahrungen konnten Mecki und ich nicht aufwarten.

«… 'n Stasi-Offizier hat mich vanomm damals. Der hatte noch nich kapiert, dassit vorbei war. Eena von die Tausendprozentjen. Ick musste mich ausziehen, stundenlang stehnbleim, ohne Mucks. Liejestütze machen, und dann hatta mir in die Fresse jeschlagen. Macht wahrscheinlich fette Jeschäfte heute. Na, ejal. Ick hab jetan, watt ick konnte. Ob itt watt jebracht hat, keene Ahnung. Übrijens, super jespielt, diesen Stasi-Offizier. Jenauso warn die, kann ick bestätjen.»

Ich bedankte mich. Dass er meine Darstellung lobte und dadurch beglaubigte, freute mich sehr, schließlich hatte er alles hautnah erlebt, während ich als Kind des alten Westens nur recherchieren konnte, mich einfühlen, reindenken. Seine mit schweren Prüfungen versehene Biographie führte mir meine Unterlegenheit als Kind der wohlhabenden Bundesrepublik vor Augen. Der Mann hatte einen Erfahrungsvorsprung, dem ich auf ewig hinterherhecheln, einen Horizont, den ich niemals erreichen würde. Wie jedes Mal, wenn mir ein Mensch mit ähnlich einschneidender Lebensgeschichte gegenübertrat, überkam mich ein Gefühl fehlender Reife. Und der Erleichterung, die Erfahrung der Folter am Ende des DDR-Regimes nicht gemacht zu haben.

Zwei Stunden später waren wir drei ziemlich vollgetankt und gingen unserer Wege. Selbst im zugedröhnten Zustand erschien mir der Gedanke noch immer plausibel: Unsere Generation war in ihren politischen Ambitionen ausgebremst worden durch den Mauerfall, der zunächst unglaublich Positives ermöglicht, ungeahnte Freiheiten suggeriert hatte, doch schlussendlich war die Grundlage für das gelegt worden, was uns mittlerweile jede Illusion nahm: Der Kapitalismus hatte keine Schranken mehr, konnte schamlos wuchern, musste sich nicht besser geben, als er war, musste nicht mehr im direkten Vergleich bestehen, da der Gegenentwurf, der Sozialismus, gescheitert war. Die aufkeimenden Demokratien hatten kein Fundament, auf dem sie gedeihen konnten, es wurde nie entgiftet. Die Umweltbewegung der Achtziger wurde weggespült durch die Erregung, Zeitzeuge von Weltgeschichte zu sein. Vergessen durch die Zäsur des Mauerfalls. Durch den Glauben an ein Ende der Geschichte. Wir ließen uns einlullen vom warmen Wind des Wechsels und zahlen jetzt dafür, haben dreißig Jahre vergeudet. Wir haben all die gierigen Säcke machen lassen, sie nicht aufgehalten in ihrem Geldrausch, haben mehr oder weniger *alle* mitgemacht, allein schon, weil wir es zuließen. Eine Generation der verpassten Chancen. Der verlorenen Jahre. Erst jetzt wachen wir auf, wo die ganze Welt ins Stolpern gerät. Und unsere Kinder knüpfen da an, wo wir längst waren. Hoffentlich. Und ich bin eine Rampensau, kein Ökologe, kein Weltretter, wie ich es vorhatte, habe nichts weiter bewirkt als Nabelschau.

Ach, hör auf damit! Du kannst immer noch Dinge bewirken, es ist nie zu spät. Und notfalls springen deine Kinder ein und erledigen, was du vermasselt hast.

Ich schloss die Wohnungstür auf, war zu faul, mir die Zähne zu putzen, und fiel sofort in einen komatösen Schlaf.

«Warum hat es unsere Generation nur so vergeigt?», hatte Mecki einige Tage nach dem Gespräch im *Café Rausch* noch einmal an das Thema angeknüpft. «Wir hatten doch alles. Hatten alle Möglichkeiten.»

«Genau deshalb», hatte ich geantwortet. «*Weil* wir alles hatten. Wir waren satt und träge. Kein Antrieb, keine Flamme.»

Als hätte der chinesische Tourismusverband alle Kraft aufgeboten, Wolken und Smog zu vertreiben, so postkartenschön glitzerte mit einem Mal die Blade-Runner-Skyline

Shanghais unter mir und gab mir die Gewissheit, wirklich da zu sein. Jetzt erst realisierte ich, wie klar schon die ganze Zeit die Sicht auf die mehr als hundert Kilometer zugekleistertes China gewesen war. Keine Spur von dicker Luft, die doch bleischwer über den Megastädten hängen sollte.

Nach der Landung längeres Warten auf den Lotsen, in der Ankunftshalle das Ausfüllen von Scheinen, Fingerabdrücke am Automaten, wir wurden gescannt und abgelichtet; bis zum Jüngsten Tag würde China nicht mehr vergessen, dass ich hier und heute angekommen war, würde immer nachvollziehen können, welche Schritte ich hier wählte. Dann die Fahrt im engen Bus hinein in den Moloch, wieder langes Warten auf die Zimmer im Hotel, in der Lobby ein Fernseher, eine Serie über Mao, in der der Darsteller des Großen Vorsitzenden Tränen vergoss, um die Menschlichkeit Maos unter Beweis zu stellen, bei vierzig oder fünfzig Millionen Menschen, die im Zuge des «Großen Sprungs nach vorn» ums Leben kamen, auch bitter nötig. Nach herbeigesehntem Bezug der Zimmer der kollektive Spaziergang zum Bund, der Prachtmeile am Fluss, ein Stück Europa in der Ferne, oder vielmehr gründerzeitliches New York, erstaunlich leer am schwülhellen Nachmittag, auch leer das Restaurant mit bebilderter Speisekarte, hilfreich bei babylonischer Sprachverwirrung, mit Tellern und Tassen in Frischhaltefolie, danach in die Altstadt, die keine mehr war, sondern marktorientierte Neuinterpretation vergangener Größe, neugebaute Kulisse für Souvenirshops und Fressbuden, das alte China als Shopping-Mall, Konsum und wiederentdecktes Erbe, Kapitalkommunismus am Mündungsgebiet des Jangtsekiang, und bei Dunkelheit fing alles an zu wimmeln, explodierte in tausend synthetischen Farben, der Bund ganz plötzlich übersät mit Menschen, die stolz und zufrieden Handys zückten, ihren verheißungsvollen Weg ablichteten, das Abbild der schon begonnenen Zukunft: die blinkend leuchtenden Riesentürme auf der anderen Seite des Flusses – und ich mittendrin im früher erträumten Science-Fiction-Film.

Meine Sehnsucht nach dem alten China, gestillt nur in Häppchen, trieb mich raus aus Shanghai, lockte mich nach Suzhou, ins Welterbe-Gartenreich, überpünktliches Ankommen dort im nagelneuen Schnellzug, der Bahnhof ein Monstrum, und der *Garten des Meisters der Netze* der Ort, den ich suchte, *endlich*, da war sie, die unberührte Schneeschicht aus Kindertagen, und sofort wollte ich ein Buch kaufen, fragte im Souvenirladen: «Do you have a book about Suzhou? In English?», und die Frau im Laden nickte eifrig und lächelte mich an und zeigte mir Postkarten, «No, no», sagte ich, «no postcards. Books! Do you have *books*?» «Oh, books, yes, yes», sagte sie und nickte und lächelte und wackelte mit dem Kopf wie eine Taube und zeigte mir eine Minifibel mit Mao-Porträt, *oh no! no, no, thank you, tschiä tschiä, vielen Dank auch*. Danach der Trost hervorragenden Essens, und wimmelnd der *Garten des bescheidenen Beamten*, so gar nicht bescheiden, weil riesengroß, wo sich erhoffte Ruhe und Kontemplation nicht finden ließen wegen handybewaffneter Massen, die einfielen wie fremdgesteuerte Heuschrecken.

In Shanghai, am Tag darauf, der Ort, wo alles begann, die Gründung der Partei vor fast einhundert Jahren. Stolze Chinesen vor stolzer Flagge, keine Pflicht, so mein Eindruck, eher Überzeugung nach der Demütigung in vergangenen Zeiten, der Hybris des Westens, nach Opiumkrieg und brutalen, fremden Mächten, Fotos vor dem Wandrelief, vor den Männern der ersten Stunde, dem herzallerliebsten Mao, dem *Mythos*.

In der Ausstellung die Frage, ob ich wohl anfällig gewesen wäre für die Energie des großen Aufbruchs, für die Kraft der Idee. Kurz ist sie da, die Verführung, wirkt die Idee verlockend, doch ich weiß um das, was folgte, und schon prallt sie ab. Als Enkel zweier Gehörloser, die auf der Liste der Nationalsozialisten standen, als Sohn eines Vaters, der über die «Scheißnazis» geschimpft hatte, als jemand, den Skinheads verprügelt hatten, der die Linken in der Kindheit als Monster auf finsteren Fahndungsfotos wahrgenommen, die Spätfolgen des «wahren Sozialismus» noch in Meiningen mitbekommen hatte, als solch einer, so dachte und hoffte ich stets, konnte mich eh keine Ideologie verführen. Ich misstraute jedem Heilsversprechen, jeder Utopie, jeder Massenhysterie, selbst eine Meute Fußballfans beäugte ich mit gemischten Gefühlen. Ich war immer in der Mitte, suchte den Konsens – auch den Weg des geringsten Widerstands?, fragte ich mich plötzlich. War ich dadurch vielleicht zu feige, zu schwammig, zu unentschieden? Mir kam in den Sinn, was Rolf Boysen zu mir gesagt hatte: «Tut immer nur das, was ihr verantworten könnt.» Das mag stimmen, dachte ich, immer noch, aber zugleich birgt der Ratschlag auch eine Gefahr. Tut man immer nur das, was man verantworten kann, so vermeidet man die Fehler und Umwege, die notwendig sind, um Großes zu erreichen. Hatte ich dem inneren Zensor oft zu viel Raum zugestanden? Wer weiß, was ich alles hätte schaffen können, hätte ich Radikalität und Risiko gieriger umarmt. In der

Politik führen sie zu Krieg und Terror. In der Kunst mitunter zu ungeahnten Höhen.

Draußen vor dem heiligen Haus der Parteigründung dann die Verwirrung, die Unmöglichkeit, das kommunistische Diktat mit dem Abbild der Stadt, der käuflichen Überfülle in Einklang zu bringen, ein Wahnsinn, der schon länger funktionierte als gedacht. Irgendwann *muss* der ganze Irrsinn doch zusammenbrechen, dachte ich, kollabieren unter dem Gewicht nicht zu vereinender Gegensätze, aber er hielt noch immer, auch fast dreißig Jahre nach den Panzern in Peking, überlebte mächtiger denn je, selbst mit Internet, das nicht das erhoffte Fenster zur Welt geworden war, Einflugschneise für Freiheit und Demokratie, sondern die zensierte Spielwiese fürs Volk, der Große Bruder der knapp anderthalb Milliarden, der die Hermetik Chinas ins Digitale ausdehnte.

Irgendwann streifte ich wieder durch das Hinterland des Bund, war auf dem Weg zum Theater, als mich ein Chinese fragte, ob er mir helfen könne. Sah ich so orientierungslos aus?

Das Lächeln des Mannes entblößte ein arg in Mitleidenschaft gezogenes Gebiss, umso erstaunlicher erschien mir sein gutes Englisch. Er sei oft geschäftlich im Ausland unterwegs, erklärte er. Wir unterhielten uns über das wachsende Shanghai, die vielen deutschen Autos auf den Straßen und die beeindruckende Anzahl von Elektrorollern. In der Tat hatte ich bei meiner Ankunft eine Luft erwartet, die man mit dem Brotmesser hätte zerteilen können, und war verblüfft, als das Atmen angenehmer ausfiel als an den meisten Straßen Deutschlands. Nirgendwo begegnete man hier einem Moped oder Motorrad, das die Luft verpestete. Innerhalb kürzester Zeit hatte man alle Zweiräder umgerüstet, war der Staat vorgeprescht – bei zehn Prozent Wachstum schmerzfrei möglich –, während in Deutschland ein reger Regelhagel jede Ambition im Keim erstickt. Plötzlich nährte ausgerechnet ein Unrechtsregime meine Hoffnung auf die Abwendung der globalen Ökokatastrophe.

«I will buy some tea», sagte der Chinese. «You can join me if you want. It 's the best tea shop in this corner.»

Die Zeit bis zum Beginn der Vorstellung war knapp bemessen, allerdings hatte ich eh vor, Franka Tee mitzubringen, Tee aus China für die passionierte Teetrinkerin, also nahm ich die Einladung an und folgte ihm, zumal der besagte Shop auf dem Weg lag.

Wir betraten den kleinen Laden. Freudig begrüßte der Chinese den Verkäufer und dieser ihn. Er sei Stammkunde, erklärte er mir. Nur wir drei in dem schmalen Raum, sonst niemand. Man bot mir einen Platz an, auf einer Bank vor dem großen Verkaufstisch. Der Zahnlädierte zu meiner Linken, setzte ich mich seitlich auf die Bank, das rechte Bein zum Tisch, das linke Richtung Ausgang. Ich saß da wie auf dem Sprung. Wollte ich hier gar nicht sein? Fühlte ich mich unwohl?

«You wanna try some tea?»

Der Verkäufer begann eine Teezeremonie, die gar keine war, sondern mehr ein hastiges Verschütten. Er übergoss ein paar undefinierbare Kräuter mit dampfendem Wasser und kippte die Brühe gleich wieder weg, um das nervöse Prozedere zu wiederholen. Dabei spritzte und platschte es munter über den Tisch. Mir fiel eine Kaffeezeremonie in Tokio ein, die ich vor Jahren zusammen mit Marlene erlebt hatte. Die Liebe und Hingabe, mit der dort die Tasse erwärmt, liebkost und beseelt worden war, bevor sich auch nur ein Tropfen Kaffee in ihr gefunden hatte, verwandelte den Kaffeegenuss in eine Art religiösen Akt, ein heiliges Ritual, das das Trinken endlos dehnte und jeden Schluck zu etwas so Wertvollem werden ließ, dass es nur noch den Geschmack des Kaffees im Hier und Jetzt gab. Der Vorgang in Japan war ein Gottesdienst gewesen, die Teezubereitung hier ähnelte dagegen der Anarchie von Kleinkindern in der Badewanne. Nun gut, dachte ich, wird alles schon seine Richtigkeit haben. Die Chinesen werden wissen, was sie tun, ihre Kultur fußt auf einem jahrtausendealten Fundament, da ist jeder Zweifel eines Mitteleuropäers nur Ausdruck von Hybris, Arroganz und Kulturlosigkeit. Vielleicht lösten sich diverse Substanzen in der gepressten, chinesischen Kraftwurzel besser und entfalteten eine intensivere Note, schüttete man das Wasser eher raubeinig über sie, so wie man im Western den bewusstlos geschlagenen Cowboy mit einem Eimer Wasser wieder aufweckt.

«What kind of tea is this?», fragte ich.

«Wäinschänn.»

Mein Blick ein einziges Fragezeichen.

«Wäinschänn», wiederholte der Zahnramponierte.

«Wä … Wäin … What?»

«Wäinschänn.»

Der Chinese lächelte. Die grauen Zahnruinen markant wie die Berge auf chinesischen Tuschebildern.

«Wäinschänn.»

«Wäin … schänn?»

Der Kariesmann blickte mich an wie einen hoffnungslosen Fall. Mit einem Mal saß ich da wie ein Stellvertreter. Stellvertretend für die geistig-kulturelle Unterlegenheit Europas. Ich habe Verantwortung, durchfuhr es mich. Ich muss die Ehre des Abendlandes retten!

«Wäinschänn!», insistierte er.

«Of course!», sagte ich, hatte aber noch immer nichts begriffen.

«Wäinschänn!»

«Jaja! Wäinschänn!»

Ich wollte, dass dieser Dialog endlich aufhörte, damit meine Dummheit nicht für alle hörbar zum Himmel schrie, ich meine Würde wahren konnte, so wie bei einem Witz, über dessen Pointe man, auch wenn man sie nicht versteht, trotzdem herzlich lacht, um mit den andern auf Augenhöhe zu sein, hoffend, nach der übertriebenen Heiterkeit werde sofort das Thema gewechselt.

Lieber Gott, lass Abend werden!, wie mein Vater immer gesagt hatte.

Der Chinese schien mein Täuschungsmanöver durchschaut zu haben, denn er stand auf, ging zu einem langen Tisch an der Wand, der die ganze Tiefe des Ladens einnahm, und griff in einen Korb. Was er dort herauszog, ließ bei mir den lang ersehnten Groschen fallen.

«Ah!», sagte ich. «Ginseng!»

Heftig nickend hielt der Zahnlädierte die Wurzel in die Höhe:

«Yes, yes, yes!», sagte er. «Jinnsänn!»

Er strahlte über beide Ohren, und ich konnte gar nicht anders, als wieder die markanten Hauer zu bestaunen. Chinesische Berge. Im Tal ein Fluss. An den Hängen glückliche Bauern bei der Reisernte. Fast verschwunden unter ihren weit auskragenden Hüten. Eine Postkarte. Das China, das ich suchte. Da wollte ich hin. Jetzt sofort.

«Ginseng», sagte er. «Ginseng. Very good. Ginssänn.» Seine raumgreifende Erleichterung eroberte noch den letzten Winkel des kleinen Ladens. Seine Begeisterung ebenso. «Jinnsänn. Very healthy. For body and soul. And women sleep very well with Jinnsänn.»

«Ah, yes?»

«Yes, yes!»

«Aaah …»

Das ist ja großartig, schoss es mir durch den Kopf, dann ist diese Wunderwurzel die ideale Grundlage für einen Tee, mit dem ich Franka beglücken kann. Schlafmangel war ihr ständiger Begleiter. Die Kinder forderten ihren Tribut. Ginsengtee schien ein Volltreffer zu sein. Was bin ich nur für ein Trüffelschwein, klopfte ich mir auf die Schulter.

«Try. Please.»

Der Verkäufer schob mir eine Tasse hin, voll mit dampfendem Wasser, das bei der Wiederbelebung des Cowboys nicht danebengegangen war.

Ich probierte.

«Hm …», sagte ich. «Great!»

Für mich als leidenschaftlicher Kaffeetrinker schmeckte fast jeder Tee gleich, und gleich langweilig, und so auch dieser. Ich war der denkbar schlechteste Wertschätzer der Köstlichkeit, die mir kredenzt wurde. Wasser mit was drin.

«Very delicious», sagte ich. «Tastes very good. Thank you.»

Ich log dreist in den Laden und war mir sicher, Franka würde die Rarität zu schätzen wissen.

«Two times a week I come here and buy tea. It's the best!», sagte der Zahnramponierte und kaufte dem Ladenbesitzer eine Packung ab. Er bezahlte und schien der glücklichste Mensch auf Erden zu sein. Warum also sollte ich es ihm nicht gleichtun?

«How much is it?», fragte ich den Verkäufer.

«Three hundred sixty Yuan for one hundred gram.» Er wies auf den Apparat auf dem Ladentisch vor mir. «And it's shrink-wrapped. Durable one year.»

Ein Jahr haltbar. Ein Jahr! Zum Totlachen! So lange würde der Tee bei Franka nie überleben.

«Chinese people drink always tea», sagte der Zahnmann. «In the morning. Afternoon. Evening. Good for health.»

Aber bad for your teeth, dachte ich.

Nachdem ich meine Bereitschaft signalisiert hatte, das Nationalgetränk zu erwerben, ging alles rasend schnell. Der Verkäufer packte etliche der gepressten grünen Ginsengkügelchen in eine Plastiktüte – eigentlich komisch, dass sie grün sind, dachte ich, aber man lernt ja nie aus –, dann klemmte er die Tüte in den Apparat, drückte mit Schwung einen Hebel nach unten (so wie im Thai-Imbiss das Curry zum Mitnehmen verschweißt wird) und reichte mir die wertvolle Gabe, die allerdings nicht so dicht verschlossen war, wie sie es sein sollte, aber egal, Franka würde den Tee eh schnell und mit größter Freude trinken. Der Verkäufer nannte den Preis, ich legte die Summe auf den Tisch, und wir alle freuten uns herzlich.

«Tschiä tschiä!», sagte ich. Das einzige Wort, das ich kannte.

Der Verkäufer grinste mich an und nickte eifrig. Trotzdem war ich mir nicht sicher, ob er mich verstanden hatte, die Aussprache des Chinesischen ist eine diffizile Angelegenheit, also wiederholte ich es auf Englisch:

«Thank you!»

«Danke!», sagte der Verkäufer. Auf Deutsch.

Ich war begeistert von so viel Weltgewandtheit und Multilingualität, und wir drei lachten ausgiebig. So sah sie aus, die Völkerverständigung! Ich habe Freunde in der Ferne gefunden, dachte ich beseelt, während ich mit dem Zahnlädierten das reizende und ach so authentische Geschäft verließ.

Draußen verabschiedeten wir uns per Handschlag, und dann, er wohne nicht weit von hier, verschwand der Mann im Gewimmel der Stadt, so rasch, dass ich kaum dazu kam, ihm Auf Wiedersehen zu sagen. Jetzt hat er es aber eilig, dachte ich und hätte stutzen müssen über die augenscheinliche Flucht, hätte ich aus übertriebener Toleranz den Menschen dieses Landes gegenüber den Verstand nicht an der Garderobe abgegeben.

An der nächsten Ampel ließ mich dann doch ein ungutes Gefühl verharren. *Wie viel* Geld hatte ich da gerade hingeblättert? Mir fiel der Rat meines Vaters ein: «Der erste Gedanke ist immer der beste», hatte er mir stets gesagt, und beim Betreten des Teeladens war mein erster Gedanke ein sehr klarer gewesen: Hier ist was faul!

Ich rechnete es im Kopf ein paarmal durch und kam am Ende immer wieder auf dieselben fünfzig Euro. Fünfzig Euro für eine Minitüte mit gepresster Ginsengwurzel schienen trotz der ihr nachgesagten Wunderkräfte ein recht üppiger Preis zu sein. Kurz wurde mir etwas heiß, nicht wegen des Geldes, sondern wegen der schamlosen Ausnutzung meiner Offenheit. Ich fühlte mich getroffen in meinem inneren Kern, in meiner Menschenfreundlichkeit. Doch schnell beruhigte ich mich wieder, denn das Gewächs gedeiht ja schließlich nicht an jeder Straßenecke. Versöhnt mit mir und der Welt, erreichte ich das Theater.

Nach der letzten Aufführung saßen wir alle zusammen in einem engen, verwinkelten Restaurant, nahmen Abschied von dieser irrwitzigen Stadt, auf dem runden Tisch vor uns der ganze Reichtum ihrer kulinarischen Köstlichkeiten, da erhob sich Lore und räusperte sich.

«Ihr Lieben!», sagte sie. «Ich möchte euch einfach mal sagen, wie glücklich ich bin, mit euch diese ganzen Reisen, diese wundervollen Gastspiele erlebt zu haben, und jetzt noch diese Reise hierher nach Shanghai, das ist so wunderbar. Ich bin von großem Dank erfüllt, dass ich das erleben durfte und darf, dass ich das mit *euch* erleben darf, und ich kann nur sagen, was für ein Geschenk es für mich ist, mit euch allen dieses Stück zu spielen, ob vor oder hinter den Kulissen. Ja, vielen Dank! Und nun lasst es euch schmecken!»

Bravos und Applaus.

«Ach ja», setzte Lore nach und sprang noch einmal auf. «Das Wichtigste hätte ich fast vergessen: Ihr seid herzlich eingeladen!»

«Du bist ja verrückt, Lore!»

Ahs und Ohs erfüllten den Raum, und alle bedankten sich erfreut, waren bester Laune, und das Essen war so großartig, dass die Stimmung weiter stieg.

Lore hatte recht. Manchmal muss man sich vor Augen führen, was man alles hat. Man vergisst es sonst zu schnell. Nimmt es als selbstverständlich.

Ich hätte große Lust gehabt, in diesem widersprüchlichen Land zu bleiben, auf der Suche nach den jungfräulich schneebedeckten Winkeln, die es irgendwo in diesem

Riesenreich noch geben musste, doch leider ging das nicht. Einige meiner Kollegen würden demnächst in Peking und Nanjing gastieren. Ich beneidete sie darum. .

«Mir ist heute was Krasses passiert», sagte Katharina unvermittelt in die fröhliche Runde. «Ich war unterwegs in der Altstadt, also in diesem Viertel, wo auch dieser krasse Tempel steht, dieser, ich weiß nicht mehr, wie der heißt, egal, und ich kam mit einer Frau ins Gespräch, supernett, Chinesin, sprach aber perfekt Englisch und so, und wir unterhalten uns richtig gut, sie erzählt von sich, von der Stadt, fragt mich, wo ich herkomme und so weiter, aber das alles gar nicht oberflächlich, sodass man denken könnte, die will mir eh nur was andrehen, nein, überhaupt nicht, deshalb habe ich ja auch gar keinen Verdacht geschöpft und hätte nicht gewusst, warum ich mit ihr nicht ein bisschen durch die Stadt ziehen sollte, was sie mir nämlich vorgeschlagen hat, sie habe Zeit und freue sich immer, Leute aus Europa kennenzulernen und so. Also spazierten wir durch diese Gegend, sie erzählte mir alles Mögliche über den Tempel, das Viertel, in dem sie lebt, alles ganz spannend, sie gab mir sogar ihre Adresse, ihre Telefonnummer, und nach vielleicht zwei Stunden, also mindestens nach anderthalb, sagt sie, sie sei eigentlich auf dem Weg zu einem Teeladen, ob ich nicht mitkommen wolle, die hätten den besten Tee in ganz Shanghai ...»

Spätestens jetzt war mir klar, worauf es hinauslaufen würde.

«Oh nein!», sagte ich. «Erzähl uns bitte nicht, dass sie dir irgendeinen Tee für ein Vermögen aufgeschwatzt hat!»

«Ja, Scheiße!», lachte Katharina, immer noch getroffen von dem schändlichen Verrat. «Ich bin der so was von auf den Leim gegangen. Ich habe am Ende zweihundert Euro in diesem Laden gelassen!»

«Zweihundert Euro!?», rief ich.

«Zweihundert Euro!?», riefen mindestens noch vier andere.

«Jaaa! Ich hab der so vertraut! Die hat das so ehrlich gebracht, dieses ganze Ding mit Adresse und Nummer, ich hätte nie gedacht, dass die ein falsches Spiel spielt. Unglaublich. Und so, wie wir geredet haben, das hatte ab einem gewissen Punkt fast was Freundschaftliches. Deshalb macht mich das ja auch so fertig. Die hat mich wirklich nach Strich und Faden verarscht.»

«Puh. Zweihundert Euro sind heftig», sagte ich und dachte mir, Thomas sollte die Frau und den Zahnlädierten engagieren, mit ihrem Schauspieltalent wären sie ein echter Zugewinn fürs Theater.

«Ja», sagte Katharina. «Ich meine, ich hab da auch eine ganze Menge Tee gekauft, so ist es nicht, fünf Päckchen, ich wollte einigen Freunden was mitbringen, hatte ich ihnen versprochen, aber zweihundert Euro – *zweihundert Euro*! Das ist mir erst viel später aufgefallen, dass das so viel Geld war. Ich fühlte mich so sicher, ich wäre nicht mal auf die Idee gekommen, in dem Moment nachzurechnen. Das habe ich erst danach. Aber das Geld ist gar nicht so entscheidend, ich fühl mich einfach verraten, ausgenutzt, das ist das Schlimme. Beschmutzt regelrecht. Ganz eklig, dieses Gefühl.»

«Ich kann dich beruhigen», versuchte ich, sie zu trösten. «Mir ist heute dasselbe passiert. Allerdings waren es bei mir nur fünfzig Euro.»

«Willkommen im Kommunismus! Kommerzkacke auf Chinesisch!», warf Kay mit ironisch-sozialistischem Gruß ein. «Zynisch und menschenverachtend!»

«Ach, ist doch überall dasselbe», sagte Lars lapidar und fand, in Shanghai könne man immerhin besser shoppen als in Paris, London, New York und Berlin zusammen.

«Thomas würde den Kommunismus in diesem Land jetzt immer noch verteidigen», kicherte Sven spitzbübisch in die Runde. «Und den ollen Mao wahrscheinlich auch.»

Allgemeine Heiterkeit.

Stefan erzählte, dass die Nummer mit dem Tee die übliche Masche sei, um Touristen übers Ohr zu hauen. Er hatte bereits davon gehört und war auf der Hut gewesen.

Obwohl China eine Blendung war, mit diktatorischer Hightechmaske, eine Widersprüchlichkeit, die man als Europäer entwirren will, die aber funktioniert und ein unverrückbares Merkmal dieses Landes ist – trotz allem war Shanghai die langersehnte Auszeit gewesen, die ich damals, nach dem Tod meines Vaters, gebraucht hatte. Ein kostbares Gefühl aus der Kindheit war momentweise wieder aufgepoppt, sorglos und ohne Verantwortung zu sein, ohne Logistik von Familien- und Berufsleben; wann hatte ich das zuletzt gehabt? Shanghai war unbekümmertes Spiel, fühlte sich an wie die besten und freiesten Momente auf der Bühne oder vor der Kamera. Genau aus diesem Grund hatte ich diesen Beruf ergriffen, dachte ich. Durch das Schauspielen hatte ich ein Stück Kindheit in die Tasche stecken und hinüberretten können in mein durchorganisiertes Leben, in die unsinnlichen Zwänge des Erwachsenseins. Wenn der ganze Ballast, der zum Beruf des Schauspielers gehört, abgeworfen ist, wenn es nur um das reine Spielen geht, nur um das reine und freie Spiel im Moment, den meditativen

Augenblick des Vergessens, wenn die Eitelkeit keine Bedeutung mehr hat, dann ist die Schauspielerei ein Geschenk und kann die Rettung sein nach dem unumgänglichen Verlust der Kindheit.

NEUN

EINKEHR

«Liebe Mitbürgerinnen, liebe Mitbürger, das Coronavirus verändert zurzeit das Leben in unserem Land dramatisch. Unsere Vorstellung von Normalität, von öffentlichem Leben, von sozialem Miteinander – all das wird auf die Probe gestellt wie nie zuvor. Millionen von Ihnen können nicht zur Arbeit, Ihre Kinder können nicht zur Schule oder in die Kita, Theater und Kinos und Geschäfte sind geschlossen, und, was vielleicht das Schwerste ist: uns allen fehlen die Begegnungen, die sonst selbstverständlich sind.»

Vom Bildschirm blickte die Kanzlerin, schaute auf Franka und mich, schaute auf die halbe Nation und trug die Maske staatstragender Souveränität, bei der ich mir nicht sicher war, ob sie die Lust auf große Herausforderungen verbarg oder Angst.

Hatte ich bis dahin einen gewissen Nervenkitzel nicht verleugnen können, wenn ich die täglichen Nachrichten geschaut hatte, und nur gespürt, dass etwas Ungewisses bevorstand, das den üblichen Trott der Dinge durchzuschütteln drohte, so wurde mir nun klar, dass dieses Virus alles verändern würde.

Eine Woche zuvor hatte ich für Dreharbeiten nach Süddeutschland gemusst. Und damit dem Virus entgegen, das langsam, aber sicher in unser Bewusstsein getröpfelt war, erst in Form unheimlicher Nachrichtenbilder aus China, dann als immer realer werdende Bedrohung, nachdem es den Sprung nach Europa geschafft und sich in den Alpen ausgebreitet hatte. Die Schönheit der alpinen Bergwelt war für mich der unverhoffte Gegensatz zum Winter im ewig grauen Berlin. Schwer vorstellbar, dass in dieser Pracht eine Gefahr verborgen sein sollte.

Kaum hatte ich angefangen mit der Arbeit vor Ort, erreichte mich eine Mail der Schaubühne. Alle Theater müssten auf absehbare Zeit schließen, hieß es darin, nur so könne der Schutz der Angestellten und Zuschauer gewährleistet werden. Es sei zu hoffen, dass eine Wiedereröffnung in Bälde stattfinden könne, doch bis dahin bleibe nichts anderes übrig, als abzuwarten und die schwierige Zeit bis zur Wiederaufnahme des Spielbetriebs mit Zuversicht und Vorsicht zu füllen. Passt auf euch auf, stand da geschrieben. Und bleibt gesund.

Ich begriff, dass ich für wahrscheinlich lange Zeit nicht mehr auf der Bühne stehen würde, weder in Berlin noch bei irgendeinem Gastspiel im Ausland, und musste daran denken, wie ich kurz nach dem Mauerfall auf die Schauspielschule gekommen war, zu jener Zeit, als sich die Welt so überraschend und überwältigend geöffnet hatte, während sie nun dabei war, sich abzuschotten.

«Die Theater sind jetzt alle dicht, habe heute eine Mail bekommen», hatte ich abends am Telefon zu Franka gesagt.

«Ja, hab es in den Nachrichten gehört. Aber drehen könnt ihr noch?»

«Bis jetzt ja.»

«Ich hoffe nur, mein Kurs findet statt.»

«Das wünsche ich dir sehr.»

Bislang hatte sich das Virus nur als bedrohliches Gespinst in unsere Köpfe vorgearbeitet. Bei der Produktion in den Alpen wirkten Schauspieler aus Italien mit und erzählten im Frühstücksraum des friedlich-bayrischen Landhotels von der Lage in ihrem Land, aus dem Endzeitbilder endloser Sargkolonnen in die Welt gelangten. Nach wenigen Drehtagen bekam unsere Regisseurin plötzlich hohes Fieber, die Filmarbeiten wurden sofort unterbrochen. Mit der fiebernden Regisseurin und dem Abbruch der Dreharbeiten war unvermittelt die Angst da. Was, wenn die Kollegen aus Italien das Virus eingeschleppt und es bereits im ganzen Team verteilt hatten? Als der Laborbefund drei Tage später eine gewöhnliche Grippe bestätigte, alle erleichtert aufatmeten und weitergedreht werden sollte, kam das Ende trotzdem. Die Regierung hatte beschlossen, Deutschland herunterzufahren. Zustände wie in Italien sollten unbedingt vermieden werden. Plötzlich wusste niemand mehr, wann es mit dem Dreh weitergehen würde. Ob es überhaupt irgendwann weitergehen würde.

«Es ist ernst», sagte die Kanzlerin. «Nehmen Sie es auch ernst. Seit der Deutschen Einheit, nein, seit dem Zweiten Weltkrieg gab es keine Herausforderung an unser Land mehr, bei der es so sehr auf unser gemeinsames solidarisches Handeln ankommt.»

Als Jugendlicher hatte ich mir immer das Besondere gewünscht. Mehr Aufregung, mehr Kitzel. Den Ausbruch aus dem trägen Trott der öden Bundesrepublik. Und jetzt war der Ausbruch da. Und mit ihm die Befürchtung, ich würde meine Jugendwünsche noch bereuen.

Albtraumhafte Bilder aus China waren um die Welt gegangen, man sah, wie Haustüren versiegelt oder gar zugeschweißt wurden, um Menschen am Verlassen ihrer Wohnung zu hindern, sah sie an den Fensterscheiben, eingesperrt, und die Offiziellen, die weiterhin so taten, als sei alles ganz harmlos, die ihre Masken trugen – ihre *Masken*, dachte ich, wie passend! –, und mir kam meine Reise nach Shanghai in den Sinn, anderthalb Jahre zuvor.

«Dass wir diese Krise überwinden werden», sagte Angela Merkel, «dessen bin ich vollkommen sicher … Wir müssen, auch wenn wir so etwas noch nie erlebt haben, zeigen, dass wir herzlich und vernünftig handeln und so Leben retten. Es kommt ohne Ausnahme auf jeden Einzelnen und damit auf uns alle an. Passen Sie gut auf sich und auf Ihre Liebsten auf. Ich danke Ihnen.»

Der Abkapselung, in die wir uns alle begeben mussten, sah ich mit einer gewissen Neugier entgegen. Wer weiß, was die erzwungene Entschleunigung uns noch bringen würde, dachte ich.

Womöglich wäre ich völlig gelassen gewesen, hätte ich mir keine Sorgen um Svenja machen müssen. Da noch niemand die Gefährlichkeit und die genauen Verbreitungswege des neuartigen Virus kannte, die Ärzte noch keinerlei Erfahrungen mit einem Infektionsverlauf bei Patienten mit Mukoviszidose hatten, taten Marlene und ich alles Menschenmögliche, um das Virus von unserer Tochter fernzuhalten. Einen Tag, nachdem ich von den Dreharbeiten im Süden zurückgekommen war, war Marlene von einer längeren Arbeit im Ausland heimgekehrt und hatte sich in eine zweiwöchige häusliche Quarantäne begeben müssen. Ich erledigte für Svenja und sie die Einkäufe – Klopapier zu bekommen, war das Schwierigste, anscheinend befürchteten viele Menschen den kompletten Zusammenbruch des Handels und dadurch eine Gefährdung ihrer Toilettengänge – und stellte ihnen alles vor die Wohnungstür, wo wir uns mit gebührendem Abstand und dem vermeintlichen Schutz durch selbstgenähte Masken unterhielten. Svenjas aufkeimende Angst vor der unsichtbaren Bedrohung versuchten Marlene und ich mit bemühter Gelassenheit aufzufangen, auch wenn wir nicht darauf vertrauen konnten, alle Virusschlupflöcher gestopft zu haben. In unserer Unsicherheit desinfizierten wir sogar die Verpackungen der eingekauften Waren, konnten kaum abwägen, was zu beachten und was zu vernachlässigen war. Zwischen notwendiger Vorsicht und pädagogisch sinnvoller Abgeklärtheit machten wir einen Spagat, der sich anfühlte, als hätten wir zwanzig Jahre keinen Sport mehr getrieben.

Das mit Beginn der Kitaschließung und des allgemeinen Stillstands einsetzende warme Frühlingswetter half mir dabei, mit Hannah und Theo die Wohnung zu verlassen und den halben Tag draußen zu verbringen, um Franka die Ruhe zu ermöglichen, die sie für ihre Arbeit dringend benötigte. Die Kinder dabei zu erleben, wie sie ohne Murren und Langeweile stundenlang Steine und Blätter und Stöcke sammelten und Insekten beobachteten, als sei dieses Spiel jeder Überfülle im Kinderzimmer vorzuziehen, war in jener ersten Zeit der unfreiwilligen Einkehr eine wohltuende Erfahrung. Die erzwungene Konzentration auf das Wesentliche, das Fehlen jeglicher Ablenkung machten es mir leicht, im Moment zu sein, und richteten meinen Blick immer wieder nach oben, wo sich ein wie aus der Zeit gefallener Himmel über uns auftat. Wie ein Fenster in die Vergangenheit schwebte er über allem, als sei er einer Phase vor der industriellen Revolution entsprungen, vor Entwicklung der Luftfahrt, in der noch kein Kondensstreifen das große Blau zerschnitt. Verschwörungstheoretiker, so dachte ich, während ich zweifelte, ob ich in Australien, der Sahara oder irgendeinem amerikanischen Nationalpark jemals ein solch anachronistisches Himmelszelt gesehen hatte, müssen glauben, Greta Thunberg habe dieses Virus in die Welt gesetzt. Nur die Vögel, die lauter und auffallender als sonst zu zwitschern schienen, durchbrachen die ungewohnte Stille. Waren es mehr als sonst? Oder hatte ich sie bislang nur überhört? Ich war in einen Ausstieg, in einen Urlaub hineingeworfen worden, der mich in seiner Unwirklichkeit beglückte, obwohl ich ahnte, dass dieses Gefühl nur von kurzer Dauer sein würde.

Ich empfand die Auszeit als Befreiung. Auch wenn Shanghai vor anderthalb Jahren ein Erlebnis und die Vorstellungen dort eine Freude gewesen waren, so war mir die Lust an meinem Beruf seither mehr und mehr abhandengekommen. Der Tod meines Vaters hatte bewirkt, dass mir für vieles plötzlich die Kraft fehlte, was ich schon lange hinterfragt hatte. Gefallsucht und Gefallzwang waren zur Belastung geworden, ich hielt die Wichtigtuerei immer weniger aus; mich nervte, dass sich jedes Theater, jede Filmproduktion als Nabel der Welt betrachtete, und mit ihnen jeder Intendant und Regisseur, jede Schauspielerin und jeder Schauspieler. Ich fand es verlogen, wie sich das Theater nach außen den Kampf für soziale Gerechtigkeit und ein besseres Miteinander auf die Fahnen schrieb und im Inneren kaum anders strukturiert war als die Volkskammer der DDR. Ich konnte die im Netz um Aufmerksamkeit buhlende Eitelkeit mancher Kolleginnen und Kollegen nur noch mit Humor ertragen, war irritiert, wenn sie auf Facebook und Instagram Belanglosigkeiten hinausposaunten und glaubten, sie seien ohne Selfies am Set und Fotos vom Catering nicht existent. Aber vielleicht sind sie es wirklich nicht, dachte ich, womöglich muss man es tun, um in den Köpfen der Caster und Produzenten präsent zu bleiben, der Betrieb scheint diesen Unsinn ja zu fördern, möglichst viele Klicks sind heutzutage vonnöten, um als Schauspieler vorzukommen, um Begabung geht es schon lange nicht mehr.

Ach, hör auf. Du übertreibst. Bist nur frustriert, weil du abhängig bist von den Entscheidungen anderer.

Ja, ich fühlte mich fremdbestimmt. Schauspielerisch unterfordert, künstlerisch nicht ausgelastet. Und im Angesicht der aktuellen Lage wirkte mit einem Mal alles so sinnlos. Mit jedem Tag der verordneten Einkehr stellte ich mehr und mehr fest, dass mir das Theater nicht fehlte. Wo war meine Freude hin? Meine Lust am Spiel? Der Glaube daran, durch die Schauspielerei etwas bewirken zu können?

Mir kamen meine Kollegen in den Sinn, die nach dem Gastspiel in Shanghai in China geblieben waren. Während man gerade die Wohnungen etlicher Chinesen verriegelte und der Volksaufstand ausblieb, hatten meine Kollegen anderthalb Jahre zuvor noch heftige Proteste auslösen können. In Peking hatten sie Ibsens *Volksfeind* aufgeführt, und angestachelt durch die Thematik und das inszenierte Miteinbeziehen des Publikums, hatten sich die chinesischen Theaterbesucher ermutigt gefühlt, ihren Unmut über die

Zustände in ihrem Land zum Ausdruck zu bringen. Die Dämme brachen, Groll und Zorn des ruhiggestellten Volkes entluden sich. Schnell forderte die Zensur für die verbleibenden Vorstellungen in Peking Änderungen. Die Berliner Schaubühne war gezwungen, das Gastspiel in der chinesischen Hauptstadt politisch korrekt zu absolvieren. Und kurz darauf war ganz Schluss im Land des Drachen Xi Jingping. Alle Vorstellungen in Nanjing wurden abgesagt. «Technische Probleme», erklärten die Gastgeber höflich und freundlich lächelnd, auch wenn es niemand glaubte, denn das Theater in Nanjing war gerade erst eröffnet worden, zählte zu den modernsten in ganz China. In Shanghai war noch alles glattgelaufen. Ich hatte damals den Eindruck gehabt, die kulturellen Unterschiede hätten sich im Laufe der Jahre und im Zuge der Globalisierung nahezu vollständig aufgeweicht. Ob vor einem Berliner Publikum zu spielen oder vor den Interessierten im Fernen Osten – aufgrund der Reaktionen im Saal hätte ich nicht gewusst, wo ich mich gerade befand. Die zugewandten Worte der Theaterdirektorin nach der letzten Vorstellung in Shanghai hatten keinen Zweifel daran gelassen, dass die Tore Chinas von nun an weit offen standen für die Kunst der Schaubühne. Doch in Nanjing ließ das Riesenreich die Maske fallen. So wie der Zahnlädierte in Shanghai.

Beim Aufgießen des teuer erstandenen Tees in der heimischen Küche hatte sich herausgestellt, dass die grünen Kügelchen keine zusammengepressten Ginsengwurzeln waren, sondern ganz banaler grüner Tee. Warum sollte gepresster Ginseng auch grün sein? Hätte ich damals doch nur auf meine innere Stimme gehört. Und auf den Rat meines Vaters.

«Papa!»

Ein wildes Rütteln, ein Zerren an meiner Jacke.

«Papa, guck mal! Ganz viele Feuerkäfer!»

Ich war von Theo zurückgeholt worden, von China ins Hier und Jetzt, in die Stille; diese Stille, ein Traum. Und Theo, was für ein goldiges Kerlchen, dachte ich, zum Auffressen, der Kleine. Mit strahlend stolzen Augen stand er da und zeigte mir seinen krabbelnden Schatz.

«Toll!», sagte ich. «Aber pass auf, dass du ihnen nicht wehtust.»

«Papa! Ich liebe alle Tiere, weißt du das denn nicht?»

«Doch, natürlich, mein Junge.»

«Und alle Tiere lieben *mich*.»

«Dich *muss* man einfach liebhaben.»

Beim Anblick meines Sohnes sah ich mich selbst als Kind. Entdeckte im kleinen Theo Gesten und Blicke, die ich von mir selber kannte. Komisch, ab einem gewissen Alter lebt man kaum mehr in der Gegenwart. In seinen Kindern sieht man das eigene junge Ich, erinnert sich durch sie an längst Verschüttetes; begreift erst jetzt, was die eigenen Eltern geleistet haben; dass man als Kind ihre ungestillten Sehnsüchte übersah; dass sie keine Wesen mit Bedürfnissen waren. Durch die Kindheit seiner Kinder erlebt man wieder die eigene. Und sieht in seinen Eltern die eigene Zukunft.

Seit geraumer Zeit ertappte ich mich dabei, dass ich auf dem Sofa saß wie mein Vater. Nach Feierabend hatte er oft auf der Wohnzimmercouch gesessen und war eingenickt, bis er mit dem Kopf gegen die Wand stieß und aufschreckte, erneut einschlief und das ganze Spiel von vorne begann. Eine endlose Einschlaf-Aufschreck-Schleife. Nun hockte ich manchmal genauso da, bis ich erschöpft wegdämmerte, und neben mir die Kinder, die einen Trickfilm schauten, so wie ich es getan hatte, die alten Biene-Maja-Folgen, die ich ihnen schmackhaft machen wollte, die es gegen die computeranimierten Gegner so schwerhatten. Gut nur, dass das Sofa bei uns frei im Raum stand, weit weg von jeder steinharten Wand. Doch genau wie mein Vater saß ich breitbeinig da, die Hände auf die Oberschenkel gelegt. Manchmal musste ich mich nur räuspern, um eine Tür in die Vergangenheit aufzustoßen, in die Wohnung meiner Kindheit, wo mein Vater exakt dasselbe Räuspern von sich gegeben hatte. Wenn ich aufstand und das Spielzeug der Kinder vom Boden aufhob, war es mein Vater, der sich da bückte und nach den Sachen griff und sich seufzend wieder aufrichtete. Wenn ich morgens aufwachte und den eigenen, vom Schlaf nicht ganz frischen Atem roch, stellte ich fest, dass es der Atem meines Vaters geworden war, der gleiche Atem, den ich als Kind gerochen hatte, wenn ich sonntagmorgens zu meinen Eltern ins Bett gekrabbelt war, mit meinem Vater gekämpft und er mich in den Schwitzkasten genommen hatte.

«Ich muss dir was verraten, mein Räuber», sagte ich zu Theo. «Aber keinem weitersagen.»

«Ich weiß schon, Papaaa», sagte Theo gedehnt und verdrehte die Augen. «Du hast mich *liehiieb*.»

Hatte ich es in letzter Zeit zu oft gesagt?

Ich muss aufpassen, sagte ich mir, bevor meine Worte leere Hülsen sind, bevor die Kinder den Worten misstrauen.

Dann rannte Theo los mit seinen krabbelnden Freunden. Düste zu Hannah, die auf der Wiese glücklich in sich versunken trockene Grashalme zu einer Kette verknüpfte.

ZEHN

KLEISTER IM UHRWERK

Ein Ensemble in fünfundzwanzig Fenstern, minklein, fünf in einer Reihe, fünf Reihen insgesamt, und nicht alle schafften es auf eine Seite, auf den Monitor; wollte ich *alle* sehen – denn auch Dramaturgen waren dabei, die Leitung natürlich, vierzig Leute im Ganzen –, so musste ich mich entscheiden, musste hin- und herwischen, und wie im Chor, als sei es Pflicht und alles andere ein Kündigungsgrund, betonten viele, wie schön es sei, sich nach zwei Monaten des Lockdowns wieder zu *sehen*, sich *wieder*zusehen, wenn schon nicht von Angesicht zu Angesicht, so doch auf diese Art und Weise, besser als nichts war der Tenor bei den meisten.

Was war nur los mit mir? Warum spürte ich nichts? Vermisste ich nichts?

Nein, ich wollte nicht verlogen mit einstimmen in dieses Bekenntnis, ich fühlte es nicht, so wie ich nichts empfand beim Anblick der vielen Fenster auf dem Bildschirm, stattdessen nur hörte, wie im Bad die Kinder protestierten. *War es nicht langsam Zeit, ins Bett zu gehen?* Ich wollte

Kontakt aufnehmen, wollte wissen, was die andern denken, zwinkerte David zu und winkte leicht, hätte gern Nonsens geredet, Mätzchen gemacht, Faxen wie in der Garderobe, unserem *Theaterkinderzimmer*, derweil im Bad Bambule herrschte und ich ein schlechtes Gewissen bekam, nicht zum ersten Mal; aber nein, dachte ich, es ist Arbeit, was du hier machst; und nein, fiel es mir ein, so geht das nicht bei einer digitalen Konferenz, eine Täuschung der Glaube, man könne kommunizieren auf diese Art, nie weiß man, wann man gesehen wird, es gibt keine zielgerichteten Blicke im Virtuellen, jeder Kontaktversuch ist für die andern nur lächerlich; aus diesem Grund machte ich nichts mehr, schaute möglichst neutral, zeigte keine Reaktionen, war tot und begriff erst jetzt, warum alle anderen auf dem Bildschirm genauso abgestorben wirkten und exakt wie ich derart tot ins Digitale starrten, dass es eine Zumutung war.

Theaterzombies. Wie absurd.

Wir, die wir vom Körperlichen leben, von der Haptik, von der Anwesenheit des Publikums, wir sind vierzig digitale Fenster und überlegen, wie das Theater online überleben kann. Kann es nicht. Wird es niemals. Theater ist nicht digital. Theater ist kein Film. Theater ist: SICH TREFFEN.

Während Thomas in seinem Fensterchen irgendwas erzählte «von den Dramaturgen und der Öffentlichkeitsarbeit und der Hilfe von ein paar Leuten, die unsere Videos schneiden und unsere Videos herstellen», kam Hannah in mein Zimmer geplatzt, bemerkte verwundert die Menschenansammlung auf dem Computer und setzte sich auf meinen Schoß, für alle sichtbar.

«Was machst du da, Papa?», fragte sie. «Was sind das für Leute?»

«Mit denen spiele ich Theater», sagte ich. «So wie ihr in der Kita das Krippenspiel.»

«Warum gucken die alle so ernst, Papa?»

«Die sind traurig, weil sie gerade nicht spielen dürfen. Dass sie zu Hause sein müssen.»

«Aber ist doch schön zu Hause.»

Ich suchte nach Worten, um ihr das Dilemma kindgerecht zu erklären, doch Hannah war schon ganz woanders, hatte nach der kleinen Billardkugel auf meinem Schreibtisch gegriffen und betrachtete sie von allen Seiten.

«Warum hast du die immer auf deinem Tisch?»

«Das erzähl ich dir später mal, Mausewitz, aber jetzt muss ich hier noch ein bisschen aufpassen. Und du musst ins Bett, ist schon spät.»

«Egal», sagte sie knapp, legte die Kugel zurück auf den Tisch – irgendein Einfall schien ihre Aufmerksamkeit woandershin gelenkt zu haben – und sprang von meinem Schoß.

«Gute Nahaacht!», rief sie und eilte davon.

«Schlaf gut!», sagte ich, da hatte sie die Tür schon zugeknallt.

Wie sehr Kinder im Moment sind, dachte ich. Wann verlieren wir diese Fähigkeit? Wann beginnen wir damit, immerzu ans Gestern zu denken? Oder ans Morgen?

Dachte ich an das Morgen, so wich jegliche Kraft. Wie sollte ich meinen Kindern Optimismus vermitteln? Die Probleme dieser Welt schienen sich zu stapeln, und auch wenn ich mich weigerte, in den Weltuntergangsgesang mit einzustimmen, so tat ich es trotzdem, war jener Stapel doch derart angewachsen, dass sein Ende in den Wolken hing.

Hannahs Auftritt, ihr Besuch in meinem Zimmer, war

das Lebendigste an jenem Abend, doch selbst ihre kindliche Dynamik hatte niemanden auf dem Monitor aus der Erstarrung reißen können, keine Risse in den Panzern bewirkt. Die Ohnmacht schien alle Gesichter im Digitalen eingefroren zu haben, jedwedes Gefühl von Bedeutung und Relevanz war aus ihnen gewichen, hatte nichts als Perspektivlosigkeit zurückgelassen, nichts als Zweifel und sorgenvolle Gedanken an das Kommende. Die Welt zerbröselte. Und mit ihr das Theater.

Aber war es wirklich so? Vielleicht täuschte ich mich, und es ging meinen Kolleginnen und Kollegen ähnlich wie mir. Vielleicht waren sie froh um die Ruhe, begrüßten die Tatsache, ihre innere Maschine für eine Weile abschalten zu können. Womöglich wurden sich viele ihrer Befreiung aus dem Hamsterrad mehr und mehr bewusst.

Nachdem sich zum Abschied alle bemüht lebhaft zugewinkt und versprochen hatten, möglichst bald wieder eine *Zoom*-Konferenz einzurichten, «um sich wenigstens auf diese Art sehen zu können», fuhr ich den Rechner herunter und starrte auf den Bildschirm, der jetzt so tot und leer war, wie ich mich fühlte.

Nie war ich weiter vom Theater entfernt gewesen. Ich verspürte nicht die geringste Lust auf eine weitere Versammlung dieser Art.

Alle schienen darauf zu brennen, der Welt zu zeigen, dass sie noch da sind. «Wir sind noch da!» – «Das Virus kriegt uns nicht klein!» – «Wir machen weiter!» – «Wir sind wichtig!» Doch ich konnte nicht mit einstimmen. Ich fühlte mich müde und ausgebrannt, lustlos und fahl, als hätte ich Wochen in einem Raum mit Kettenrauchern zugebracht.

Kein Mensch würde uns vermissen. Wenn sie uns dichtmachen, scheiß doch drauf. Niemand braucht das Theater, wenn die Welt dabei ist, sich abzuschaffen. Wir würden den Untergang nicht verhindern können. Die Kunst hat noch nie etwas verhindert, ist immer nur ohnmächtiger Beobachter, wenn die Katastrophen um sich greifen, sie ist ohne Einfluss, im besten Fall ein schicker Anzug, mit dem man sich schmückt.

Ach, hör doch auf! Larmoyantes Arschloch!

Schon immer sind es Geschichten gewesen, die man sich erzählt, an denen man sich aufrichtet, die man zum Überleben braucht, die einem Halt geben in der Unerträglichkeit des Nichts, evolutionärer Vorteil, auch wenn sie Menschen verführen, Menschen sie missbrauchen, sie als Gegebenheit ansehen und dafür morden, obwohl jahrhunderte- oder jahrtausendealt, hirnverbrannt. Doch wie sehr liebte ich es, meinen Kindern Geschichten vorzulesen! Wenn wir uns nicht füttern mit Kunst und Geist, dann gehen wir ein, werden Opfer der digitalen Pest, Wesen ohne Fähigkeit zur Reflexion. Nein, dachte ich, Geschichten, Bücher, Theater, Musik, jegliche Kunst ist unsere Rettung, ist Seele, größer als alles, wichtiger denn je, ist *überlebensnotwendig*, ist der *Oberburner*, wie Wilfried sagen würde.

Wilfried – natürlich! Wie konnte ich das vergessen?

Während unseres Drehs, einen Monat vor dem Tod meines Vaters, hatte ich ihn auf Station besucht, wie versprochen, und er mich in meinem Aufenthaltsmobil. Bis zur Filmpremiere im Krankenhaus sollte es noch mehr als ein halbes Jahr dauern, eine endlos lange Zeit für einen Patienten mit Hirntumor, doch Wilfried war zuversichtlich, die Uraufführung zu erleben, auch wenn die Diagnose keinerlei Anlass dafür gab, das Geäst in seinem Kopf wucherte und wucherte.

«Das werd ich schaffen, glaub mir», sagte er zu mir. «Ich pack das.»

«Klar packst du das.»

«Der Faber und ich! Zusammen in einem Film! Hammer!»

«Und du auf einer Riesenleinwand! Ist das der Burner?»

«Mein Kumpel», sagte er, «das ist der *Ober*burner!»

«Und dann trinken wir beide ein lecker Pils.»

Wilfried lachte.

«Der Tumor hier drinnen», sagte er und tippte sich auf die Stirn, «der kann uns am Arsch lecken!»

Sechs Monate später, kurz vor der Premiere in der Klinikhalle, bekam Wilfried eine schwere Grippe, war zu geschwächt, um die Station verlassen zu können. Doch Richard, unser Regisseur, kam zu ihm, beglückte ihn mit einer Filmvorführung, exklusiv am Krankenbett.

Einige Wochen darauf besuchte ich ihn wieder. Auf Haus Westhusen, einem alten Dortmunder Wasserschloss. In den Achtzigern in ein Altenpflegeheim verwandelt, nannte es sich mittlerweile *Senioren-Residenz*, wohl um den Eindruck zu vermitteln, man könne als Insasse noch etwas bestimmen, statt der Ohnmacht ausgeliefert auf das Ende zuzustürzen.

Ich trat ins Zimmer. Wilfried lag im Bett, ganz wund vom langen Liegen, und strahlte mich an.

«Mein Kumpel!», sagte er und richtete sich auf, stierte auf mein Mitbringsel: fünf Tafeln Schokolade.

Wilfried hatte kaum mehr Appetit, es sei denn, es befand sich Schokolade in Reichweite, das hatte mir seine Lieblingskrankenpflegerin in der Klinik verraten. Während viele mit seiner grantigen Art nur schwer umgehen konnten, hatte sie ihn in ihr Herz geschlossen, war bis zum gut verpackten Kern seines Wesens vorgedrungen. Wenn er sich widerborstig gab, störrisch und mürrisch, alle in die Flucht jagte und nur sie als Pflegerin und Ansprechpartnerin akzeptierte, redete sie Tacheles mit ihm: «Ich komm dich besuchen, Wilfried, aber nur wenn du dich *benimmst!*» Und er benahm sich. War lammfromm. Und freute sich wie ein Kind über die mitgebrachte Schokolade.

Wilfried war ein Heimkind gewesen, hatte seine Eltern verloren, als er zehn oder elf Jahre alt war, so ganz genau wusste es niemand, auch seine Pflegerin nicht, aber Tatsache war, er hatte schon früh ums Überleben kämpfen müssen, hatte die Schule abgebrochen und nie einen Abschluss gemacht. Er hatte keine Familie und die falschen Freunde im Leben; und zuletzt nicht mal mehr die. Durch den Alkohol vorzeitig gealtert, hatten das Glioblastom und die schwere Behandlung sein Altern noch einmal beschleunigt. Bei unserer ersten Begegnung hatte ich ihn auf Ende sechzig geschätzt, obwohl er zu jener Zeit erst siebenundfünfzig gewesen war.

Jetzt auf Haus Westhusen war er achtundfünfzig und sah aus wie Mitte siebzig. Doch stolz und inbrünstig erzählte er mir vom Sieg über die schwere Grippe, die ihn nach Richards Besuch fast in die Knie und für zehn Tage auf die Intensivstation gezwungen hatte.

«Die Scheißgrippe kriegt mich nicht», sagte er zu mir und biss in die Schokolade. «Das hab ich mir auf Station jeden Tach geschworen. Der Tumor ja, aber nich die Grippe.»

«Du hast der Grippe den Stinkefinger gezeigt», sagte ich. «Ich bin stolz auf dich.»

«Hab ich dir zu verdanken.»

«Das hast du *dir* zu verdanken. Sonst keinem, mein Kumpel.»

«Nee, nee», sagte er. «Ich wusste ja, dass du nomma herkommst. Der Faber kommt nomma, hab ich immer gesacht. Und du hast Wort gehalten.»

Ich wusste nicht, was ich sagen sollte; war überwältigt, lächelte, zögerte, drückte seinen Arm.

«Und die Premiere im Fernsehen muss ich auch noch schaffen», sagte er. «Und das werd ich auch.»

Zwei Monate danach besuchte ich ihn erneut. Bis zur Ausstrahlung im Fernsehen war es noch ein ganzer Monat, doch Wilfried schaffte es bis dahin.

Vier Wochen später war er tot.

Dreizehn Monate nach unserer ersten Begegnung.

Damals habe man ihm nicht mehr viel Zeit gegeben, erzählte mir seine Pflegerin am Telefon. Höchstens drei, vier Monate.

«Aber dass er euch alle kennengelernt hat», sagte sie zu mir, «und bei euch mitspielen durfte, im Fernsehen zu sehen sein sollte, und vor allem, dass er sich so sehr mit deiner Figur identifiziert hat, das hat ihm die Kraft gegeben, ein paar Monate länger gegen den Tumor zu bestehen. Er hat mir immer gesagt: *‹Der Faber versteht mich. Der is wie ich.›* Das hat er ernst gemeint.»

Es ist doch schon viel, wenn man nur einem einzigen Menschen Mut macht, ihn aufrichtet und anregt, dachte ich, noch immer vor meinem leeren Computer hockend, der nicht mehr die Zumutung war wie noch vor wenigen Augenblicken. Genau das erzeugt ja das Ohnmachtsgefühl unserer Zeit, dass alle Probleme der Welt zu uns dringen, in unser Wohnzimmer, unsere Köpfe, alles einströmt in unser Höhlenhirn, das gemacht ist für eine kleine Gruppe von Menschen. Bei acht Milliarden sind wir überfordert, überflutet, überfrachtet, überfüllt, machtlos, hoffnungslos, ein Fussel im Wind, werden wütend, schalten ab, blenden alles aus, selbst die kleine Gruppe um uns herum; wir hinterfragen uns, reden uns ein, wir müssten hinausziehen, müssten handeln, und wissen gleichzeitig, dass wir es nicht tun werden, weil wir es nicht können, doch wir könnten es, bliebe jeder bei sich, bei seiner kleinen Gruppe, *alles wäre abgedeckt*. Selbst wenn es nur Wilfried gäbe, der wegen unserer Geschichten länger als gedacht überlebte, selbst wenn nur wenige mit Fragen aus unseren Geschichten gehen, mit Gedanken und Zweifeln, die Dinge nach sich ziehen, Veränderung bewirken, dann: *Scheiß auf die Ohnmacht!*

Der Reiz des Stillstands war irgendwann verflogen. Nachdem die Zeit geschlichen war, als hätte jemand Kleister ins Uhrwerk geschmiert, galoppierte sie nun davon. Ein Tag wie der andere. Die Monate auf ewig gleich. Ein einziger langer Sonntag. Als triebe man auf einem endlos glatten Meer der Perspektivlosigkeit und stieße nur alle hundert Kilometer auf eine Boje.

Man begann, sich über Bojen zu freuen.

Man zweifelte daran, ein Familienmensch zu sein.

Man besah täglich die Fallzahlen.

Man mied die Städte, die jeden Reiz verloren hatten. Die nur noch leere Hüllen waren. Rummel ohne Strom. Ein verstummter Chor.

Man suchte die Natur auf. Und war verärgert, weil andere es auch taten.

Und im Meer der Perspektivlosigkeit plötzlich die ersehnte Insel: ein neues Medikament. Ewig war geforscht und entwickelt worden, nun war es so weit. Ein Anruf der Klinik, und Svenja konnte mit der Einnahme beginnen. War schnell wie ausgewechselt. Ein neuer Mensch. Die Lungenfunktion bei hundertzehn Prozent. Wie vergesslich man wird, wenn Sorgen und Ängste verschwinden. Wenn etwas eintritt, das alles verändert.

Eine Mail. Wie aus dem Nichts. Von einer Frau aus der Heimat. Über drei Ecken war sie an meine Adresse gekommen. Sie erzählte mir von einem Puppenhaus, das sie schweren Herzens verkaufen wolle, ihre Kinder seien aus dem Alter raus, und auch wenn sie selbst besondere Erinnerungen mit dem Haus verknüpfe, es nehme zu viel Raum auf dem Dachboden ein; bevor sie es aber Fremden verkaufe, wolle sie mich fragen, ob ich Interesse daran hätte, das Haus sei ein Werk meines gehörlosen Großvaters. Eine hochbetagte Dame, deren Eltern das Haus während des Krieges für sie erworben hätten, als sie ein zehnjähriges Mädchen gewesen sei, könne die Urheberschaft bezeugen. Es sei zweifellos ein Werk meines Großvaters, und es sei unbestreitbar schon während des Krieges gebaut worden, so schrieb die Frau in ihrer Mail und erklärte abschließend, das Puppenhaus sei von der Familie der alten Dame nach dem Krieg an ihre Großeltern weiterverkauft worden, ihre Mutter habe als Kind damit gespielt und es schließlich ihr vermacht.

Wenn auch nicht vergleichbar mit dem Wunder, das Svenjas Medikament darstellte, so war das unerwartete Auftauchen des Puppenhauses für mich doch wie eine Botschaft aus der Vergangenheit, ein Wink meines Großvaters,

Reaktion und Antwort auf meine Spurensuche, wie er die Familie im Krieg ernähren konnte. Als hätte er mir persönlich einen Beleg seiner Schaffenskraft gesendet.

Ich wählte die Nummer meiner Mutter, musste ihr gleich davon erzählen.

«Ja, halloo?»

Sie hatte sich angewöhnt, am Telefon keinen Namen zu nennen. Seit geraumer Zeit klingelte es häufig, und wenn sie abnahm, reagierte niemand, es war nur kurz still, dann wurde aufgelegt.

«Hallihallo, *ich* bin's!», sagte ich.

«Ach!», sagte sie. «*Du* schonn wieder! Wir hamm do' gestern erst telefoniert. Alles in Ordnung bei euch?»

«Alles gut.»

Ich erzählte ihr vom Puppenhaus ihres Schwiegervaters und hörte den Fernseher in ihrem Wohnzimmer, auf dem ein vom amerikanischen Präsidenten aufgeheizter Mob das Kapitol in Washington erstürmte. Und ich hoffte, dass dieser gefährlich machtkluge, durch mediale Omnipräsenz unnötig gewürdigte Mensch, an dessen Niedertracht sich alle guten Europäer ergötzten, um sich so der eigenen Makellosigkeit versichern zu können, schnellstmöglich aus dem Weißen Haus verschwinden würde, bevor noch Schlimmeres passierte. Obwohl die Welt sich abgeschottet hatte und man von ihr ausgeschlossen war, war sie durch die Medien umso präsenter: als eine einzige nicht enden wollende Katastrophe. Da es keinen Abgleich mit der Wirklichkeit mehr gab, nicht geben durfte, wuchs das Gefühl von ständiger Bedrohung. Die Menschen schalteten die Nachrichten aus. Bei meiner Mutter liefen sie noch.

«Is das nich schlimm, was da in Amerika los is?», sagte

sie. «Hömma, dieser Trump, der is do' bescheuert! Krank is der doch! So ein furchtbarer Kerl! Dass der sich nich *schämt!*»

«Scham kennt der gar nicht», sagte ich. «Aber sag mal, hast du mir überhaupt zugehört?»

«Wat sachse?»

«Ob du mir zugehört hast?»

«Ja, natürlich. – Ja, und jetz? Du willst das do' nich etwa kaufen?»

«Muss ich doch!», sagte ich. «Da taucht ein Haus von Oppa auf, aus dem Krieg, stell dir mal vor! Ich kann gar nicht anders. Was würdest du denn machen?»

«Tja, Gott, was würde ich machen?»

«Wenn ich das nicht kaufe, Muttern, das verzeih ich mir nie. Überleg mal, allein schon wegen Papa.»

Jetzt war Stille am anderen Ende. Und nach einer Weile:

«Wo willze das denn hinstellen? Ihr habt do' au keinen Platz bei euch.»

«Na ja», sagte ich. «Wäre es nicht möglich, es eine Weile bei dir im Keller unterzubringen?»

Im Hintergrund die Korrespondentin. Noch zwei Wochen, dann werde der neue Präsident ins Amt eingeführt.

«Ich hol es dann irgendwann ab», sagte ich.

Darauf meine Mutter:

«Och Gott, och Gott!»

Womit sie recht hatte.

Noch zwei Wochen, dachte ich. Die können lang werden.

«Na ja, ich versteh das ja schonn», sagte sie. «Na gut. Is okay.»

«Pass auf», sagte ich, «die Frau soll mir erst mal ein paar Fotos schicken. Und dann sehen wir weiter.»

«Jaja, werden wir schonn hinkriegen.»

«Danke.»

«Is okay.»

Wir verabschiedeten uns.

«Und drückse mir alle, woll!?», sagte meine Mutter und wurde mit jedem Wort lauter, als müsste sie die große Entfernung mit Rufen überbrücken. «Und dann sagenwema bis dann!»

«Bis dann!»

«Joo-*hoo*! Tschü-*hüss*!! TSCHÜSSKEEEN!!!

Ich ließ mir Fotos vom Puppenhaus zusenden, und obwohl mir beim Betrachten der Bilder Zweifel kamen – ich hatte mir das Werk meines Großvaters filigraner vorgestellt –, kaufte ich es wie die Katze im Sack; es gab keine Möglichkeit, in nächster Zeit nach Herdecke zu fahren, also hatte ich nicht die Wahl. Mir wurde zugesichert, dass man es zu meiner Mutter bringen und in den Keller tragen würde, es sei definitiv zu schwer, als dass eine alte Dame es alleine schleppen könne, selbst ein kräftiger Mann sei dazu kaum in der Lage.

Meine Zweifel wuchsen.

Eine Woche später klingelte das Telefon. Ich nahm ab.

«Muttern!»

«Ich wollte dir nur sagen, dass das Haus heute angekommen ist», sagte sie und schwieg.

Die Stille verhieß nichts Gutes.

«Du klingst nicht gerade begeistert», sagte ich.

Meine Mutter seufzte.

«Also ganz ehrlich», sagte sie. «Als die das heute hier angeschleppt haben, da dacht ich nur: Ach du meine Güte, was is das denn fürn Oschi!»

«Ah ja?»

«Ja.»

«Okay –»

«Tja –»

«Und jetzt?»

«Du bist vielleicht gut», sagte sie. «Jetz steht's da. Versperrt mir den ganzen Keller. Ich komm da überhaupt nich mehr durch, so steht das Teil im Weech.»

«Da hab ich wohl die Größe unterschätzt.»

«Kann man wohl sagen.»

«Tut mir leid.»

Noch eine Woche, dachte ich. Bis zur Amtseinführung.

«Na ja, ich weiß doch auch nich –», sagte sie.

Und dann:

«Natürlich erinnert mich das Haus an deinen Papa, so wie es jetz dasteht ...»

Ich hörte, wie sie mit den Tränen kämpfte.

«Pass auf», sagte ich, «ich werde so schnell wie möglich vorbeikommen und das Teil abholen.»

«Ach, du hass do' ga nich die Zeit dazu. Und ich weiß auch ga nich, ob ich das überhaupt will.»

«Wieso?»

«Ach, weiß nich.»

«Hast du Angst?»

«Nein. Eigentlich nich. Aber die Zahlen, die gehn ja grade wieder ordentlich durch die Decke.»

Nur gut, dass mein Vater das nicht mehr miterleben musste. Die Vorstellung, meine Mutter hätte ihn im Heim nicht besuchen dürfen! Hätte ihn das Virus nicht geholt, er wäre an Einsamkeit krepiert.

«Und? Wie geht's dir so?», fragte ich.

«Ach Gott», sagte sie, «wie soll's mir gehen? So wie immer. Wie es halt so geht. Gut so weit. Was soll ich auch sagen? Sind blöde Zeiten. Aber nützt ja nix. Geht uns allen so.»

«Ich meinte eigentlich wegen Papa.»

«Och Gott, ja ... Wenn ich manchmal so dasitze ... da hat er immer gesessen, denk ich dann. Da seh ich ihn dann vor mir und denke: Mensch, das is doch ga nich lange her, da isser noch durch die Stadt gerannt mit seiner Sammelbüchse. Und dann ... Ich versteh das einfach nich, das will mir nich in' Kopp, das ging plötzlich alles so schnell!»

Sie verstummte. Die Gedanken quälten sie, ich konnte es hören.

«Manchmal denk ich ... ich weiß au nich, aber ... ob die ihn da wirklich so richtig untersucht haben? Ich bin mir da nich sicher. Manche waren da oben doch viel länger! Einer fast fünfzehn Jahre, der andere sogar zwanzig! Warum ging das so schnell? Warum bei ihm?»

«Bei manchen geht es halt schneller», sagte ich. «Aber stell dir vor, er hätte da noch ewig gelegen, wie schrecklich!»

«Ja ... hass ja recht.»

Und nach einer Weile:

«Ach, Scheiße alles. Lassen wir das Thema.»

Es tat weh, dass ich meine Mutter nicht besuchen konnte. Die Schreckensvision, das Virus könnte uns ein Wiedersehen zu Lebzeiten verhageln, wurde durch die Erinnerung an die wenige Zeit, die ich mit meinem Vater vor seinem Tod gehabt hatte, regelmäßig aufgefrischt.

«Also, um deine Frage zu beantworten, ich fühl mich ... 'n bisschen schlabberig.»

«Schlabberig?»

Meine Mutter musste lachen.

«Keine Ahnung, wie ich jetz darauf gekommen bin. Aber ja. Schlabberig. Das trifft's ganz gut.»

Zwei Monate später war ich in Herdecke und sah das Puppenhaus zum ersten Mal. Als ich im Keller davorstand, musste ich gestehen, dass ich es mir kleiner vorgestellt hatte. Viel kleiner. Vielleicht auch schöner?

Da ich mit dem Zug hergereist war, hatte ich keine Möglichkeit, das Haus mitzunehmen, also musste es weiterhin in Mutters Keller bleiben, doch sie schien sich damit abgefunden zu haben. Ich war ganz froh darüber, denn bei uns zu Hause hatten wir nur einen kleinen, feuchten und von Mäusen heimgesuchten Schuppen, in dem das Haus keinen Winter überleben würde. Zudem befürchtete ich, dass Hannah und Theo keine einzige Minute mit dem Ungetüm spielen würden. Und Franka würde mir den Kopf abreißen, würde ich es mit in die Wohnung schleppen.

Im Sommer war ich ein weiteres Mal in der Heimat, und schon beim Öffnen der Wohnungstür erkannte ich am Blick meiner Mutter, dass etwas passiert war.

«Alles in Ordnung?», fragte ich sie.

«Was soll denn sein?»

«Irgendwas ist, das seh ich dir doch an.»

«Du merkst aber auch alles», sagte sie und zögerte kurz. «Komma mit.»

Ich stellte mein Gepäck in der Diele ab und folgte ihr durch das Treppenhaus nach unten.

«Jetzt hab ich natürlich ein schlechtes Gewissen», sagte

sie. «Und mach mir Vorwürfe, weil ich dir immer gesacht hab, dass ich nix halte von diesem Puppenhaus.»

«Was ist denn passiert?»

«Wirsse gleich sehen», sagte sie und stieg für ihre fast fünfundachtzig Jahre beeindruckend schnell und leichtfüßig die vielen Stufen hinab.

Beim Hinuntergehen fiel mein Blick auf das Treppengeländer aus den Sechzigern und die schwarzen Plastikringe, die die Pfosten des Geländers am Boden umschlossen, und mir kam in den Sinn, wie mir die Ringe vor Ewigkeiten einen furchtbaren Schrecken eingejagt hatten. Ich war vielleicht fünf Jahre alt gewesen, hatte am Geländer gespielt und damit angefangen, die Ringe an den Pfosten hochzuschieben, als ein großes Nachbarmädchen auf mich zukam und mir energisch klarmachte, ich müsse die Ringe sofort wieder nach unten drücken, andernfalls würde das ganze Haus einstürzen. «Die halten unser Haus, du Trottel!», schimpfte sie. «Runter mit den Dingern, schnell, sonst sind wir alle tot!» Ich bekam schreckliche Angst und schob sie so rasch wie möglich wieder nach unten. Doch es waren viel zu viele. Wie sollte ich all diese Ringe schnell genug in die richtige Position zurückbringen? Würde die Zeit überhaupt reichen? Zitterte das Haus nicht sogar schon? Ich wurde panisch und fing an zu weinen, konnte nicht begreifen, dass sie einfach nur dastand und mir zuschaute, schließlich konnte unser Haus jederzeit zusammenbrechen und uns alle begraben, und dann wäre alles weg, mein schönes Zuhause, Mama und Papa, *wir alle! UND ICH WÄRE SCHULD DARAN!* Plötzlich lachte sie und lief davon. Ich schaute ihr nach und sah, wie sie die Haustür aufriss und laut gackernd nach draußen rannte. Da begriff ich, dass sie mich reingelegt hatte. Unser Haus würde nicht einstürzen. Fest wie eh und je stand es da und würde es auch weiterhin tun. Ich war erleichtert und wütend zugleich, vor allem aber war es mir peinlich, und die Haustür fiel hinter ihr ins Schloss und machte ein dumpfes metallisches Geräusch; nein, nicht die Haustür, die Metalltür zum Keller, die meine Mutter hinter uns geschlossen hatte, und darauf der angebrachte Zettel: *Bitte diese feuerhemmende Tür immer geschlossen halten!*, und ich war kein kleiner Junge mehr, war im Hier und Jetzt und dachte nur:

Schon damals ging die Welt nicht unter!

«Ach Gott, die Wäsche!», sagte meine Mutter. «Hab ich ja ganz vergessen! Bin ich denn eigentlich bescheuert?»

Die Wäsche. Natürlich. Der Trockenraum. Gleich links von uns. In meiner kindlichen Phantasie war er lange Zeit der Maschinenraum des Riesenraumschiffs gewesen, mit dem wir alle durch das All flogen. Nur ich wusste, dass unsere Erde in Wirklichkeit ein gigantisches Raumschiff war, dass der Motor der Welt im Trockenraum unseres Hauses lag und das Cockpit oben in unserem Badezimmer. Immer wenn ich auf der Kloschüssel im engen Bad hockte, stieß ich mit den Füßen an die Waschmaschine vor mir, die keine gewöhnliche war wie bei anderen Leuten, denn dort, wo gewöhnliche Menschen Kochwäsche, Buntwäsche oder den Schleudergang einstellten, war bei uns die Steuerung des Erdraumschiffs; wenn ich also auf dem Lokus saß, lenkte ich unseren Planeten durch ferne Galaxien.

Der Gang rechts führte zu den Kellern, ganz am Ende lag unserer. Ich folgte meiner Mutter in gebückter Haltung durch den niedrigen Gang, bis sie das kleine Vorhängeschloss an der hintersten Brettertür öffnete und diese mit einem kräftigen Hauruck aufzog; die Tür schleifte über den Boden und machte wie jedes Mal dieses knarzende und scheppernde Geräusch, das mir seit der Kindheit vertraut war.

Meine Mutter trat zur Seite und gab mir den Blick in den schmalen Kellerraum frei.

«Da hamm wir den Salat», sagte sie und deutete auf das Puppenhaus hinten an der Wand.

Ich konnte nichts Außergewöhnliches feststellen.

«Hätt ich's doch lieber da gelassen, wo es war», sagte sie. «Ich doofe Emma. Natürlich stand es hier vorne im Weech, aber mein Gott, da wär's *sicher* gewesen. *Da* wär *nix* passiert. Aber wat sollt ich denn machen? Ich brauch do' den Platz hier, früher oder später *musste* das da weg. Und dann hab ich es halt so weit wie möglich in die Ecke geschoben. Direkt an die Wand. Unters Kellerfenster. Herr Weber war so nett und hat mir dabei geholfen, allein hätt ich das nie hingekricht, aber zusammen ging es dann. Ach, hätt ich ihn doch bloß nie gefraacht!»

Ich trat näher an das Haus heran und bückte mich. Jetzt konnte ich es sehen.

«Tja», sagte sie, «und dann, bei diesem Wahnsinn neulich, da isses passiert. Da hat's hier reingereechnet wie verrückt. Und wir hatten ja no' Glück, muss man sagen. Andern isses viel schlimmer ergangen. Am Bachplatz zum Beispiel, da war alles komplett unter Wasser. Die werden noch Jahre brauchen, denk ich immer, bis die alles aufgeräumt und repariert haben. Furchtbar. Die reinste Sintflut. Die schlimmste seit dammals, wo sie die Möhnetalsperre gesprengt haben. Ach, was rede ich, noch viel schlimmer! Die ganze Oberstadt war ja überflutet. So was hat's no' nie gegeben. Nich, dass ich wüsste.»

Das Holz des Puppenhauses war auf der Rückseite aufgeweicht, hatte sich mit Wasser vollgesogen. Die Puppenmöbel waren teilweise beschädigt, Farbe abgeblättert. Auf den Miniteppichen der Puppenzimmer hatte sich Schimmel festgesetzt.

«Mach dir keinen Kopp, Muttern», sagte ich. «Ist ja nicht deine Schuld. Und auch gar nicht schlimm.»

«Aber die ganzen kleinen Möbel, die dein Oppa alle selbst gebastelt hat, so liebevoll, so toll – alles kaputt! Und die Elektrik! Diese kleinen süßen Lämpchen, die er in die Zimmerchen eingebaut hat, die man sogar anmachen konnte, dieser ganze kleine Stromkreislauf, alles im Eimer!»

«Kann man bestimmt reparieren», sagte ich und glaubte es selber nicht.

«Das tut mir so leid», sagte sie. «Ich war jeden Tach hier unten, hab versucht, alles trocken zu föhnen, aber ... na ja, ich glaub, die Teppiche müssen raus, die sind hinüber.»

Ich schwieg und nickte.

«Dabei *war* das gar nich so viel Wasser hier unten», sagte sie. «Eigentlich nur inner Ecke unterm Fenster. Ausgerechnet! Und nur weil ich das Ding weghaben wollte und da hingeschoben hab! Wenn man sich ma' vorstellt, wie alt das ist! Wie lange das gehalten hat! Und jetz ...»

ELF

HAST *DU* DROGEN GENOMMEN?

«Ja, hallöchen Po*pö*chen!»
Svenja stand vor uns im Flur und grinste breit, ich hatte sie gar nicht kommen hören.

«Ihr seid ja noch auf!»

«Wo kommst du denn her?», fragte ich. «Ich dachte, du liegst im Bett.»

«Im Bett?», sagte Franka. «Es ist Samstagnacht. Deine Tochter hat hoffentlich Besseres zu tun nach zwei Jahren tote Hose.»

Svenja riss die Arme hoch, deutete einen ekstatischen Klubtanz an:

«Paaardyyy!», krakeelte sie.

Und stoppte abrupt. Schaute leicht an mir vorbei. Und als hätte sie meine Gedanken erraten:

«Keine Sorge, Papa, ich hab keine Drogen genommen. Wir waren auf einem Rave, einem illegalen, im Wald, aber –» Svenja musste lachen. «Also nein, da waren wir eigentlich gar nicht, dazu kam es nämlich nicht, wurde *ab-geblasen.*» Wieder lachte sie. «Die haben plötzlich kalte Füße bekommen. Hatten Angst, dass die Bullen was spitzgekriegt haben.»

«Rave?», fragte ich. «Illegal?»

«Alles gut, Papa. Alles ganz harmlos. Wir waren nur noch einen trinken. Bei Kirk.»

«Aha.»

«Was macht ihr eigentlich hier im Flur?»

Svenja betrachtete mich von oben bis unten, erst jetzt fiel ihr auf, dass ich komplett angezogen war, noch Mantel und Schuhe anhatte.

«Bist du auch grad erst gekommen?»

«Vor fünf Minuten», sagte ich.

«Er hat gekündigt», sagte Franka.

«Wer hat gekündigt? Wo gekündigt?»

«Dein Vater. Am Theater.»

Svenja starrte mich an.

«Hast *du* Drogen genommen?»

Ihre Frage war berechtigt. Mein Fluchtpunkt war schon früh das Theater gewesen. Bereits mit sechs hatte ich mich aus meiner Schüchternheit befreit – an der Ostsee, auf Handballjugendfahrt, organisiert von meinem Vater –, hatte dort unvermittelt angefangen zu tanzen, nachdem ich zuvor immer nur dagesessen und Superhelden gezeichnet hatte. Plötzlich stand ich auch auf dem Schulhof nicht mehr alleine da, erst recht nicht, nachdem ich zum Abschluss der Grundschule ein paar lustige (von meiner Mutter verfasste!) Reime auf alle Mitschüler vorgetragen hatte. Man klopfte mir begeistert auf die Schultern. Ich hatte die Rolle des Klassenclowns gefunden. Machte ich meine Mätzchen, spielte die Schüchternheit keine Rolle mehr, jede Unsicherheit war weg. Sie tauchte erst wieder auf, wenn es darum ging, als Kind einer Arbeiterfamilie mein praktisches Talent zu beweisen; malen und zeichnen ja, aber eine Schraube anziehen? Beim Realschulpraktikum im Hallenbad und an der Eislaufbahn waren meine zwei linken Hände kaum dazu in der Lage, den Wasserschlauch aufzurollen. Wohin also hätte ich gehen sollen, wenn nicht ans Theater, zu all den anderen Hofnarren, an diesen Ort der Kompensation?

«Krass», sagte Svenja.

Dann ging sie schnell ins Bad und schloss die Tür.

«Ich nehme an, bei Kirk habt ihr euch alle getestet?», rief ich ihr nach und fand mich wahnsinnig witzig.

«Warum?», fragte Franka unvermittelt.

Ob Kirk ihr Freund war?

«Warum so plötzlich?»

Nein, das hätte sie mir erzählt.

«War die Vorstellung so schlimm?»

Ich sah in Frankas große Augen. Sie wird nicht älter, dachte ich. Unfassbar schön.

Ich wollte etwas erwidern, doch aus dem Bad drang lautes Würgen. Svenja kehrte ihr Innerstes nach außen.

«Alles gut?», rief ich.

Keine Reaktion.

«Brauchst du Hilfe?»

«Nein», kam es aus dem Bad. «Alles gut.»

Wieder ein Würgen.

Und Franka wartete auf eine Antwort.

«Die Vorstellung war super», sagte ich. «Hat Spaß gemacht.»

Nach zwei Jahren hatte ich am Abend zum ersten Mal wieder auf der Bühne gestanden, zusammen mit meinen Kollegen, war nach zwei Jahren Zwangspause wieder abgetaucht in jene Stunden der Konzentration und Intensität, in jene Momente des freien Spiels, in denen es sich anfühlt, als würde man durchströmt von purer Energie, von Lust und Leben und der klaren, warmen Antwort aufs Warum; und dennoch, der Gedanke, mich wieder nach den Bedürfnissen des Theaters zu richten, nach den Fesseln des Betriebs, nicht mehr mein eigener Herr sein zu können, wie ich es in letzter Zeit so überraschend geworden war: *undenkbar*. Schon bei den Wiederaufnahmeproben hatte sich das Gefühl der Fremdbestimmung eingeschlichen, ich aber wollte frei sein. Doch Freiheit wird zur Bedrohung, wenn das Geld ausbleibt, du keine neuen Rollen bekommst, festgelegt bist, nicht mehr wahrgenommen wirst, wenn nur noch neue Gesichter gesucht werden, unverbrauchte, der Jugendwahn herrscht. Zum ersten Mal kam ich mir alt vor, verstand vieles nicht mehr, kochte innerlich, wenn ich hörte, dass man an manchen Theatern von Diskussionen ausgeschlossen wurde, weil man «Dinge nicht erlebt hatte»; wenn einem Empathie abgesprochen und am Ast der Schauspielkunst gesägt wurde mit der Forderung, man dürfe nur noch spielen, was man selber sei. Wir dürfen *alle alles* spielen! Das einzige Kriterium dafür oder dagegen ist das *Talent*! Wir machen diesen Beruf, weil wir mit ihm aus unserer Haut können, Neues begreifen, Fremdes, bestenfalls nicht nur um uns selber kreisen, doch wir schaffen neue Gräben, ein neues Klima der Angst, erschaffen eine Zensur, die früher nur von oben kam. Wenn Theaterleute, egal ob oben oder unten, glauben, sie wissen, wo die Bösen sind, wenn sie einfache Antworten liefern, statt Fragen zu stellen und das Publikum durchzurütteln, dann verlasse ich den Saal! *Beruhige dich, du bist ja völlig aufgebracht, so schlimm ist es nicht, noch nicht, alles wird sich einpendeln, du steigerst dich da rein, die lange Zeit der Isolation hat dir nicht gutgetan.* Und trotzdem: Ich wunderte mich, verstand vieles nicht mehr, und all das kochte zusammen, diese ganze gärende Suppe in mir, das Private und das Große, sodass ich nach der Vorstellung kurzerhand zu Thomas ging, in die Kantine, und ihm sagte, dass ich die Schaubühne verlassen wolle, wohl wissend, zu langes Nachdenken nähme mir den Mut dazu.

«Es ist deine Entscheidung», sagte Franka. «Du musst wissen, ob es dir fehlen wird oder nicht.»

«Na ja», sagte ich, «so einfach ist es leider nicht. Du weißt selbst, was das bedeutet. Es würde ein neues Stück geben, neue Gastspiele, ich wäre viel unterwegs. Du müsstest eine Menge alleine stemmen.»

Im Bad wurde die Spülung betätigt, dann der Wasserhahn.

«Mir ist es egal», sagte Franka. «Wirklich. Ich will nur nicht, dass du mich dann dafür verantwortlich machst, wenn dir zu Hause die Decke auf den Kopf fällt. Wir wieder ewig aufeinanderkleben.»

«Dein Ernst?»

«Ja. Vielleicht täte dir das Theater gut. Du musst wieder mehr unter Leute. Wir alle. Sonst werden wir *noch* kauziger.»

Aber du beschwerst dich doch immer, wenn ich zu viel weg bin!, wollte ich sagen, als die Badezimmertür aufging und das große Kind dastand wie ein bleiches Stück Weichkäse.

«Ich hoffe, das war's», sagte Svenja.

Unvermittelt ging sie los, taumelte, stürzte die zwei Meter quer durch den Flur bis zur nächsten Wand, knallte mit voller Wucht dagegen, so schnell, dass ich kaum reagieren konnte; kurz wurde sie von der Wand gehalten, drohte dann aber auf den Boden zu sacken.

«Svenja!»

Ich eilte zu ihr und konnte sie auffangen, Franka sprang mir zu Hilfe, gemeinsam stützten wir sie.

«Svenja, was ist?!»

Ich tätschelte ihre Wange.

«Alles klar!? – Svenja!!»

Sie starrte mich mit großen Augen an. Aus einer Sekundenohnmacht erwacht.

«Was?», sagte sie. «Was war denn? – Was war *das* denn?»

«Komm», sagte Franka, «wir legen dich erst mal hin.»

Wir führten sie ins Wohnzimmer, halfen ihr aufs Sofa.

«Geht schon wieder», sagte sie.

«Schön die Füße hoch», sagte Franka.

Und als die Füße oben lagen:

«Bin gleich wieder da.»

Und Franka ging in die Küche.

Ich saß da und hielt Svenjas Hand.

«Du machst mir vielleicht Sachen.»

«Sagt Oma auch immer.»

«Was habt ihr denn da alles getrunken bei diesem Kirk?»

«Na, was wohl!?», rief Franka aus der Küche. Dann lautstarkes Geklapper, sie zerrte eine Flasche aus der Getränkekiste. «Deine Tochter ist *achtzehn*, du Schisser!»

«Wer ist das überhaupt, Kirk?»

«Kirk ist ein Freund aus meinem Jahrgang, Papa. Aber nicht *mein* Freund, falls du das denkst.»

Und dann:

«Wie krass, dass du gekündigt hast. Mutig.»

«Findest du?»

«Wird dir das nicht fehlen?»

Gute Frage. Warum war ich damals so kompromisslos den Weg an den Lehniner Platz gegangen? Vielleicht hatte ich der Normalität entfliehen wollen. Hatte mich nach Aufregung und Chaos gesehnt, als Schauspieler zu bekommen versucht, was das Leben nicht hergab. Ich wollte mich spüren im Extremen, wollte Anarchie im geschützten, von Kunstlicht erhellten, von der Wirklichkeit abgeschotteten Theaterraum; das Spiel war die Schutzhülle, hinter der ich jede Unsicherheit verstecken konnte, die von fragenden Blicken, die mich zu ertappen drohten, ablenkte – oder hatten sie es schon längst? –, hatte ich auch meinen Bunkermoment, so wie mein Vater? Falls er ihn denn überhaupt je gehabt hat, es war reine Spekulation, nichts als meine Phantasie, aber würde es nicht wunderbar zusammenpassen? Das von den Eltern Übernommene. So wie sich vielleicht auch die Bombennacht meiner Mutter in mir festgesetzt hatte. Sporadisch aufblitzte im Wunsch, Dinge kontrollieren zu wollen, ihnen ungern ausgeliefert zu sein, als Beifahrer, im Flugzeug, wo auch immer. Beim Spiel aber konnte ich alle Kontrolle abgeben, fast alle, dort war Freiheit, dort war der Augenblick.

«Frag nicht so schwierige Sachen, mein Kind», sagte ich zu Svenja. «Aber du hast recht. Vielleicht ist die Entscheidung völliger Quatsch.»

«Sei mir nicht böse, wenn ich das jetzt sage, ja?»

Ich schaute sie an.

«Ich hab den Eindruck, du hast irgendwie deinen Spaß verloren. Bist oft so schwer in letzter Zeit. Früher hast du viel mehr rumgeblödelt.»

Franka kam mit einem Glas Wasser zurück und reichte es Svenja. «Hier. Trink mal was.»

Svenja nahm einen Schluck.

«Und ein Lappen», sagte Franka. «Für die Stirn.»

Svenja tat wie vorgeschlagen, blickte uns an mit großen Augen, darüber blau und kühl der feuchte Stoff.

«Ich schwöre euch», sagte sie, «ich hab nur einen Gin Tonic getrunken. Sonst nix. Nicht mal ganz ausgetrunken.»

«Ich glaube, du bist einfach erschöpft», sagte ich. «Du büffelst seit Monaten fürs Abitur, machst nebenher deinen Führerschein, jobbst einmal die Woche im Café und lässt keine Party aus. Verstehe ich ja. Jetzt wo es langsam wieder geht, willst du nichts verpassen. Aber du musst nicht die letzten zwei Jahre aufholen. Du bist so jung, Svenja, du wirst noch auf tausend Partys sein in deinem Leben.»

Svenja lächelte.

In ihrem Alter hatte ich mich in eine Welt aufgemacht, die mit scheinbar grenzenlosen Möglichkeiten aufwartete, im Glauben, sie würde mit jedem Tag eine bessere werden. In Anbetracht dieser zerplatzten Illusion und der unzähligen Aufgaben, die mittlerweile zu bewerkstelligen waren, im Angesicht zahlloser Katastrophen und mit dem Gefühl, das Ende der Welt noch mitzuerleben, fiel es mir nicht leicht, die Zuversicht und den Glücksglauben der eigenen Jugend hervorzukramen und meiner Tochter mit auf den Weg zu geben.

Doch Svenja war eh weiter.

«Ich weiß, dass ich meinen Weg machen werde», sagte sie. «Auch wenn die Welt gerade so furchtbar ist, bin ich eigentlich guter Dinge. Wirklich. Klar ist es heute schwieriger als bei euch damals. Aber ich habe keine Angst. Viele in unserem Jahrgang denken so. Wir sind eine so tolle Gemeinschaft geworden, sind in den letzten Monaten so krass zusammengewachsen, dass ich mir nicht vorstellen kann, wie wir nun auseinandergehen sollen, alle irgendwo anders hin. Dass ich viele von ihnen nie wiedersehen werde. Dass wir nie wieder einen solchen Zusammenhalt erleben werden. *Davor* habe ich Angst. Nicht vor dem Weltuntergang.»

ZWÖLF

«MENSCHEN! WIE SCHÖN!»

Anfang März fand eine Feier statt. Die Eltern von Maxi, einem Jungen aus Theos Kita, hatten das frühlingshafte Wetter zum Anlass genommen, zum Geburtstag ihres Sohnes nicht nur eine Kinderparty zu veranstalten, sondern auch die Eltern der kleinen Geburtstagsgäste in ihren Garten einzuladen, um nach zwei Jahren der Isolation wieder einen Raum für Begegnungen zu schaffen. *Und lasst uns für wertvolle Augenblicke alles Dunkle vergessen!* So hatte es abschließend auf der am Rechner kreierten Einladungskarte gestanden. Sie schienen ihre Feier also auch als ein bewusstes Auflehnen gegen die Ängste und Sorgen in finsteren Zeiten zu betrachten.

Franka und ich hatten nichts dagegen. Seitdem ich wenige Tage zuvor bei den Fernsehnachrichten am ganzen Körper gezittert hatte, war ich vogelstraußartig ins Private geflüchtet. Seit diesem Erlebnis hatte ich weder den Fernseher noch das Radio eingeschaltet. Auch aus dem Smartphone hatte ich nichts mehr zu mir dringen lassen. *Alles Dunkle vergessen.*

Wenigstens ein Stündchen auf der Feier abhängen, dachte ich, bevor ich zur Schaubühne muss. Am Nachmittag sollte auf dem Lehniner Platz ein kleiner Umtrunk stattfinden. Ein lockeres und schon lange geplantes Beisammensein an der frischen Luft, das Zuversicht und Hoffnung verbreiten sollte, durch die aktuelle Weltlage aber einen ordentlichen Dämpfer erhalten hatte. Meine Lust, mich dem auszusetzen, hielt sich in Grenzen, ich könnte genauso gut wieder Nachrichten schauen, sagte ich mir, doch wäre es feige gewesen, dort nicht aufzutauchen. In Anbetracht des Irrsinns nur einige Hundert Kilometer weiter östlich wären meine Befindlichkeiten lächerlich und peinlich, zudem, so hoffte ich, könnte sich nach meiner spontanen Kündigungsäußerung vor wenigen Tagen die Gelegenheit zu einem Gespräch mit Thomas ergeben. Vieles lag seither offen. Weder hatte ich ein offizielles Kündigungsschreiben an die Leitung geschickt, noch hatte diese das Thema angesprochen. Vielleicht dachte Thomas, mein Entschluss sei aus einer Bierlaune heraus entstanden. Womöglich wollte er keine schlafenden Hunde wecken und hoffte, ich könnte meine Meinung ändern.

Vielleicht hatte er recht.

Am Vormittag hatten Franka, die Kinder und ich ein Holzschwert für den kleinen Maxi erstanden – Theo hatte den entscheidenden Tipp gegeben, Maxi finde Ritter toll –, doch schon beim Verlassen des Spielzeugladens beschlich uns das Gefühl, dass eine Waffe, wenn auch nur aus Holz, in diesen Zeiten ein unpassendes Geschenk sei. Wir kannten Maxis Eltern nicht näher, hatten sie nur flüchtig ein paarmal bei der Kinderabgabe und Abholung in der Kita wahrgenommen, also konnten wir nicht einschätzen, ob sie ein Holzschwert tolerieren oder verabscheuen würden. Die Einladungskarte mit dem abschließenden Wunsch, *alles Dunkle für wertvolle Augenblicke zu vergessen*, ließ vermuten, dass es sich um sensible und reflektierende Menschen handelte und das Holzschwert eine schwere Entgleisung darstellen könnte.

«Vielleicht wäre ein Buch die bessere Wahl gewesen», sagte ich vor dem Laden, als plötzlich eine Klinge in meinen Schädel stach und ich stehen blieb.

«Alles okay?», fragte Franka.

Seit dem Morgen fühlte ich mich leicht angekränkelt, doch der Selbsttest zu Hause, um den jeder Gast gebeten worden war, hatte nur einen Strich angezeigt. Kein Grund zur Sorge also. Das Virus hatte mich bis jetzt verschont, warum sollte es ausgerechnet heute zuschlagen?

«Alles gut», sagte ich und sah auf dem Gehweg eine Frau; mit schreckensweiten Augen stand sie da und starrte auf ihr Handy.

«Wieso glaubt ihr mir denn nicht?», sagte Theo wütend. «Maxi mag *Ritter*, das weiß ich!»

«Mama und ich haben nur kurz, ähm … ein bisschen Angst gehabt, dass sich jemand damit wehtut.»

Warum guckt die so entsetzt?, fragte ich mich.

«O Mann!», schrie Theo.

«Papa hat nur laut gedacht», sagte Franka. «Wir haben das Schwert für Maxi gekauft, und dabei bleibt es auch.»

Die glotzt so, weil sie kein Netz hat.

«Dann halt *nicht* das Schwert!», schrie Theo trotzig.

Oder ihr Kerl sie verlassen hat.

«Dann kaufen wir es halt *nicht*!»

Nur was Privates. Alles gut.

«Theo, ist doch geklärt jetzt!», rief Hannah.

Alles gut. Ja. Ja. Ja.

Beim Wutzwerg half nur Ablenkung.

Bei mir auch.

«Heute ist es so warm», sagte ich. «Wer hat Lust auf ein Eis?»

«Ernsthaft?», sagte Franka. «Du willst jetzt Eis kaufen? Denen wird nachher noch schlecht genug bei dem ganzen Süßkram.»

«Au jaaa, Eis!!», riefen Hannah und Theo im Chor.

«Das darfst du jetzt alleine ausbaden», sagte Franka. «Ich bin da raus.»

«Was ist denn los?», sagte ich. «Sonst hast du nie ein Problem damit!»

«Jetzt bin *ich* halt mal die Spaßbremse.»

Die Frau am Handy begann zu weinen, ihr Schluchzen nicht zu überhören.

«Was hat die Frau?», sagte Hannah.

Bloß nicht nachfragen, dachte ich.

«Eis! Eis! Eis!», rief Theo.

«Warum weint die?»

Plötzlich lief die Frau davon.

«Ich weiß es nicht», sagte Franka. «Manchmal ist man halt traurig, kennst du ja.»

Doch Hannah schien die Frau schon vergessen zu haben: «Kriegen wir jetzt ein Eis, Mama?»

«Das müsst ihr Papa fragen.»

«Tut mir leid», sagte ich, «Mama meint, wir dürfen keins, nachher gibt's genug Süßes.»

Mein Satz brachte das Fass zum Überlaufen, natürlich, doch irgendwie meisterten wir den Vormittag ohne Zucker, und irgendwie hatten sich alle irgendwann wieder beruhigt, und wir machten uns auf den Weg zu Maxi.

Theos Kitafreund wohnte mit seinen Eltern in einer stattlichen Villa in Frohnau. Als wir uns mit den Kindern dem weitläufigen Grundstück näherten, kam mir der Verdacht, dass es hier weniger um ein Miteinander gehen sollte, vielmehr um Statuspräsentation. Beim Anblick des pompösen Hauses inmitten eines nicht minder pompösen Gartens, naturbelassen wie der Rasen von Wimbledon, wurde mir schwindlig, und ich unterlag dem Hustenreiz, gegen den ich seit Minuten angekämpft hatte.

«Oh, oh», sagte Franka grinsend, «nicht, dass hier Panik ausbricht im Palast.»

«Vielleicht hat es Papa ja erwischt», sagte Hannah.

«Nein, alles okay», sagte ich. «Ich hab einen Test gemacht.»

«Ah! Neue Gäste!»

Eine Frau im Blümchenkleid kam uns entgegen. Ihre dicke Schminkschicht verriet nichts über Aussehen und Alter, sie mochte irgendwas zwischen dreißig und Ende vierzig sein. Mit dem breitesten Lächeln, zu dem die menschliche Physiognomie fähig ist und das gefährliche Risse in ihrem Anstrich hinterließ, winkte sie uns zu.

«Hallo und hereinspaziert!», zwitscherte sie. Dann war sie schon bei uns: «Ich bin Jenny, die Nanny! Haha, das reimt sich! Und wer seid ihr?» Ohne eine Antwort abzuwarten, wandte sie sich Theo zu: «Du bist bestimmt ein Freund von Maxi, stimmt's? Wie heißt du denn?»

«Sag ich nicht», erwiderte Theo, und ich war stolz auf meinen Sohn und fragte mich, wie hoch Jennys Monatsgehalt in diesem Anwesen wohl war.

Jenny lachte. «Sehr gut! Nie fremden Leuten über den Weg trauen!»

«Er heißt Theo», sagte Hannah. «Und ich bin Hannah. Und das da in Theos Hand ist das Holzschwert für Maxi.»

«Mann, bist du blöd!», schrie Theo seine Schwester an. «Das sollte ein Geheimnis sein!»

Bevor es ausarten konnte, lächelte Jenny dagegen:

«Alles gut.»

«Gar nichts ist gut!», rief Theo.

Jenny ließ sich nicht beirren:

«Hannah wird es Maxi bestimmt nicht weitersagen, stimmt's? Schaut mal, da drüben ist schon alles bereit in der Kinderecke.»

Jenny-Nanny zeigte in die Tiefe des Gartens. Rechts vom Haus, wo weißgedeckte Tische und ein Riesenbüfett auf Gäste warteten, standen gekühlte Getränke, Aperol Spritz, Schampus, das ganze Pipapo, so als feiere jemand seine Professur oder Hochzeit, und gleich daneben lauter Kinderkram, bunt, süß, viel.

«Da gibt es *gaaanz* leckere Sachen für euch», sagte sie. «Und wenn ihr noch irgendwas braucht, kommt einfach zu mir. Oder zu Olga, die ist nämlich auch für euch da. Eine ganz Nette, die Olga.»

Dann zwinkerte sie Franka und mir zu:

«Damit die Eltern auch mal Zeit für sich haben und richtig entspannen können, nicht wahr? – Ich nehme an, ihr habt euch alle getestet?»

«Oh, natürlich», sagte ich.

«*Menschen! Wie schön!*» Maxis Papa kam strahlend auf uns zugesegelt.

Das war er doch, oder? Ich hatte ihn von der Kita etwas

anders in Erinnerung, deshalb zweifelte ich. Die Klamotten wie bei stinkreichen Hanseaten, der Pullover von Vuitton oder Gucci, keine Ahnung, auf jeden Fall oberste Liga, und darüber eine flotte Sommerdaune, ein schwungvoller Scheitel, frische Gesichtsfarbe, makellos rasiert, tipptopp der gute Mann, in Blau und Rosa und in Mokassins.

«Na, wer war denn da gerade so wütend?», sagte er lachend zu Theo.

Und dann zu uns:

«Wie schön, dass ihr hier seid! Ich sage nur: *Menschen!* Endlich wieder unter *Menschen*! Phantastisch!»

Und wieder zu Theo:

«Hey, das sieht ja aus wie ein Schwert in deiner Hand!»

«Oh, Mann!», protestierte Theo.

«Toll», sagte Maxis Papa. «*Toll, toll, toll.* Na dann. Kommt erst mal richtig rein.»

Im Schlepptau von Maxis Papa – *wie hieß der eigentlich?* – gingen wir tiefer in den Garten.

Jenny-Nanny flatterte strahlend voraus, Tschernobyl war nichts dagegen, in ihrem Blümchenkleid eine Art Riesenschmetterling.

«Weißt du, wie der heißt?», flüsterte ich Franka zu.

«Wer?»

«Der Papa von Maxi.»

«– Till? Thorsten? Keine Ahnung.»

«Maxi, guck mal, wer hier ist!», rief Till-Thorsten gutgelaunt zu einem gelben Etwas, das im Smartphone versunken war. «Leo!»

«*Theo!*», sagte Hannah zu Till-Thorsten. «Er heißt *Theo*!»

«Oh, und was hab ich gesagt?»

«*Leo!*»

Gelangweilt blickte Maxi auf. Man konnte nur vermuten, dass es Maxi war, im quietschgelben Pikachu-Kostüm sah man nicht viel vom Kind.

«Hier!», sagte Theo missmutig und drückte Pikachu das Geschenk in die Hand. «Ein Schwert!»

«Oh Mann, Theo!», rief Hannah. «Verrat doch nicht immer alles!» Sie machte eine resignierende Geste in unsere Richtung.

«Vielen Dank, Theo», sagte Till-Thorsten, während sein Sohn das Geschenkpapier zerfetzte. «*Gaaanz* toll. Und gleich kommt noch eine *Animatrice*. Die macht supersuper Sachen mit euch.»

«Oh, *nö*!», rief Maxi enttäuscht, das Holzschwert in der Hand. «Is ja Baby!»

«Maxi!», ermahnte ihn sein Vater. «Das ist aber nicht nett! Das ist doch ein ganz tolles Schwert!»

«Ein Scheißschwert ist das!», widersprach ihm Theo.

«Theo!», sagte ich.

«Er kann schon lesen und schreiben», sagte Till-Thorsten hinter vorgehaltener Hand zu Franka und mir. «Deshalb tut er manchmal größer und älter, als er ist.»

Und dann zu Theo:

«Du wirst sehen, nachher spielt Maxi mit nichts anderem mehr.»

Einige Eltern waren schon da, ähnlich fein herausgeputzt wie Till-Thorsten, und mir kamen Zweifel, ob wir angemessen gekleidet waren. Wir hatten ein ungezwungenes Gartenfest erwartet, einen *Kindergeburtstag*, und uns dementsprechend angezogen, doch die anderen Gäste sahen aus, als hätten sie eine Audienz bei der englischen Königin. Sie standen in kleinen Grüppchen weit verteilt im Garten, und da dieser die Größe eines Parks hatte, drohte das Sichkennenlernen zu einem schwierigen Unterfangen zu werden.

«Darf ich euch meine Frau vorstellen?», hörte ich Till-Thorsten.

«So ein Quatsch – hört bloß nicht auf ihn! Wir kennen uns doch!»

Die Frau des Hauses kam auf uns zu, kerzengerade im Mantelkleid, Dolce & Gabbana, so was in der Art, pechschwarz wie ihr Haar, ein Monatsgehalt auf braungebrannter Haut – und in den Augen ihres Mannes glaubte ich einen Schlag zu erkennen, einen Rutsch ins Dunkle, als erlösche in ihnen ein winzig kleines Licht beharrlicher Sehnsucht.

«Willkommen in unserem kleinen Reich!», sagte sie, und erneut kramte ich im Hirn nach einem Namen.

«Hallo!», sagte Franka.

«Vielen Dank für die Einladung!», sagte ich.

«Liebend gern.»

«Und danke, dass wir vergessen dürfen!», fügte ich hinzu und betrachtete das Zitat als idealen Auftakt für einen entkrampften Plausch.

«Vergessen dürfen?»

Die Gattin schaute verständnislos.

«Na, die Einladung», sagte ich.

«Was ist damit?»

Franka half ihr auf die Sprünge:

«Er meint, weil ihr auf die Einladung geschrieben habt, wir sollen für wertvolle Sekunden, Augenblicke alles – wie war das?»

«Alles Dunkle vergessen», sagte ich.

«Alles Dunkle, genau.»

Die Gattin musste lachen:

«Ist das so?»

Und dann weiter im Managerton, wie der Blitz:

«Keine Ahnung, was da drinsteht, um solche Sachen kümmert sich Jenny. Aber egal, Hauptsache, ihr seid hier. Habt ihr Hunger? Fleisch? Vegetarisch? Vegan? Alles da. Benny hat's *richtig* krachen lassen. Und die Getränke stehen da drüben.»

«Benny?», fragte Franka.

«Jennys Freund», sagte Till-Thorsten. «Der arbeitet –»

«Der war eigentlich Koch in einem Familienhotel an der Ostsee», grätschte seine Frau ihm rein, «wo Jenny die Kinder betreut hat. So haben wir uns kennengelernt. Aber als das Virus kam, war Schluss da oben, und da haben wir die beiden gefragt, ob sie bei uns arbeiten wollen.»

«Bei euch?»

«Perfekt, oder?», strahlte sie uns an, während ihr Mann sich auf leisen Sohlen zurückzog, mit einer scheuen Geste der Entschuldigung. «Die zwei kümmern sich ums Essen, um Maxi, um die ganze Kinder- und Freizeitlogistik, seine Hobbys, all die Kurse, die Klein-Einstein schon belegt und – ach, ist ja auch egal, auf jeden Fall …» Sie senkte ihre Stimme und setzte konspirativ lächelnd hinzu: «Auf jeden Fall meistern die beiden hier *alles* und halten mir Einstein vom Leib. Ganz ehrlich … Kinder sind nicht so mein Ding.»

Franka schwieg, und ich konnte nicht glauben, dass der Freund von Jenny-Nanny *Benny* hieß.

Ein Junge im Hulk-Kostüm kam angerannt, im Schlepptau Lillifee. Beide Kinder hielten einen Teller in der Hand, Lillifee noch ein Glas mit Gemüsesticks, in Kräuterquark drapiert.

«Wo sind denn die Schnitzel?», fragte Hulk Maxis Mama.

Und Prinzessin Lillifee wollte «*gaaanz viele Seitanspieße*».

«Torben!», rief Till-Thorstens Gattin zu Till-Thorsten, der Torben hieß, wie wir jetzt begriffen, und mit einem zugeknöpften Pärchen sprach, das drei Meter Abstand hielt. «Wo sind denn die Schnitzel? Und diese Seitanteile?»

«Alles bei Benny!»

«Geht mal rüber zum Benny, der gibt euch welche», sagte Torbens Gattin zu Hulk und Lillifee. «Na los, ab mit euch!»

Hulk und Lillifee stürmten davon.

Und plötzlich ein Dröhnen am Himmel. Ein Flugzeug? Das Dröhnen wurde lauter, immer lauter.

«Sollten die Kinder kostümiert sein?», fragte Franka verunsichert. «Hatten wir gar nicht auf dem Schirm.»

«Ach, um Gottes willen!», sagte Torbens Frau. «Nein, nein, die Kostüme gehören alle uns.»

Stürzte der Flieger ab? War es gar keiner? Ich schaute in den Himmel, während Torbens Frau zu Hannah und Theo sagte:

«Der Maxi soll euch mal zeigen, wo die sind.»

Hannah drückte sich an Frankas Bein.

«Willst du nicht?», fragte die Gattin.

Hannah wand sich gequält. Und ich blickte rüber zu den anderen Gästen.

Hatte jemand sein Handy an?

Franka, der es sicher gefiele, einmal die Woche Jenny und Benny bei uns zu Hause zu haben, versuchte es mit guter Laune:

«Ihr dürft ruhig gucken», sagte sie zu Theo und Hannah, die weiter an ihrem Bein festklebte. «Sind bestimmt tolle Sachen dabei.»

«Weiß nicht», sagte Hannah.

«Ich war früher mal Superman», sagte ich, in der Hoffnung, die Kinder animieren und mich selbst ablenken zu können. «Das Kostüm hat mir Oma gemacht.» Und dann extralaut, damit die Chefin des Hauses es auch hörte: «Hat sie alles *ganz alleine* geschneidert!»

Das Dröhnen ging in ein schrilles Pfeifen über, als würde jeden Moment eine Bombe einschlagen.

«Also, *ich* geh jetzt», sagte Theo betont cool.

Und weg war er.

«Du musst ja nicht», sagte Torbens Frau mit gespielter Toleranz zu Hannah und schaute auf die Uhr. «Seid mir nicht böse, aber ich habe leider noch eine *Zoom*-Konferenz. Ging nicht anders. Ihr bedient euch?»

Und weg war auch sie.

Mir wurde wieder schwindlig, obwohl das Pfeifen verklungen war, nur der Tinnitus übrigblieb. Vielleicht doch ein ernsthafter Infekt?

«Na komm, wir gucken mal», sagte Franka und nahm Hannah an die Hand.

Wir gingen in Richtung der weißen Tische, denn dort waren die meisten Gäste, schien sich das Leben abzuspielen, wenn auch mit großem Abstand und nicht gerade südländisch, dort waren Hulk, Lillifee und Pikachu, und dort waren die Kostüme zu vermuten.

Auf dem Weg in die spröde Geselligkeit an der weißgedeckten Fülle nickten wir den anderen Leuten zu, einige kannten wir vom Sehen, aber niemand da, der uns vertraut war. Zu allem Überfluss wurde ich das Gefühl nicht los, die verkrampfte Runde würde uns wegen unserer saloppen Kleidung herablassend beäugen, den Hochmut in glitzerndes Dauerlächeln verpackt.

Doch Erlösung nahte. Steffi und Jan betraten das Grundstück, im Schlepptau die zwei Kinder.

«Huhu!», rief Steffi wild winkend vom Eingangstor.

Steffi und Jan hatten in Theos Kita einen Sohn und auf Hannahs Grundschule eine Tochter, die Theo immerzu abknutschen wollte, wenn sie bei Hannah zum Spielen war. Die beiden waren zu einer Art Oase in der gesellschaftlichen Wüste fern der Heimat geworden, zwei schräge und bunte Vögel, für jeden Spaß zu haben, und sie erinnerten uns regelmäßig daran, dass es noch andere Dinge im Leben gab, als Trübsal zu blasen.

Erleichtert über ihr Erscheinen, winkten wir zurück.

«Gott sei Dank», flüsterte Franka. «Und sag mal, weißt du, wie die Frau heißt? Er heißt Torben, das wissen wir jetzt, aber *sie*?»

«Keine Ahnung», sagte ich und verspürte einen heftigen Stich im Schädel. «Katrin? Karin?»

Jan und Steffi waren mittlerweile bei uns angekommen.

«Mahlzeit!», blökte Jan. «Und? Geile Party?»

«Sehr geil», sagte ich, und wieder dieser Stich, mitten ins Hirn. «Die warten hier alle auf die Queen, wie es aussieht. Und du kannst dich verkleiden, wenn du willst.»

«Toll!»

Die Kinder von Steffi und Jan waren die Rettung, das einzige Mittel, um Hannah von Franka zu lösen.

«*Hannaaah*», trällerte die Kleine. «*Ko-homm*, wir spielen!»

Hannah sprang davon.

Wieso haben Mütter diesen Schalter nicht, dachte Franka vermutlich, so wie sie den Kindern nachblickte; und an Steffi und Jan gerichtet:

«Und? Wie geht's?»

«Gestern war Kickerturnier bei uns», sagte Jan, «und ich hab gewonnen!»

Er strahlte über beide Ohren.

«Ich dachte, du hast es mit den Knien?»

«*Tisch*kicker!»

«Seit wann habt ihr einen Tischkicker?»

«Seit letzter Woche. Fettes Teil!»

«Jan hat sogar einen Pokal bestellt», sagte Steffi. «Bei Amazon.»

«Ihr bestellt immer noch beim Bösen?», sagte Franka. «Ihr wisst schon, dass ihr damit seine Raumflüge bezahlt!»

«Wäre ich Verschwörungstheoretiker», sagte ich, «würde ich glauben, Jeff Bezos hat das Virus in die Welt gesetzt, um seine vergoldeten Eier mit Diamanten zu besetzen.»

«Ach, ihr schon wieder!», sagte Steffi und lachte.

«Der Pokal ist der Hammer! Den kriegst du sonst nirgendwo, was willste machen?»

«Sagt mal, wie geht's *euch* eigentlich mit dem ganzen Wahnsinn grade?», fragte Steffi.

«Hör doch auf», sagte Jan. «Lass uns wenigstens heute mal abschalten.»

«Kann ich nicht.»

«*Du sollst alles Dunkle vergessen*», sagte Jan mahnend. «Stand auf der Einladung.»

Wieder dieser Stich. Und Schwindel.

Weiter hinten hatten Jenny und Olga zwei große Körbe hingestellt, aus denen Theo, Pikachu, Hulk und Lillifee Massen an Kostümen zogen. Als Hannah und die Kinder von Steffi und Jan hinzustießen, ging sofort eine üble Rangelei los; über allem das Dauerlächeln der Jenny-Nanny, die ihr Handy zückte und damit auslöste, dass sich der Nachwuchs in Pose brachte.

«Nicht so *eheeernst!*», flötete sie. «*Cheeeese!*»

«Ich find das alles so schrecklich grade», sagte Steffi. «Ich kann kaum noch schlafen.»

«Wenn du jetzt nicht aufhörst», sagte Jan, «fahr ich sofort nach Hause.»

«Sag mal, geht's noch?» Steffi streifte hilfesuchend unsere Blicke. «Ich kann doch nicht so tun, als wär nix. Ist ja auch keine Lösung.»

«Ich brauche Alkohol!», rief Jan zerknirscht in die Runde. «Alkohol!»

«Immer nur lächeln ... Tut mir leid, aber das kann ich nicht. – Nee, mach ich nicht!»

«Gaaanz viel Alkohol!»

Stille.

«Mir hat ein Taxifahrer erzählt», sagte Franka, um das Gespräch auf dickeres Eis zurückzuführen, «dass er kein Paket mehr für die Nachbarn annimmt, wenn er merkt, es kommt von Amazon.»

«Nur gut, dass der nicht *unser* Nachbar ist», sagte Jan.

Steffi verdrehte die Augen – und musste trotzdem lachen.

Und dann zu mir:

«Du siehst blass aus. Alles paletti?»

«Alles gut», sagte Franka. «Er hat einen Test gemacht.»

«Und? Schwanger?», lachte Jan.

«Ich fühle mich nur ein bisschen schlapp», sagte ich und hatte einen Kopfschmerz, als rühre jemand wild in meinem Schädel herum.

«Na, dann iss mal was, Cowboy», sagte Jan. «Deshalb sind wir doch hier.»

«GUCKT MAAAL!»

Die Kinder standen vor uns.

«Eins, zwei, drei!», rief Lillifee, dann folgte ein Kinderchor:

«Gott hat die Welt
bei Amazon bestellt!»

Jan applaudierte. «Haha! Habt ihr uns belauscht, oder was?»

Jenny war zur Stelle, das Handy voraus:

«Ich war noch nicht so weit!», rief sie zur Kinderschar. «Bitte *nochmahaal!*»

«Gott hat die Welt
bei Amazon bestellt!»

«Klasse!», rief Jenny.

«Zeig!», riefen die Kinder.

«Habt ihr toll gemacht», sagte sie. Und dann zu uns:

«Schick ich euch alles, hab schon ganz viel.»

Hat die meine Nummer?, fragte ich mich.

Mich packte ein solcher Schwindel, dass ich Halt suchte, leicht schwankte.

«Du gehörst ins Bett», sagte Steffi.

«*KOOOOMMT!!*», brüllte Maxi wie von der Tarantel gestochen. «JETZT TÖTEN WIR DIE BÖSEN!!»

Bereit zum Angriff, Theos Holzschwert emporgestreckt, lief er grölend los in den Garten, der Rest der Kindermeute hinterher, manche schnell, andere zögernd.

«Geht leider nicht», sagte ich. «Muss gleich zur Schaubühne.»

«Quatsch», sagte Jan. «Wer geht denn heut noch ins Theater?»

«Du schon wieder!», sagte Steffi und gab ihm einen Stoß.

Und kopfschüttelnd zu uns:

«Jan pennt da immer ein, einfach nur peinlich.»

«Dich langweilt das doch auch», sagte er. «Haste selbst gesagt.»

Steffi lachte.

Und dann zu mir:

«Wir müssen halt mal zu *dir* ins Theater.»

«Seid mir nicht böse», sagte Franka. «Aber ich hatte auch nicht vor, lange zu bleiben. Bin froh, wenn die Kinder mal 'ne Weile verkauft sind. Wollte noch joggen.»

«Was ist los mit euch?», sagte Jan.

«Nun lass sie doch», sagte Steffi und zwinkerte. «Kapierst du nicht? Von wegen Schaubühne und Joggen. Die haben ein *Date* zu Hause …»

«Ich glaube», sagte Franka frotzelnd, «ich war wohl zu lange isoliert. Diese Leute hier. Puh. Da bin ich lieber alleine, ganz ehrlich.»

Ich blickte auf die Uhr. *Von hier bis zum Lehniner Platz … das zieht sich.*

Zehn Minuten später brachen wir auf.

«Tschü-hüss!», sagte Torben am Gartentor.

«Und danke nochmal!», sagte ich.

«Ich hole die Kinder um fünf», sagte Franka. «Okay für euch?»

«Keinen Stress. Sechs Uhr reicht auch.»

«Und tut mir echt leid», sagte Franka und öffnete das Auto. «Ich hatte diesen Termin ganz vergessen.»

«Alles easy», sagte Torben. «Das kenn ich.»

Und er winkte uns zu, lächelte allein, die Gattin noch immer bei *Zoom*, so schien es. *Katrin? Karin?* Egal.

Kaum ist Franka mit dem Wagen weg, Torben zurück im Schloss, ist das Messer wieder da, filetiert mein Hirn in tausend kleine Stücke. Hinter mir das sich summend schließende Gartentor, neben mir ein haltender Kombi, Motor aus, das Klappen der Tür, *die Animatrice!*, denke ich, *müsste sie sein*, bis zu den Zähnen bewaffnet mit Spielideen, mit Stativ und Kamera. Was hat sie vor?, frage ich mich und muss mich orientieren: *Zur S-Bahn? Da lang – natürlich!* Und um mich herum die Häuser, der Reichtum, alles *gleich* hier, austauschbar, tot; dieses Haus, ich erinnere mich, die Fahne dort oben, vorhin auch schon da; Bekenntnisse am Fenster, als ob sie etwas bringen würden; und dann wieder ein Stich, Schwindel, Husten; ich muss mich setzen, mich anlehnen – an diesen Zaun vielleicht? Nicht krank werden, sage ich mir. Bloß nicht. Mein Blick schweift umher. *Diese Häuser! Diese Sattheit!* «Was machen Sie da?», bellt jemand. «Das ist Privatbesitz! Der Zaun kein Zufall!» Und ich belle zurück, kläffe wie ein wilder Köter, und ganz verdattert stiert er mich an, ich könnte gefährlich sein, wird er denken, *ihm geht der Arsch auf Grundeis*, sage ich mir und kann verstehen, dass Leute Bomben schmeißen. *Nicht aufregen!*, ich mache mich los, habe immer geträumt von solchen Häusern, in so einem zu wohnen, dabei führen die ihre Paläste nur vor, nirgendwo Leben, keine Kinder, nur Kulisse, und es passt auch nicht zu mir, denke ich, so bin ich nicht aufgewachsen, *so was bin ich nicht!* Weitergehen, immer weiter, die Heimat kann man nicht mitnehmen, denke ich und sehe Herdecke vor mir, seh den Viadukt, den Harkortsee, darüber der Wald, ein endlos weites Reich als Kind, und in der Nase Farnkrautduft, aufgeladen vom ewig langen Sommer. Zuletzt noch war ich mit meiner Mutter dort oben, trotz des Alters lief sie mit, den weiten Weg bis nach Gut Schede. Was für ein Idyll, habe ich da gedacht und mich gefragt, wie es wohl wäre, hier zu leben; keine Chance natürlich, Cornwall in Westfalen, hier bleibt keine Hütte lange frei, Hunderte drängeln sich auf Listen. Soll ich zurück?, habe ich mich gefragt und frage es mich immer und immer wieder, anderswo werde ich stets ein Fremder bleiben, die Naivität, anderes zu glauben: *verdorrt*. Und plötzlich wieder dieses Dröhnen, über mir am Himmel, das alles vertreibt, Gut Schede verblasst, kein Farnkraut mehr, aus und vorbei; die Heimat würde nur noch Hülle sein, käme ich zurück, ich weiß es, würde Erinnerungen mit dem Jetzt abgleichen; eine Ernüchterung, das Alte wiederbeleben zu wollen; *also doch ans Theater!*, ein bisschen Familie war dort immer eingebrannt und ist es weiterhin, mehr als an jedem neuen Ort – worauf warte ich also? Nur etliche Stationen mit der Bahn, und ich kann *spielen! Schleudern wir dem Wahnsinn unser Spiel entgegen!* Und vor mir der Kasinoturm, ganz plötzlich, der Bahnhof nicht mehr weit, und schon stehe ich am Gleis, und dann ein *Pling*, und wieder ein *Pling*, und *Jan* steht auf dem Display.

Beweisfotos, schreibt er. Darauf Spiderman und Darth Vader. Keine Ahnung, wer dahintersteckt.

Sind das meine oder deine?, schreibe ich zurück.

Erkennst du deine eigenen Kinder nicht?

Ein Emoji von mir, mit rausgestreckter Zunge.

Kurz war hier Alarm, schreibt Jan. *Die Kiddies etwas drüber. Maxi spinnt halt. Aber alles okay jetzt.*

Eine Bahn. Ich steige ein und fahre los. *Viel Spaß euch noch!*, schreibe ich und schalte das Handy aus.

Und alles wischt vorbei. Die Bäume draußen. Die letzten Jahre. Mein Vater. Der Viadukt. Mein halbes Leben. Die Bäume *fliegen* jetzt, kaum gesehen und schon passé, alles nur Momente, die Fahnen im Fenster, mehr sind es geworden, denke ich, aber auch das irgendwann vorbei; das ganze Leben – nur ein Augenblick. Ich sitze da, sehe die andern. Wie sie dahocken. Gefärbt in mir. Ihr wisst es nicht, habt keine Ahnung, wie ich euch färbe! Die Welt im Innern unermesslich, so viel größer als die Welt draußen, das ganze Universum ein Zwerg, kraftlos gegen die Flut meiner inneren Bilder, stets werden sie größer sein, alles wegspülen, alles in Farbe tauchen, in *meine* Farben, und um mich herum die Leute, fast alle am Handy, und sie starren hinein, *sind es noch mehr als sonst, noch mehr, die starren und glotzen?* Dort drüben die zwei – *ein Paar?* Ich weiß es nicht, könnte alles hineindeuten, ihre Gesichter zwei weiße, nein, graue Blätter Papier, nach unten gebogen, der Schwere des Daseins willenlos ausgeliefert, darauf kein einziger Buchstabe, kein Punkt, kein Komma, nichts. Wie viele in diesem Land mit solchen Visagen rumlaufen! Bin ich auch schon auf dem Weg dahin?, frage ich mich und denke an Svenja, an ihre Worte:

Du bist so schwer geworden in letzter Zeit ...

Und die Bahn bleibt stehen. Ganz plötzlich, mitten auf der Strecke. Keine Ansage, nichts. Ich versuche, draußen irgendwas zu entdecken, auf den zwei grauen Blättern mir gegenüber, aber es gelingt mir nicht, also fange ich an zu deuten, deute jeden dieser Blicke und *will* es nicht, will nicht wissen, was vorgeht in der Welt, *warum starrt ihr so?*

Ich hasse euer Starren! euer dumpfes! totes!, es entzündet mich, meine Phantasie, die alles verbrennt. Ist alles schon in Stellung gebracht, aufs Ziel gerichtet?

Noch immer steht die Bahn, *wie lange schon?*, doch dann geht es weiter, ohne Ansage, nach gefühlter Ewigkeit.

Friedrichstraße! Endlich!

Ich reiß mich los und steig aus der Bahn, die Treppen rauf, und über mir das Hallendach, darüber das große Blau, die weißen Linien längst zurückgekehrt; *all diese Menschen*, denke ich, *wie viele es gibt!*, und ich denke an Torben – *Menschen!*, hatte er gesagt, *wie schön! Endlich wieder unter Menschen!* –, und da kommt schon die Bahn, ab nach Charlottenburg, und kaum bin ich drin, muss ich husten, kann nicht dagegen an, und manche glotzen, dabei trage ich Maske wie alle, und ich huste noch mehr, schnaufe, röchle, keuche, mache es extra, wie ein Lungenkranker belle ich und will eigentlich nur weg, *weg* von hier; ich flüchte, wird mir klar, schon seit der Feier bin ich auf der Flucht, *ich fliehe vor den Menschen*, linker Hand jetzt die Gedächtniskirche, überwuchert von den neuen Türmen; bitte macht nicht alles gleich, denke ich, bald sieht es aus wie überall; das Theater aber ist nicht überall, ist die Stimme gegen das Immergleiche, das Überangebot, die Sofa-Serien daheim, die ich kaum noch schaue, denn wie vor der Käsetheke im KaDeWe bin ich überfordert und kaufe nichts, nehme daheim ein Buch zur Hand, statt Filme zu schauen, zu viel Lebenszeit, sage ich mir, viel zu viel von allem, das Einzelne hat keine Bedeutung mehr, kann nichts mehr bewirken in den Köpfen, keine Spuren, die bleiben, nur Konsum. Sind es *meine* Spuren, um die ich mich sorge? Weil ich *untergehe* im Überfluss, austauschbar bin? Deshalb also ans Theater, den Ort des Augenblicks, auch aus Eitelkeit? Vor an die Rampe? *Ach, was soll's! Hauptsache, ich bin unter Menschen, unter Hofnarren, im Kontakt mit andern! Juchhe!*

Charlottenburg. Raus aus der Bahn, bevor ich noch durchdreh. Der Lehniner Platz nicht mehr weit, vierhundert Meter vielleicht, und ich werde nicht gehen, denke ich, werde Thomas sagen, ich hab's mir anders überlegt, hab mich entschieden, ich *bleibe*, als eine Gruppe auf mich zukommt, russisch sprechend, ukrainisch, keine Ahnung, hektisch, panisch, unheilvoll. Kälte packt mich. Ich schüttele sie ab. Muss wissen, was los ist, bevor ich am Theater bin und alle drüber reden, und schalte das Handy ein und gehe weiter, vor mir der Kudamm, ich hör den Verkehr, dahinten mein Theater, mein Haus, jetzt kann ich es sehen, meine Leute, sie stehen davor, und ich sehe meine Rückkehr, sehe sie vor mir – und höre:

Pling!

Fünfmal.

Fünf Anrufe.

In Abwesenheit.

Zwei von Jan, zwei von Steffi, die letzte Nummer unbekannt, einmal wurde draufgesprochen.

Die Kinder!, denke ich. Und höre die Mailbox ab:

«Hallo, mein Lieber!», sagt Jan, um Leichtigkeit bemüht. «Wenn du das hörst, ruf mich mal bitte zurück, ja? Bis später!»

Als spürte ich instinktiv, dass ich jeden Moment Kontrolle und Fassung verlieren könnte, richtet sich alles in mir auf, die Schrauben angezogen, und ich bin eine Maschine, in Sekundenbruchteilen gewappnet, gerüstet vom Instinkt – dann rufe ich zurück.

«Gut, dass du anrufst», sagt Jan.

«Was ist passiert? Alles in Ordnung mit den Kindern?»

«Es ist so», sagt Jan, «Hannah und Theo sind verschwunden. Wir suchen sie schon die ganze Zeit, können sie aber nicht finden.»

Vor der Schaubühne ein Gewühl, ich kann Robert sehen, Lars, Jule, Tobi. Alle da.

«Wie, verschwunden?»

«Sie sind weg. Die beiden waren ganz vergnügt, wirklich. Die haben gespielt, gegessen. Irgendwann haben wir nicht mehr auf sie geachtet, war ja alles gut. Die haben Krieg gespielt. Ja, mein Gott, haben wir früher doch auch!»

Die Maschine erzeugt Hitze, enorme Hitze.

«Wie auch immer», sagt Jan. «Auf jeden Fall sind sie die ganze Zeit durch den Garten gerannt. Da haben wir sie zuletzt gesehen. Und als alle herkommen sollten zu dieser Animationstante, haben wir plötzlich gemerkt, Hannah und Theo fehlen. Das war vor etwa einer Stunde.»

Ich sehe Wälder vor mir, einsame Wälder, nicht weit von Torbens Haus, ich sehe Autos, Straßen, sehe die Kinder rüberlaufen, in den Wald hinein.

«Sie sind seit einer Stunde weg?»

«Wir haben überall gesucht, wirklich. Hast du eine Idee, wo sie sein könnten?»

Ich muss den Motor drosseln, meine Gedanken ordnen, doch ich bin machtlos, die Panik schießt hoch wie eine Rakete.

«Wieso verschwunden?» Meine Stimme droht zu kippen. «Noch mal von vorn», sage ich. «Ihr habt die zwei zuletzt im Garten gesehen?»

«Ja», sagt Jan.

«Und da haben sie Krieg gespielt?»

«Ja.»

«Kann ich mir nicht vorstellen.»

«Na ja, vielleicht nicht alle.»

«Aber – wie können die einfach verschwinden!?»

«Der Garten ist riesig. Die können überall über den Zaun geklettert sein. – Wo bist du jetzt?»

«Vor der Schaubühne.»

Gegenüber sehe ich meine Leute, in Grüppchen verteilt, mit ernsten Mienen. Thomas vor ihnen, der spricht.

«Und Franka? Habt ihr Franka erreicht?»

«Nein», sagt Jan. «Wir sind sogar zu euch nach Hause, aber da ist niemand.»

«Die wollte joggen.»

«Weiß ich doch.»

Mein Handy klingelt. Unbekannte Nummer.

«Wir haben die Polizei gerufen», sagt Jan. «Die ist auch schon hier und sucht die beiden.»

«*Was?*»

Es klingelt weiter.

«Du, hier ruft grad jemand an», sage ich. «Vielleicht ist es wichtig.»

«Geh ran, Alter! Bis gleich!»

Jan legt auf, und ich nehme den Anruf entgegen.

«Ja, hallo?»

Am anderen Ende eine tiefe Stimme:

«Polizei Berlin. Direktion eins. Abschnitt zwölf. Wendland, mein Name.»

Herr Wendland nennt meinen Namen, fragt, ob *ich* das sei – und mein Fokus schrumpft auf ein Staubkorn, vor mir auf dem Boden.

«Ja, das bin ich.»

«Wir wurden darüber informiert, dass Ihre Kinder *abgängig* sind. Haben Sie davon bereits Kenntnis?»

Abgängig.

«Ja», sage ich und fange an zu zittern. «Ein Freund … gerade … mich hat ein Freund angerufen.»

«Wir haben mittlerweile Fahndungsmaßnahmen eingeleitet und sind mit fünf Streifenwagen im Einsatz.»

Fünf Streifenwagen.

«Haben Sie irgendwelche Hinweise, wo Ihre Kinder hingegangen sein könnten?»

«Nein», sage ich. «Gar nicht. Überhaupt nicht.»

Die Panik packt mein Hirn, zieht es langsam von der Schädeldecke.

Abgängig.

Fünf Streifenwagen.

«Sind in letzter Zeit …», sage ich und habe Angst, es wird real, wenn ich es ausspreche. «Sind irgendwelche Fälle von … Kindesentführung … ich meine … sind da gerade … sind in Frohnau oder Hermsdorf verdächtige Leute unterwegs?»

«Aber nein!», sagt Herr Wendland vom Abschnitt zwölf. «Machen Sie sich keine Sorgen, so was passiert häufig. In der Regel finden sich die jungen Ausreißer schnell wieder ein. Wir tun auf jeden Fall alles dafür.»

Ich sauge jedes Wort der Beruhigung dankbar auf.

«Und sorgen Sie dafür, dass Sie erreichbar sind. Wir melden uns bei Ihnen, sobald wir etwas Neues wissen. Unsere Nummer haben Sie?»

«Ja. Ist auf dem Handy.»

«Gut. Auf Wiederhören.»

«Wiederhören.»

Der Motor.

Er droht zu kollabieren.

Ich muss Franka erreichen!

Ich mache kehrt und wähle ihre Nummer, lasse die Schaubühne hinter mir, David, Steffi, Kay, Seppel, Thomas, all die andern, eile zur Bahn, wie ferngesteuert, und sie geht nicht ran, nur der Anrufbeantworter, jede Minute rufe ich durch und jedes Mal die Mailbox, *wo steckst du, verdammt!?*, und mit dem Handy am Ohr kommen die Bilder, kommt der Albtraum, kommt der Kombi, ein dunkler Transporter, darin Hannah und Theo, irgendwo auf der Autobahn, Richtung Osten, *wieso Osten?*, denke ich und geißle mich, *wegen des Wahnsinns gerade!*, sie sind über den Zaun geklettert und *entführt, eingepfercht in einem – stopp! Schluss damit!*, sage ich mir und spreche meinen Segen: *Ja! Ja! Ja!* So werde ich sie schützen, so hat es immer funktioniert: *Ja! Ja! Ja!*, selbst in Lyon: *Alles gut! Alles gut!* Es gibt keine Menschen mehr, die ich wahrnehme, alles um mich herum bedeutungslos, keine Handys, die stören, nichts, alles ausgeblendet, null und nichtig. Sollte das Schlimmste eintreten an diesem Tag, wird mein Leben enden, das schaffe ich nicht, mit den Bildern meiner Kinder im Kopf, die Welt in mir zu groß, nur noch Schrecken, Grauen, nichts weiter, *reiß dich da raus!*, sage ich mir, nur wenn du Ruhe bewahrst, kannst du helfen, du aufgelöstes Nichts! In der Bahn sitz ich vorgebeugt, die Augen am Boden, der Blick nach innen, die längste Fahrt meines Lebens, Hermsdorf, Frohnau, unendlich weit draußen, noch etliche Stationen weiter, ich rufe die Nachbarn an, doch niemand zu Hause, ich weiß nicht, was ich tun soll, hab keine Idee, *wo können sie nur sein?*, ich spreche mit Steffi und Jan, und sie wissen nichts Neues, und die Polizei ist auf der Suche mit fünf Streifenwagen – *fünf!* –, und wieder habe ich die Stimme des Beamten im Ohr: *Ihre Kinder sind abgängig*, hat er gesagt, nichts, was ich je hören wollte, meine Kinder sind *abgängig*, sie *vergehen*, denke ich, *sie VERGEHEN!*, und die Zeit dehnt sich aus, wächst endlos, ein Schneckenzug Richtung Tod. Und dann bin ich da. Bin in Hermsdorf und springe raus.

Oder doch weiter? In Frohnau jeden Winkel durchleuchten?

Zu spät. Die Bahn fährt ab. Und mein Handy klingelt.

«Franka!», sage ich atemlos. «Endlich!»

«Alles gut», sagt sie. «Die Kinder sind bei mir.»

«Was sagst du?»

In ihrer Stimme ein Lächeln:

«Hannah und Theo sind hier», sagt sie. «Es geht ihnen gut. Ich bin vor fünf Minuten nach Hause gekommen und hab sie im Garten entdeckt. Die Verrückten sind mit der Bahn hergefahren. Alles gut. Kannst dich entspannen.»

«*Franka!*», rufe ich verzweifelt – wie kann sie so gelassen sein? «Ich hatte schon gedacht, wir würden sie *nie wiedersehen!*»

«Alles in Ordnung», sagt sie. «Sie haben sich nur im Gartenhäuschen versteckt. Hatten ein schlechtes Gewissen. Kein Wunder, dass sie da abgehauen sind.»

Franka muss lachen.

Und bei mir bricht alles raus.

«Oh nein!», sagt Franka. «Nicht weinen! Alles gut! Es ist alles gut! Tut mir leid, dass du eine solche Angst gehabt hast! Oh nein! Und ich hab nichts mitgekriegt davon!»

Den Streifenwagen sehe ich zuerst, dann Franka in der Einfahrt, an ihr dran die Kinder, zuletzt die Beamten, einer groß, der andere klein, und der wirbelnde Zeigefinger des Kleinen, die Kinder belehrend.

Franka sieht mich näher kommen.

«Mein Mann», sagt sie zu den Beamten und deutet in meine Richtung.

Dann bin ich bei ihnen.

«Guten Tag!», sage ich.

«Guten Tag!», sagt der Kleine zu mir. «Alles hat sich wieder eingefunden. Aber ich habe Ihren Kindern sehr deutlich gemacht, dass das kein Spaß war. Und wir haben auch andere Dinge zu tun.»

Sein großer Kollege nimmt Dampf aus dem Kessel:

«Vor allem sind wir froh, dass die Räuber wieder da sind, nicht wahr?», sagt er und zwinkert Hannah und Theo zu. «Und wir wissen jetzt auch, warum ihr ausgebüxt seid, stimmt's?»

Hannah und Theo grinsen verschämt, schweigen.

An Franka und mich gerichtet, sagt der Große:

«Es sind keine leichten Zeiten. Und natürlich bekommen auch die Kinder etwas davon mit.»

«Ihr habt Angst gehabt, richtig?», sagt der Kleine. «Weil dieser Junge … dieses Geburtstagskind …»

«Maxi!», sagt Hannah anklagend.

«Weil Maxi …», sagt der Kleine, «weil dieser Maxi mit dem Schwert auf euch los ist und gesagt hat, ihr seid böse?»

«Der wollte uns töten!», sagt Theo entrüstet. «Mit *meinem* Schwert! Der hat gesagt, wir sind Nazis!»

«Das hat er gesagt?»

«Superblöd war das da!», sagt Hannah. «Richtig doof!»

«Die wollten, dass wir *Opfer* sind!», sagt Theo. «Die wollten uns zwingen! Hurensohn hat der immer zu uns gesagt! Und Loser!»

«Die wollten uns *bombardieren*!», ruft Hannah. «Und Maxi hat gesagt, seine Mama hat die Atombombe!»

«Diesem Maxi werde ich wohl mal die Ohren langziehen müssen», sagt der Große. «Dann macht der nächstes Jahr den Osterhasen.»

Hannah und Theo müssen lachen.

«Aber keine Angst. Ihr müsst euch keine Sorgen machen. Bei uns ist kein Krieg. Der ist ganz weit weg. Und Maxis Mama hat auch keine Bombe.»

Und an Franka und mich gerichtet:

«Wissen Sie, die meisten Kinder verschwinden, weil ein Elternteil sie einfach mitnimmt. Weil der Haussegen schief hängt. Wir sind sehr froh, dass das bei Ihnen nicht der Fall ist.»

Damit verabschiedet er sich und wünscht uns alles Gute. Der Kleine nickt, und beide steigen sie in den Streifenwagen, Motor an, und weg sind sie.

Ich hatte vorgehabt, mir die Kinder zur Brust zu nehmen, ihnen eine Standpauke zu halten, aber es geht nicht. Die Kräfte schwinden, stürmen davon wie Pferde aus der Startbox. Der Infekt, der Schock, die Angst, die letzten Jahre, alle Anstrengungen verbünden sich und drücken mich nieder. Alle aufgesparten Stiche bohren sich in mein Hirn, meine Stirn ist glühend heiß. Als wäre im Bauch eine Tüte mit Drogen geplatzt, als würde schlagartig alles Gift ausgeschüttet, bin ich gefangen in meinem Körper. Und er zwingt mich ins Bett.

Ich bin in einem Wald. Das Gelände abschüssig. Unter mir das ungestüme Rauschen eines Bachs. Ein Wildwasser im Gebirge. Dann sehe ich einen Mann. Er steht am Ufer der talstürzenden Urgewalt, bis zu den Knöcheln im Wasser, hebt dort etwas heraus. Ich renne den Hang hinunter, vierzehn Jahre alt, laufe auf ihn zu.

«Da bisse ja!», sagt mein Vater und strahlt.

«Und?», frage ich. «Wie viele hasse schonn?»

«Drei!», sagt er und präsentiert sie mir.

Vor mir am Ufer liegen sie. Drei Steine. Jeder so groß wie ein Handball. Jeder anders. Jeder wunderschön. Glitzernd und glänzend, benetzt von eiskaltem Wasser.

«Boah, *der* da», sage ich und zeige auf einen gescheckten, grau und weiß, silbrig schimmernd, mit roten Fäden. «Kann ich den haben für mein' Teich? Würde super da hinpassen.»

«Der aber auch», sagt mein Vater und meint den grünen daneben.

«Die sind alle so toll!»

«Alle können nich mitnehmen», sagt mein Vater. «Aber fünf oder sechs von denen, vielleicht sieben, das kriegenwe hin.»

Die Steine, wie sie funkeln und strahlen. Perfekt werden sie in unseren Garten passen, sich an die Hänge schmiegen, zwischen Rabatten, Blumen, Büschen, zwischen Kapuzinerkresse und Pfennigkraut, bis hoch an den Rand des Waldes.

«Die kannze do' nich bis zu uns nach Hause schleppen», hatte meine Mutter gesagt, als mein Vater von seinem Plan erzählte. «Allein die ganze Strecke bis zum Zuch!», hatte sie gesagt. «Und dann noch den weiten Weech bis nach

Hause, bis in' Garten! Wie soll 'n das gehen? Wie stellze dir das vor?»

«Kuck ma, *der*!», rufe ich begeistert.

Am Grund des Wildbachs, in Ufernähe, glitzert es, es flirrt und flimmert, schimmert in tausend Farben, und ich tauche ab, springe hinein, will ein Teil davon sein, als würde ich tauchen im Meer, am Grund schweben und nach oben schauen, über mir die tanzenden Flecken der Sonne. Ich ziehe den Stein hervor, hebe ihn hoch mit aller Kraft, das Wasser perlt ab, und ich sehe all die Nuancen, ein ganzer Kosmos; Myriaden von Steinen vor mir, jeder ein Schatz, ich muss mich entscheiden.

«Ja», sagt mein Vater, «der sieht auch klasse aus.»

Und dann schleppen wir sie, sieben an der Zahl, hieven, zerren und ziehen sie aus dem Wald heraus, verpackt in einer Kiste. Nur die schönsten haben wir reingetan, alles dichtgemacht, mit Seilen umwickelt, zugeschnürt, fest verschlossen, und ab zum Ferienhaus. Als meine Mutter uns sieht, die Massen an Kilo im Schlepptau, nass geschwitzt, Schmerzen im Rücken, schüttelt sie den Kopf – dann muss sie lachen.

«Ihr seid doch verrückt!», ruft sie. «Bekloppt seid ihr doch!»

Im Zugabteil steht die Kiste auf dem Boden. Viel zu schwer, um sie hochzustemmen.

Und mein Vater sagt:

«Ich find das so toll, dass die das macht. Durch die Welt reist und andere Kulturen kennenlernt. Andere Menschen. Find ich ganz toll.»

Ich schaue zu ihm. Und weiß instinktiv, wen er meint.

Wie kann das sein? Ich bin doch erst vierzehn.

«Hoffentlich geht alles gut», sagt meine Mutter.

«Ach», sagt mein Vater, «die macht dat schonn.»

Und meine Mutter drückt mir ihr Handy in die Hand, zeigt mir ein Foto:

«Hat sie mir gestern geschickt.»

Ich sehe Svenja vor einem Tempel. *Angkor Wat.* Da wollte ich immer mal hin, denke ich und bemerke erst jetzt meine Hand. Nicht die Hand eines Vierzehnjährigen.

«Ich hab sie gestern noch erreicht», sagt meine Mutter. «Wir hamm telefoniert. Über Whatsapp.»

Instinktiv schaue ich zum Fenster und sehe mein Spiegelbild, vor den Alpen, auf dem Weg nach Hause, vielleicht fünfzig, vielleicht älter.

«Sie is grad in Kambodscha», sagt meine Mutter, «und morgen will sie weiter nach Thailand. Es geht ihr gut, sachtse. Dass die das alles so hinkricht! So ganz alleine! Muss ich schonn sagen, find ich toll, bin ich richtig beeindruckt. Und dass das alles so hinhaut mit ihrer Medizin. Eine Tablette morgens, eine abends, und gut is … überleech ma … wie toll!»

«Ein Wunder!», sagt mein Vater.

«An dem du großen Anteil hast», sage ich zu ihm. «So wie du immer gesammelt hast.»

Mein Vater streckt beide Daumen nach oben und grinst:

«Die macht das schonn», sagt er. «So wie du. Du hast das auch gemacht, mein Junge.»

Und plötzlich sitzt er im Garten, unserm alten Garten, umgeben von Menschen, halb Herdecke ist da, habe ich den Eindruck, alle, die meinen Vater kennen, alle bestens gelaunt, man prostet sich zu, und auch die Ungarn sind da, seine Handballfreunde vom Plattensee, denen er kiloweise Farbe brachte, um beim Hausbau zu helfen, Bausteine, Handwerkerzeugs, alles per Zug in die Mangelwirtschaft gekarrt, bis runter zum Balaton, und sie reden mit Händen und Füßen, er spricht kein Ungarisch, kann nur Prost und Danke, sie können kein Deutsch, ihrer Freundschaft schadet es nicht.

«Ein Paket», sagt mein Vater zu mir und zieht es, zaubert es hervor, jongliert damit, als sei es ein Handball, lässt es hochfliegen, fängt es auf, lässt es auf seinem Finger tanzen, bringt es zum Drehen. «Für dich.»

Er reicht es mir und fängt einen Ball, springt auf und tänzelt, bringt ihn zum Wirbeln, lässt ihn am Arm hochrollen bis zur Schulter, hinterm Rücken verschwinden, dann wirft er ihn fort, lächelt, strahlt, der Ungar fängt ihn auf.

«Regionalliga-Bremswurf!», ruft mein Vater ihm zu.

«Prösterchen!», ruft der Freund vom Plattensee.

«E-gé-szsé-ge-dre!», ruft mein Vater und lässt die Zunge mit jeder Silbe aus dem Mund schießen.

Der Ungar lacht.

«Für mich?», frage ich meinen Vater. «Von wem denn?»

«Vom Theater», sagt er.

«Was da wohl drin is?»

«Mach do' ma auf!», sagt meine Mutter.

Ich durchtrenne das Papier, die Schnüre, klappe es auf.

Steine! Sieben große Steine! Von dickem Staub bedeckt. Mit dem Ärmel wische ich etwas vom Dreck beiseite, und nun kann man ahnen, wie prächtig sie sind.

«Schön!», sagt mein Vater.

«Könnwe ja zu den andern legen», sagt meine Mutter und blickt auf den Hang neben der Terrasse.

Dort liegen sie. Noch immer. Die sieben Steine aus den Alpen. Ganz gewöhnlich sehen sie aus, kaum zu erkennen. Den Reiz, den sie ausstrahlten, glitzernd und frisch im eiskalten Wasser, haben sie längst verloren. Staub hat sich auf sie gelegt, Erde, Pflanzenreste, Moos. Sie wirken wie Durchschnittsware, aus der Kiesgrube von nebenan.

«Papa!»

Soll ich die neuen Steine dazutun?

«Pa-pa!»

Sie würden sich gut dort machen, denke ich.

Und spüre einen Luftzug.

Die Tür. Jemand hat die Tür aufgemacht.

«Papa, wir haben ein Theaterstück einstudiert!»

Ich öffne die Augen.

«Lasst den Papa noch schlafen!», höre ich Franka rufen.

Dann sehe ich die Kinder. Direkt vor mir.

«Gleich gibt es eine Vorführung», sagt Theo. «Kommst du?»

Wie lange habe ich hier gelegen? Eine Nacht? Ganze Tage? Wochen?

«Ich komm gleich», sage ich.

Und richte mich auf. Langsam.

«In einer Minute geht's los!», sagt Hannah und flitzt aus dem Zimmer.

«Komm, Papa!», sagt Theo und stürmt seiner Schwester hinterher.

Ich stehe auf, ganz vorsichtig, und gehe, leicht schwindlig ist mir, bis zur Tür. Auf der Schwelle fällt mein Blick ins Kinderzimmer. Trifft Theos Ritterburg. Trifft Hannahs Kuschelecke. Trifft die vielen Stofftiere.

Und eine Welle bricht.

Direkt über mir.
Bald ist auch das vorbei.
«Papa, komm!», rufen die Kinder.
«Wir spielen!»

DANK

Dank an Béatrice Huber, Richard Huber, Dagmar Jacobsen, Alex Nowitz, Hendrik Roeder, Sebastian Schwarz, Florian Stetter, Enrico Stolzenburg, Stephan Trapp für Zeit, Raum, Muße, Kritik und Anregung. Dank an Hüseyin Cirpici, der über die Jahre ein guter Freund geblieben ist. Dank an alle, denen ich begegnen durfte und ohne die dieses Buch nicht existieren würde. Dank an meinen Verleger und Lektor Gunnar Schmidt für seinen genauen Blick, sein Gespür, für die wunderbare Zusammenarbeit. Dank an meine Frau, die die Achterbahn des Schreibens hautnah miterlebt hat. Dank an meine Kinder, die die Neugier wachhalten – und vor allem: Dank an meine Eltern, ohne die nichts wäre!